Auftauen verschiedener Speisen

Speisenart	Menge	1. Schritt +	2. Schritt	Anmerkungen
		Auftauzeit für verschiedene Leistungen in Minuten	Nachtau- bzw. Ausgleichszeit bei Raumtemperatur in Minuten	
		240–210 Watt / 190–150 Watt		

Speisenart	Menge	240–210 Watt	190–150 Watt	Nachtau- bzw. Ausgleichszeit bei Raumtemperatur in Minuten	Anmerkungen
Gemüse und Obst					
Pilze, Paprika, Kohl, Bohnen usw.	300 g	4– 5	6– 8	5	Siehe auch »Garen« tiefgefrorener Gemüse (Seite 97). Abgedeckt auftauen. 1–2mal umrühren, dabei angetaute Teile voneinander trennen.
	450 g	6– 7	7– 9	5–10	
	600 g	8–10	11–13	5–10	
Beeren-, Kern- und Steinobst	100 g	1– 1½	2– 3	5	In Teller oder Schale möglichst flach ausbreiten, abgedeckt auftauen; 1–2mal vorsichtig umrühren, dabei bereits aufgetaute Teile voneinander trennen.
	250–300 g	3– 4	5– 7	5–10	
	500 g	8–10	10–12	10–15	
Brot und Gebäck					
Brötchen	1 Stück	¼	½	2– 3	Auf Papierserviette oder Haushaltspapier legen, 1mal wenden.
	2 Stück	½	¾	5	
	4 Stück	¾	1	5	
Weißbrot, Graubrot Toastbrot im Ganzen oder in Scheiben	250 g	2– 3	5– 6	5	Wie oben, jedoch 1–2mal wenden. Brotscheiben ca. nach Hälfte der Zeit voneinander trennen.
	500 g	5– 7	8–10	5	
	1000 g	10–12	13–16	5–10	
Rührkuchen	1 Stück (ca. 100 g)	¾	1– 2	2	Auf Papierserviette oder Haushaltspapier legen. Trockene Kuchen in Scheiben schneiden und nachtauen lassen.
	500 g	3– 4	6– 8	10	
Obstkuchen	1 Stück (ca. 100 g)	1– 2	3– 4	3	Wie oben.
	500 g	7– 9	12–14	10	
Käsekuchen	1 Stück (ca. 100 g)	1– 2	3– 4	3	Wie oben.
	500 g	5– 7	8–10	10	
Sahne- oder Cremetorte im Ganzen	ca. 1200 g	7– 9	12–14	25–30	Nur antauen, dann bei Raumtemperatur vollständig auftauen lassen.
Molkereiprodukte					
Butter, Margarine	125 g	2– 3	5– 7	5–10	Alufolie vollständig entfernen bzw. Deckel abnehmen. Butter 1–2mal wenden.
	250 g	5– 6	8–10	10–15	
Quark	250 g	3– 4	7– 9	5–10	Deckel entfernen, 1–2mal umrühren, dabei angetaute Quarkstücke zerteilen.
	500 g	6– 7	10–13	10	
Käse	125 g	1½	3– 4	5	Nur antauen lassen, dann bei Raumtemperatur vollständig auftauen. Scheiben voneinander trennen.
	250 g	3– 4	6– 8	10	
	500 g	6– 8	10–12	20	
Sahne	1 Becher (ca. 200 ml)	3– 5	7– 9	–	Deckel vorsichtig abziehen. Nur antauen lassen, dann in eine Schüssel geben und noch halbgefroren schlagen.

Hinweise Bei den angegebenen Werten handelt es sich um Richtwerte, die – je nach Beschaffenheit des Lebensmittels (Gefriertemperatur und -zustand, Verpackung usw.) – variiert werden können. Immer gilt: doppelte Menge = fast doppelte Zeit; halbe Menge = halbe Zeit. Angetaute, im Kern noch gefrorene Speisen bei Raumtemperatur nachtauen lassen.

Das große Mikrowellen Kochbuch

Ursula Calis

Garen
Erhitzen
Bräunen
Auftauen

Für alle Mikrowellen-Geräte

BLV

CIP-Titelaufnahme der Deutschen Bibliothek

Calis, Ursula:
Das große Mikrowellen-Kochbuch: garen, erhitzen, bräunen, auftauen; für alle Mikrowellen-Geräte / Ursula Calis. – 6., völlig neubearb. Aufl., (Neuausg.). – München; Wien; Zürich: BLV, 1989
ISBN 3-405-13753-5

BLV Verlagsgesellschaft mbH
München Wien Zürich
8000 München 40

Sechste, völlig neu bearbeitete Auflage (Neuausgabe)

©1989 BLV Verlagsgesellschaft mbH, München

Satz und Druck: Appl, Wemding
Bindung: Hollmann, Darmstadt

Printed in Germany
ISBN 3-405-13753-5

Bildquellen

Robert Bosch Hausgeräte GmbH, München
Seiten 8, 18 (unten), 21, 75
Ursula Calis, Archiv, München
Seiten 24 (2), 27 (6), 28 (6), 29 (6), 30 (4), 33, 36, 42 (3), 52, 55 (2), 61, 81, 82, 95 (3), 109, 115, 127 (2), 129, 137 (3), 138
J.G. Durand & Cie, Köln
Seiten 5, 12, 13 (oben), 20
HEA-Bilderdienst, Frankfurt/Main,
Seite 6 (3)
Langnese-Iglo GmbH, Hamburg
Seiten 1, 3, 35, 37, 39, 45, 46, 49, 50, 59, 67, 68, 70, 73, 83, 85, 87, 88, 89, 91, 92, 99, 101, 103, 104, 106, 107, 112, 113, 117, 118, 119, 125, 126, 130, 133, 134, 135
Kraft GmbH, Eschborn
Seiten 139, 141
Maggi-Kochstudio, Frankfurt
Seiten 40, 47, 57, 60, 63, 65, 77, 111, 145
Reppel und Vollmann GmbH & Co., Kierspe/Westfalen
Seite 14 (3)
Scheurich GmbH & Co. KG, Kleinheubach
Seiten 10, 13 (unten), 78
Siemens Electrogeräte GmbH, München
Seiten 64, 131
Fotostudio Christian Teubner, Füssen
Seite 122
Vitri GmbH & Co., Mühltal
Seiten 16 (2), 18 (oben), 23, 93

Titelfotos:
(vorne) Langnese-Iglo GmbH, Hamburg
(hinten) J.G. Durand & Cie, Köln

Tabellen und Übersichten

REZEPTE

Zu diesem Buch

Ich freue mich, daß diese Neuauflage meines großen Mikrowellen-Kochbuches mir die Gelegenheit bietet, den Inhalt einmal zu aktualisieren. Dabei sind jedoch die bewährt guten Rezepte keinesfalls geändert worden; wohl aber der Einführungsteil. Er enthält die neuesten Informationen für Sie, zum Beispiel über mikrowellengeeignete Geschirre. Attraktive Rezeptaufnahmen und passende Arbeitsfotos zeigen Ihnen, wie vielfältig Sie Ihr Gerät nutzen können.

Die Technik der »schnellen Welle« erscheint uns immer noch neuartig. Die Tatsache, daß Mikrowellen in Wärme umgewandelt werden, ist aber schon seit den zwanziger Jahren bekannt. Erst nach intensiver und langwieriger Entwicklungszeit konnte schließlich 1945 in den USA das erste Patent für ein Mikrowellengerät verliehen werden. Mitte der sechziger Jahre führten mehrere Hersteller weltweit erfolgreich die ersten Haushalts-Mikrowellengeräte ein. Aber ähnlich wie bei den Fernsehgeräten, deren Abmessungen einst ein Vielfaches der heutigen Größe ausmachten, waren die ersten Geräte beinahe so groß wie ein Gefrierschrank, ohne daß der praktische Nutzen größer war als bei den Modellen heutiger Bauart. Mit dem Einzug der Elektronik in den Haushalt bieten die Mikrowellengeräte heute einen damals kaum für möglich gehaltenen Bedienungskomfort. In vielen Ländern der Welt, vor allem in den USA und in Japan, ist die Mikrowelle längst ein Standardgerät in der Küche, denn die praktischen Vorteile sind einfach überzeugend.

Auftauen roher oder vorbereiteter Lebensmittel, Erwärmen kleiner oder großer Portionen, Garen verschiedener Mengen von Suppen, Saucen, Fleisch- und Geflügelgerichten, Gemüse und Desserts; jederzeit startbereit, zeit- und energiesparendes Kochen gleich im Serviergeschirr, einfache Gerätereinigung und die Erhaltung wichtiger Nährstoffe aufgrund der kurzen Garzeiten – dies sind nur einige der erwähnenswerten Vorzüge.

In vielen Bereichen ist die Mikrowelle der konventionellen Kochmethode überlegen. Neben dem Zeitvorteil ist vor allem die Qualität der zubereiteten Gerichte ein zusätzliches Plus.

Fisch aus der Mikrowelle ist eine Delikatesse! Gemüse behält seine appetitliche Farbe und verkocht nicht. Tiefgefrorene Lebensmittel sind minutenschnell serviert. Attraktive Desserts, selbstgemachte Frühstückskonfitüren und raffinierte Terrinen aus der feinen französischen Küche sind künftig kein Problem mehr für Sie. Gut geplant, eröffnet Ihnen das Mikrowellengerät so manchen »kochfreien« Tag. Wie bequem ist es doch, die bereits im Serviergeschirr zubereiteten Gerichte erst beim Eintreffen der Gäste zu erwärmen und inzwischen mit Ruhe einen Aperitif zu genießen! Alles schmeckt wie frisch gekocht, und Ihre Gäste werden begeistert sein.

Mit den vielseitigen Rezeptvorschlägen dieses Buches wird Ihnen der Umgang mit Ihrem Gerät noch mehr Spaß machen. Der Aufbau ist so gehalten, daß das voranstehende Informationskästchen auf einen Blick alle Angaben zur Geräte-Bedienung, Zeit- und passender Geschirrwahl liefert. Für das joule-/kalorienbewußte Kochen sind Circa-Energiewerte angegeben.

Seit vielen Jahren im Umgang mit der Mikrowelle vertraut, habe ich meine besten Rezepte für Sie zusammengestellt. Der ausführlich gehaltene Einführungsteil liefert Ihnen alle wichtigen Informationen rund um die Mikrowelle in Text-, Bild- und Tabellenform. Hier habe ich meine persönlichen Erfahrungen im Umgang mit verschiedenen Geräten zusammengefaßt.

Beim Durchlesen werden Sie daher überall viele Antworten auf immer offene Fragen, dazu Tips und Ratschläge erhalten. Gleich, welches Gerät Sie auch besitzen, aus der Umrechnungstabelle im Buchdeckel hinten können Sie die für Ihr Gerät gültigen Zeitangaben leicht entnehmen. Auch für die häufigsten Anwendungen, wie zum Beispiel Auftauen oder Garen, finden Sie alle Werte schnell greifbar auf den Innenseiten des Einbandes.

Neben neuartigen, raffinierten Gerichten entdecken Sie auch Altbewährtes. Als ideale Partner ergänzen sich Tiefkühlkost und Mikrowelle. Daher liefern Ihnen viele Rezepte auch Anhaltswerte für den Einsatz tiefgefrorener Zutaten. Setzen Sie Ihr Mikrowellengerät so oft wie möglich ein. Seien Sie kreativ und verändern Sie doch auch einmal die Zutaten-Komination! Wichtig ist immer nur, daß die Menge stimmt.

Ich wünsche Ihnen stets ein gutes Gelingen und hoffe, daß die vielseitigen Rezeptvorschläge und die umfangreichen Sachinformationen Ihnen künftig noch mehr Freude beim Arbeiten mit Ihrem Mikrowellengerät vermitteln.

Ursula Calis

Einführung

MIKROWELLEN UND IHRE WIRKUNGSWEISE

So funktionieren Mikrowellen

Zum besseren Verständnis zuerst ein Blick zurück auf die herkömmliche Kochmethode: Beim Elektroherd erzeugt eine Widerstandsheizung Wärme, die an die Kochplatte oder die Backofenwände abgegeben wird. Die Energie erhitzt das Kochgeschirr mit Fett oder Wasser als Medium, um dann zum Garen von außen in die Speise einzudringen. Dort breitet sie sich aus und wird allmählich zur Mitte weitergeleitet. Um ein Anbrennen zu vermeiden, ist ein kontrolliertes Umrühren oder Begießen der Speisen unerläßlich. Neben der Beaufsichtigung erfordert die herkömmliche Kochmethode viel Zeit und Energie.

Ganz anders arbeitet das Mikrowellengerät: Die elektromagnetischen Wellen, die den Radio- und Fernsehwellen vergleichbar sind, gelangen von allen Seiten in die Speise und erzeugen dort die Wärme unmittelbar. Die hochfrequenten Wellen bewirken in allen Nahrungsmitteln, daß die kleinsten Speisenbestandteile, die sogenannten »Moleküle«, in Schwingung geraten und sich aneinander reiben. Fett-, Wasser- oder Zuckermoleküle haben, wie ein Magnet einen Nord- und Südpol besitzt, eine bestimmte Ausrichtung nach Plus und Minus. Wie die hochfrequenten Mikrowellen dauernd ihren Plus- und Minuspol wechseln, so versuchen die Plus- und Minuspole der Moleküle diesem Richtungswechsel zu folgen, und zwar ca. 2,5 Milliarden mal in der Sekunde! Sie geraten in unvorstellbar schnelle Schwingungen und erzeugen im Lebensmittel eine hohe Reibungswärme. Das klingt sehr kompliziert, daher versuchen Sie doch einmal, so schnell als möglich Ihre Hände aneinander zu reiben. Wievielmal pro Sekunde gelingt Ihnen das? Reibung erzeugt bekanntlich Wärme. Auch Ihre Hände sind sicher warm geworden. Das ist der gleiche Effekt, der im Mikrowellengerät die Speisen zum Erhitzen bringt.

Für Haushalts-Mikrowellengeräte wird weltweit einheitlich eine Frequenz von 2450 MHz (Megahertz) verwendet. Basierend auf dieser Frequenz haben die Mikrowellen eine Länge von 12,25 cm. Seit Jahrzehnten verwendet man sie als Radarwellen in der Flugsicherung oder in der Medizin zur Wärmetherapie. Kürzere Wellen, dazu gehören Licht oder Röntgenstrahlen, haben wesentlich höhere Frequenzen, somit extrem kurze Wellenlängen, und sind demnach mit den Mikrowellen überhaupt nicht vergleichbar.

Die Eigenschaften von Mikrowellen

Mikrowellen zeichnen sich durch drei wesentliche Eigenschaften aus:

1. Sie werden von Metallen reflektiert. Treffen Mikrowellen auf Metalle, werden sie vollständig zurückgeworfen – wie ein Spiegel auftreffendes Licht reflektiert. Das bedeutet für die Praxis: Lebensmittel, die sich in geschlossenen Metallgefäßen befinden, werden von den auftreffenden Mikrowellen nicht erreicht, d.h. auch nicht gegart.

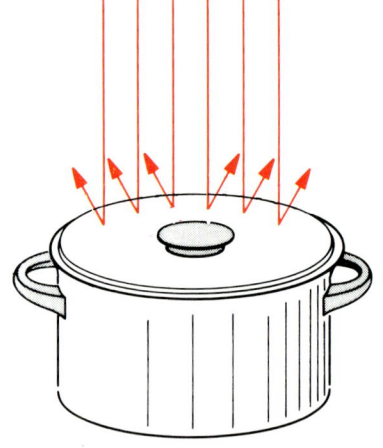

Diese Eigenschaft machte man sich bei der Konstruktion des Garraumes zunutze, der rundherum aus Metall besteht und im Sichtfenster-Bereich ein feinmaschiges Gitter aufweist. So bleiben die Mikrowellen im Garraum, dringen nicht nach außen und sind für alle Auftau- und Kochvorgänge einsetzbar.

2. Mikrowellen durchdringen Glas, Porzellan, Keramik, Kunststoff, Pappe und Papier, also nichtmetallische Behälter, fast verlustlos. Geschirre aus diesen Stoffen sind daher als Kochgeschirre im Mikrowellengerät gut zu verwenden.

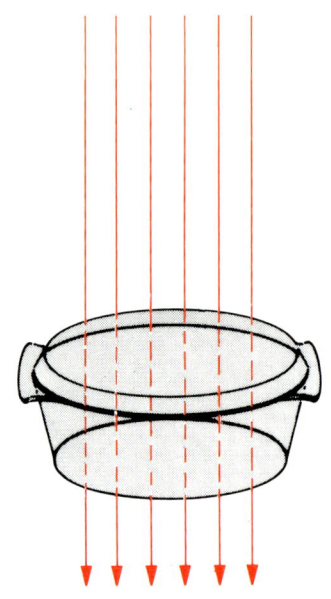

3. Mikrowellen werden von Lebensmitteln aufgenommen und in Wärme umgewandelt.

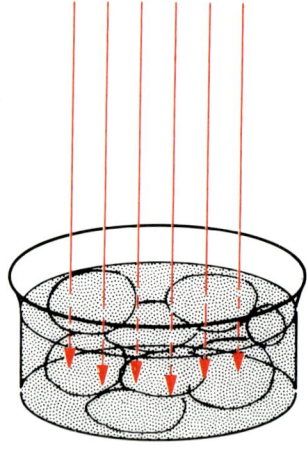

Nun ist es jedoch so, daß die Wärme nicht in allen Speisen gleich schnell entsteht. Die Art – Fisch, Wurst, Gemüse, Kartoffeln, Fleisch, Getränke – und der Zustand – gefroren, kühlschrankkalt, zimmerwarm, roh, bereits vorgekocht – sind für die Schnelligkeit des Erwärmungsvorganges bestimmend. Die Wärmebildung wird durch eine Meßzahl, den sogenannten »Erwärmungsfaktor«, gekennzeichnet. Geschirre aus Glas, Porzellan oder Kunststoff besitzen einen sehr kleinen Faktor, d.h. sie werden durch Mikrowellen nur gering erwärmt. Die verschiedenen Speisearten weisen sehr unterschiedliche Faktoren auf. Aber auch in sich sind die Nahrungsmittel nicht homogen, d.h. nicht völlig gleich beschaffen. Fleisch besteht z.B. aus Muskeln, Fett, Knochen, Sehnen und Wasser. Jeder dieser Bestandteile hat einen anderen Erwärmungsfaktor und wird unterschiedlich schnell erhitzt. Durch Wärmeleitung im Lebensmittel gleichen sich diese Unterschiede beim Kochen oder Braten wieder aus. Wasser nimmt Mikrowellen besonders gut auf. Deshalb erwärmen sich Lebensmittel mit einem hohen Wassergehalt wesentlich schneller als solche, die vorwiegend aus Fett oder festen Stoffen bestehen. Hieraus ergeben sich auch die unterschiedlichen Garzeiten der einzelnen Lebensmittel. Der Erwärmungsfaktor ändert sich sogar während des Kochens.

Ein Beispiel: Gemüse nimmt im gefrorenen Zustand kaum Energie auf, der Auftauvorgang geht nur sehr langsam voran. Schmilzt das Eis, so wird plötzlich sehr viel Energie aufgenommen. Der Erwärmungsfaktor steigt sprunghaft an. Das bedeutet, daß an den zuerst geschmolzenen Stellen die Erwärmung nun konzentriert stattfindet, während andere Speisepartien weiterhin noch unaufgetaut bleiben. Ein kurzes Umrühren hilft, die warmen und kalten Partien zu mischen, um ein gleichmäßiges Ergebnis zu erhalten.

Die Konsequenz für die Konzeption der heutigen Mikrowellengeräte ist, die Schnelligkeit des Kochens nicht zu übertreiben, sondern dem Nahrungsmittel genügend Zeit zu lassen, die Temperatur in sich auszugleichen. Das bedeutet, daß Mikrowellengeräte heute maximale Leistungen von 500–750 Watt haben und für bestimmte Vorgänge, z.B. zum Auftauen, diese Leistung auf 90–210 Watt reduziert wird. Bei einigen Gerätetypen wird die hohe Leistung in Intervallen ein- und ausgeschaltet, so daß in den Pausenzeiten der Wärmeausgleich stattfindet. Möchten Sie bestimmte Gerichte fortkochen – z.B. Eintöpfe oder Reis –, so ist es ratsam, nach dem Anbraten oder Ankochen mit der hohen Leistung für eine etwas längere Zeit auf eine kleine Fortkochleistung von z.B. 180 Watt zurückzuschalten. Halten Sie sich genau an die Auftau-, Erwärmungs- und Garzeiten in den Rezepten und Tabellen. Bei der Mikrowelle ist es wie beim konventionellen Kochen: Es kommt immer auf die jeweilige Zutaten-Kombination an.

Mikrowellen und Ernährung

Betrachten wir zuerst das Auftauen von Speisen mit Mikrowellen im Vergleich zu konventionellen Methoden (im Kühlschrank, bei Raumtemperatur, im Wasserbad oder im Backofen mit Umluft), so haben wissenschaftliche Untersuchungen des Instituts für Ernährungswissenschaften an der Universität Gießen ergeben, daß »Mikrowellengeräte im Vergleich zu herkömmlichen Auftauverfahren extrem schnell auftauen können und dabei Vitamine bestmöglich erhalten bleiben. Eine lange Auftauzeit wirkt sich ungünstig auf das Aussehen, die Höhe des Saftverlustes und die Beschaffenheit von Nahrungsmitteln aus. Der Gehalt an Vitamin C der im Mikrowellengerät aufgetauten Lebensmittel war, im Vergleich zu den übrigen Methoden, am höchsten. Je länger die Auftauzeit, desto geringer der Gehalt an Vitamin C! Ähnliche Ergebnisse liegen auch für die B_1- und B_2-Vitamine vor. Sie zählen zu den empfindlichsten Vitaminen gegenüber Einwirkungen von Hitze, Sauerstoff und Licht«.

Neben dem Auftauen ist das schnelle Garen und Erhitzen ein wesentlicher Vorteil der Mikrowelle. Eine Tasse Suppe ist in 2 Minuten heiß, frisches Gemüse nach 5–7 Minuten gar, und einen Käsehackbraten können Sie in ca. 20 Minuten servieren. Mit Mikrowelle zubereitet, bleiben die natürlichen Aromastoffe und ätherischen Öle erhalten, da alle Speisen im eigenen Saft oder mit nur wenig Wasser gegart werden. Ein starkes Würzen, vor allem Salzen, ist nicht notwendig. Auf übermäßige Fettzugabe bei der Zubereitung kann verzichtet werden – das spart Kalorien (Joule). Die kurzen Garzeiten schonen Nähr- und Wirkstoffe, wie z.B. Eiweiße, Spurenelemente, Mineralstoffe und Vitamine. Wichtig für alle, die Diät und Schonkost einhalten müssen, ist, daß das schonende Garen die Bildung unerwünschter Röststoffe vermeidet. Die Berufstätigkeit vieler Frauen mit dem Wunsch nach mehr Bequemlichkeit und Schnelligkeit im Haushalt hat die Industrie bewogen, viele koch- oder tischfertige Speisen – sogar komplette Menüs – einzuführen.

Auch die Eßgewohnheiten haben sich verändert, denn sie entsprechen heute nicht mehr dem Drei-Mahlzeiten-Rhythmus mit festgelegten Zeiten. Schul- und Arbeitszeiten der Familienmitglieder bestimmen mehr und mehr die Mahlzeitentermine. Zwischenmahlzeiten gewinnen immer mehr an Bedeutung. Zwischen der Leistungsfähigkeit und der über den Tag verteilten Energiezufuhr besteht ein enger Zusammenhang. Unregelmäßige Eßzeiten führen dazu, daß Speisen oft viel zu lange warmgehalten oder mehrmals täglich aufgewärmt werden. Die Verluste an wichtigen Inhaltsstoffen sind hoch – bis zu 20% im Vergleich zum frisch gekochten Gericht.

Täglich viele kleine, appetitliche Mahlzeiten zuzubereiten oder zu erhitzen ohne den Zusatz von viel Wasser oder Fett, ist mit einem Mikrowellengerät kein Problem.

So oft wie möglich eingesetzt, schafft daher die Mikrowelle einen bedeutenden Beitrag zur abwechslungsreichen und sinnvollen Ernährung.

DAS MIKROWELLENGERÄT

Der Aufbau

Das »Herz« eines jeden Mikrowellengerätes ist das Magnetron, das den elektrischen Strom in Mikrowellen umwandelt. Über eine im Gerät eingebaute Antenne werden die Mikrowellen in den Garraum eingeleitet. Dort sollen sie möglichst gleichmäßig wirksam werden. Dafür sorgt eine Drehantenne an der Decke oder ein Drehteller. Der Garraum selbst ist stets aus Metall gefertigt – mit Emaille, Lack oder Kunststoff überzogen –, so daß die Mikrowellen von allen Seiten reflektiert werden. In den meisten Geräten befindet sich am Boden eine lose oder fest eingelegte Glas- oder Keramikplatte. Als sogenannte »Grundlast« nimmt sie im Leerlauf einen Teil der Mikrowellenenergie auf und schützt so das Magnetron vor Überhitzung. Jedes Mikrowellengerät ist mit einem eingebauten Gebläse ausgestattet, das nach Einschalten alle empfindlichen Bauteile, vor allem das Magnetron, kühlt. Daneben wird auch der Garraum ständig be- und entlüftet, damit Kochdämpfe schnell abziehen. Achten Sie daher immer darauf, daß die Luftaustritte nicht verstellt oder zugedeckt sind.

Der Drehteller, auf dem das Geschirr steht, sorgt für gleichmäßiges Garen.

Die Leistungsstufen

Entscheidend für ein gutes Auftau- und Garergebnis sind die gewählte Leistungsstufe und die eingestellte Zeit. Mikrowellengeräte besitzen in der Regel eine maximale Leistung von 500–750 Watt im Garraum. Für das Auftauen ist es z.B. erforderlich, die Leistung zu reduzieren, daher sind Mikrowellengeräte neben dem Zeitschalter auch mit

▷ Stufenschaltern (2–7 Stufen) oder
▷ stufenloser Leistungswahl (10–100%)

ausgestattet.

Bevor Sie mit Ihrem Gerät arbeiten, sehen Sie nach, mit welcher Leistung das Gerät ausgestattet ist, damit Sie später den Gerichten die richtigen Zeitangaben zuordnen können. Die Information finden Sie entweder in der Gebrauchsanweisung, dem Geräteprospekt oder am Gerät angeschrieben. Dabei fällt Ihnen vielleicht auf, daß z.B. bei einem 600-Watt-Gerät ein Gesamtanschluß von 1200 Watt angegeben ist. Das besagt: 50% der vom Gerät aufgenommenen Leistung werden für die den Betrieb der Mikrowellen erzeugenden Bauteile (Magnetron, Einkopplung, Transformator) und für die Belüftung bzw. Beleuchtung benötigt.

Einsatz der verschiedenen Leistungsstufen

Wie Elektro-Kochplatten, die Leistungsstufen von 1–12 bzw. 1–9 anbieten, so sind auch Mikrowellengeräte mit verschiedenen Leistungsstufen ausgestattet. Die Praxis hat jedoch gezeigt, daß maximal 4 Leistungsstufen regelmäßig benutzt werden. Die Übersicht auf Seite 9 beschreibt die häufigsten Anwendungen.

Die Leistungsstufen sind entweder am Gerät selbst ablesbar oder sie werden mit verschiedenen Koch-Symbolen gekennzeichnet.

Variable Leistungswahl

Leistung		Praktische Anwendung
in Watt	in %	
600	100	Ankochen, Anbraten, Andünsten
540	90	Erhitzen von vorgefertigten Gerichten
480	80	Auftauen vorgefertigter oder selbsteingefrorener Fertiggerichte
420	70	Bratstellung
360	60	Braten und Erhitzen empfindlicher Speisen
300	50	Fortkochen, Schmoren kleiner Mengen
240	40	Fortkochen größerer Mengen
180	30	Auftauen, Quellen lassen
120	20	Warmhalten
60	10	Auftauen empfindlicher Speisen

Einsatz der verschiedenen Leistungsstufen

Leistung in Watt	Praktischer Einsatz
Hohe Stufe	Das sind die höchsten und somit am schnellsten arbeitenden Leistungen, die eingesetzt werden zum
750	▷ Garen (z.B. Fisch, Gemüse, Obst, Beilagen usw.)
720	▷ Kochen (auch Ankochen)
700	▷ Braten (bestimmte Fleisch- und Hackfleischgerichte)
650	▷ Schmelzen (z.B. Schokolade, Gelatine, Glasuren)
600	▷ Erwärmen (z.B. Tellergerichte, vorbereitete Speisen)
500	▷ Vorheizen des Bräunungsgeschirrs
Mittlere Stufe	Diese Einstellungen sind empfehlenswert für das schonende
360	▷ Braten (bestimmte, vornehmlich größere Fleischstücke)
330	▷ Erhitzen (größere Mengen vorgefertigter und selbsteingefrorener Tiefkühlgerichte)
300	▷ Erwärmen (empfindliche Speisen, z.B. Babykost in Flaschen)
Mittlere bis niedrige Stufe	Diese Einstellungen eignen sich zum schnellen
	▷ Auftauen (z.B. Fleisch, Geflügel, Brot, Obst)
240	▷ Fortkochen (z.B. Eintöpfe, Aufläufe)
210	▷ Quellen (z.B. Reis, Grieß, Getreide)
190	
180	
Niedrige Stufe	Diese niedrigen Leistungsstufen eignen sich hervorragend zum
150	▷ Auftauen (empfindliche Speisen, z.B. Butter, Quark, Käse oder kleinere Fleischportionen)
120	▷ Fortkochen (kleine Mengen bis 750 g, auch Hefeteig gehen lassen)
90	▷ Warmhalten (Gulasch, Eintöpfe).
75	
70	

Für Geräte mit einer sogenannten »variablen Leistungswahl«, d.h., die Leistungen sind von zum Beispiel 600 Watt (= 100%) bis 60 Watt (= 10%) regelbar, gelten die Anwendungsbereiche wie in der nebenstehenden Tabelle.

Sollten Sie sich einmal nicht sicher sein, dann sehen Sie in der Umrechnungstabelle (Buchdeckel hinten) nach, die Ihnen einen Zeitvergleich für verschiedene Geräte liefert.

Die in diesem Kochbuch angegebenen Zeiten in den Rezepten sind als Spannen angegeben, z.B. »Garen«: 8–10 Minuten. Die kürzere Zeit gilt für leistungsstärkere Geräte mit 700–750 Watt, die längere Zeit für Geräte mit 600–650 Watt.
Genauso sind die Zeiten für das Auftauen gewählt: Die kürzeren Angaben gelten für Geräte mit 240–210 Watt, die längeren für solche mit 190–150 Watt.

Reinigung und Pflege

Der Garraum verschmutzt beim Mikrowellenkochen nur wenig, Fettspritzer und Verschüttetes brennen nicht fest. Daher ist das Gerät sehr leicht sauber zu halten. In den meisten Fällen genügt ein Schwamm oder nur ein feuchtes Tuch mit wenig Spülmittel. Reinigen Sie das Gerät, auch die Tür-Innenseite und die Dichtungen, regelmäßig. Verschmutzungen nehmen Energie auf und können die Leistungsfähigkeit herabsetzen. Scheuermittel, kratzende Schwämme oder Reinigungssprays sind nicht nur überflüssig, sie verkratzen lediglich die Innenflächen. Eine einwandfreie Reflexion der Mikrowellen ist dann nicht mehr gewährleistet.

Ist tatsächlich einmal etwas angesetzt oder haben Sie stark riechende Speisen zubereitet, dann kochen Sie im Gerät für 1–2 Minuten 1 Tasse Wasser, versetzt mit einigen Tropfen Zitronensaft, auf. Das hilft, den lästigen Geruch zu vertreiben!

Sicherheit

Mikrowellengeräte werden verschiedenen strengen Sicherheitsprüfungen unterzogen und entsprechen den VDE-, DIN- und internationalen Bestimmungen. Die Hersteller haben alle Vorkehrungen getroffen, damit die Mikrowellenenergie nur im Garraum wirkt. Sobald Sie die Tür öffnen, ist die Mikrowellenzufuhr automatisch abgeschaltet. Dafür sorgen mindestens zwei unabhängig voneinander arbeitende Sicherheitsschalter, die den Stromkreis beim Öffnen der Tür unterbrechen. So ist es unmöglich, daß »Restwellen« herausdringen. Weltweit sind Millionen von Mikrowellengeräten in Gebrauch. Bis heute ist noch kein einziger Fall von Verletzung durch Mikrowellenenergie aufgetreten, obgleich es diese Geräte schon seit 1945 gibt.

Vorteile

Geschmackvoll und »gesund« kochen

Da sich das Geschirr nicht erhitzt, ist beim Kochen mit Mikrowellen kein Fett und nur wenig Wasser erforderlich. Das erhält das Eigenaroma und die appetitliche Farbe der Speisen, die Vitamine und Mineralstoffe. Ein starkes Würzen ist nicht notwendig – und Sie kochen zudem kalorienarm. Aufgewärmtes schmeckt wie frisch zubereitet.

Die besondere Schnelligkeit

Mit Mikrowelle zubereitet, sind viele Gerichte wesentlich schneller fertig als mit anderen Garmethoden. 1 Tasse Suppe ist in 2 Minuten heiß, 250 g Kartoffeln nach 8 Minuten gar und ein Nudelauflauf in 20 Minuten servierbereit. Ist während des Essens etwas kalt geworden – kein Problem! Kurz ins Gerät gestellt, ist das Gericht wieder heiß.

Auftauen ohne Probleme

Die Mikrowelle dringt auch in tiefgefrorene Lebensmittel ein und taut sie schnell und gleichmäßig auf. Sie geraten nicht mehr in Verlegenheit, wenn sich plötzlich Besuch ansagt: Ein Kuchen ist in 6–8 Minuten aufgetaut – so lange braucht auch Ihre Kaffeemaschine. Ein tiefgefrorenes Hähnchen ist in ca. 30 Minuten aufgetaut, und ein ganzes Brot braucht nur 10 Minuten.

Fast alle Speisen lassen sich im Serviergeschirr vor- und zubereiten.

Zubereiten im Serviergeschirr

Mit Mikrowelle kochen Sie in Serviergeschirr aus Glas, Keramik oder Porzellan – ohne umzufüllen direkt auf den Tisch. So sparen Sie viel Kochgeschirr und damit auch Abwasch und Zeit. Gleich im Serviergeschirr zubereitet, bleiben die Speisen länger warm – ein angenehmer Nebeneffekt!

Bedienungsfreundlich und sofort startbereit

Leistung wählen – Zeit einstellen – Starttaste drücken. Drei Handgriffe, und schon beginnt die Mikrowelle zu wirken. Lange Wartezeiten, bis die Kochplatte oder der Backofen aufgeheizt sind, entfallen.

Kindersicher

Das Mikrowellengerät bietet eine große Sicherheit, insbesondere für Kinder, da es keine Wärme nach außen abgibt. Es arbeitet sozusagen mit »kalter Hitze«. So bleibt auch Ihre Küche kühl – was Sie besonders an heißen Sommertagen begrüßen werden.

Pflegeleicht

Das Mikrowellengerät ist mühelos zu reinigen. Der Garraum erwärmt sich nicht, Fettspritzer und Verschüttetes brennen nicht fest. Feuchtes Auswischen genügt meist.

Steckerfertiges Gerät

Als steckerfertiges Gerät ist die Mikrowelle in jedem mit mindestens 10 Ampere abgesicherten Raum anschließbar, bei Umzügen jederzeit transportabel. Mit einer Verlängerung ins Freie angeschlossen, kann die Gartenparty starten: Überraschen Sie doch einmal Ihre Gäste mit diversen vorbereiteten Gerichten, die sich jeder nach Belieben im Mikrowellengerät erhitzt.

Zeit- und Energiegewinn

Das Mikrowellengerät gart schnell! Zeit- und Energieersparnis können Werte von 70% und mehr erreichen. Diese Werte sind unabhängig von Art, Form und Menge des Lebensmittels. Die Leistungsaufnahme des Gerätes ist geringer als die einer vergleichbaren Kochplatte.

Das Kochen im Serviergeschirr läßt Sie auch an anderer Stelle sparen: Mit weniger Abwasch verbrauchen Sie weniger heißes Wasser bzw. haben mehr Platz in der Spülmaschine verfügbar. Immer startbereit und nach Ablauf der Zeit sofort »aus« bedeutet: kein Vorheizen und keine überflüssige Restwärme.

Grenzen

Ist das Mikrowellengerät erst einmal im Haus, wird es für eine Vielzahl von Speisen mehrmals täglich benutzt. Es kann und soll natürlich keines der anderen Haushaltsgeräte verdrängen oder ersetzen, weder Backofen, Kochplatten, Kaffeemaschine, Grill, Toaster oder Friteuse. Jedes Gerät hat seine Aufgaben und Vorteile, für die es konzipiert ist. Wie jedes Gerät, so hat auch das Mikrowellengerät seine Grenzen. So wird Geflügel sehr saftig und weich gegart, erhält jedoch keine knusprig braune Haut. Im Rezeptteil finden Sie jedoch eine Vielzahl von Anregungen und Tips, wie Sie das Aussehen mancher Speisen verbessern können. So nutzen Sie bald alle Vorzüge Ihres Gerätes und lernen es schätzen.

Zu den Speisen, die Sie grundsätzlich auf herkömmliche Art zubereiten sollten, gehören:

▷ Alle typischen Pfannengerichte, z.B. mehrere panierte Schnitzel oder Koteletts, Omeletts oder Pfannkuchen.
▷ Alle Backwaren wie Kuchen und Brot, da sie mit Mikrowelle keine Kruste bekommen.
▷ Fritierte Speisen, z.B. Schmalzgebäck, Kroketten oder Pommes frites.
▷ Eier – roh in der Schale oder bereits vorgekocht – platzen im Mikrowellengerät. Der Grund: Das Ei-Innere dehnt sich wegen des schnellen Garens aus und »sprengt« die Schale. Ei im Glas – mit angestochenem Dotter – oder Rührei können Sie jederzeit zubereiten.

GESCHIRRE UND ZUBEHÖR

Überblick

Aus den verschiedenen Eigenschaften der Mikrowellen:

▷ sie durchdringen Glas, Keramik, Porzellan, Kunststoff, Pappe und Papier,
▷ sie werden im Lebensmittel zu Wärme umgewandelt,
▷ sie werden von metallischen Flächen reflektiert,

lassen sich auch die Grundregeln für das Kochgeschirr ableiten.
Für die ersten Erfahrungen mit der Mikrowelle ist das in Ihrem Haushalt vorhandene Geschirr völlig ausreichend. Hierzu zählen alle Gläser, Schüsseln, Teller, Tassen und Deckel aus Glas, Keramik, Porzellan und Steingut. Geeignet sind spülmaschinenfeste Geschirre, insbesondere aus Glas und Porzellan. Aber: *Metallgeschirr* (Kochtöpfe und Pfannen aus Edelstahl, Kupfer, Aluminium, Emaille, Guß usw.) und *Geschirr mit metallischem Dekor* (Gold- und Silberrand) sind *ungeeignet*. Lebensmittel in geschlossenen Metallgefäßen werden von der Mikrowelle nicht erreicht. Metalldekore verursachen elektrische Überschläge, es bilden sich Funken, und das Dekor erleidet Schaden.
Geeignet sind auch Geschirre, die von der Mikrowelle nicht oder nur wenig erhitzt werden.
Dies erscheint ungewöhnlich, denn bisher ging man davon aus, daß alle Geschirre in der Mikrowelle »kalt« bleiben. Das ist aber nur bedingt richtig. Einerseits erwärmt sich das Gefäß stets durch die Abwärme des Lebensmittels, die in das Geschirr übergeht, ein gewünschter Nebeneffekt, der die Speisen länger auf Eßtemperatur hält. Andererseits nehmen einige Werkstoffe einen Teil der Mikrowellenenergie auf, erhitzen sich mit und bewirken eine gewisse Verlängerung der Garzeit. Zu diesen Werkstoffen zählen z.B.:

▷ Ornamin und Melamin,
▷ Geschirre mit Metalloxid-Einschlüssen (z.B. Bleikristall, Jenaer »2000« und einige Keramikarten).

Um einigermaßen sicher zu sein, ob Geschirr mit unbekannter Materialzusammensetzung dennoch geeignet ist, führen Sie den schnellen Geschirrtest durch.

Geschirrtest

▷ Stellen Sie das leere Gefäß in das Mikrowellengerät.
▷ Schalten Sie für ca. 20–30 Sekunden die Mikrowelle auf der höchsten Stufe ein.

Ergebnis:
▷ Ist das Geschirr kalt oder nur handwarm, so ist es für den Einsatz mit Mikrowellen geeignet.
▷ Wird das Geschirr heiß – vor allem am Boden – oder entstehen sogar Funken, so ist es ungeeignet.

In Fachabteilungen der Warenhäuser und in Haushaltswarengeschäften werden Spezialgeschirre für Mikrowellengeräte angeboten. Ist das Geschirr ausdrücklich als »mikrowellengeeignet« oder »mikrowellenfest« gekennzeichnet, so können Sie es bedenkenlos einsetzen, da es für den speziellen Gebrauch im Mikrowellengerät entwickelt wurde.

Die verschiedenen Materialien

Aluschalen und Alufolien

Wie bereits erwähnt, ist die Verwendung geschlossener Metallgefäße nicht möglich. Ungeeignet sind auch Gefäße mit Metallringen oder -schrauben, z.B. spezielle Deckelgläser, Kaffeekannen o.ä.
Flache, geöffnete Aluschalen von Tiefkühl- und Fertiggerichten lassen sich ausnahmsweise zum Auftauen und Erwärmen einsetzen, wenn sie nicht höher als 2–3 cm sind. Natür-

lich ergeben sich gegenüber anderem, geeignetem Geschirr Zeitverlängerungen, da die Mikrowelle nur von oben – nicht seitlich oder von unten – eindringt.

Nutzen Sie die mikrowellen-reflektierende Wirkung von Alufolie bewußt aus, z.B. beim Auftauen von Fisch oder Geflügel: Die empfindlichen Teile, wie Flossen, Beine oder Flügel, abdecken, so tauen sie nicht zu schnell auf und erwärmen sich nicht. Entfernen Sie die Folie nach ca. der Hälfte der Auftauzeit. Bitte beachten Sie, daß die Folie stets kleiner ist als das Auftaugut, um die Mikrowelle nicht völlig abzuschirmen. Die Folie darf auch nicht an den Garraumwänden anstoßen, sonst entstehen Funken.

Glas und Porzellan

Geschirre aus diesen Materialien – ohne Goldrand, ohne metallische Dekore! – eignen sich ideal für das Arbeiten mit der Mikrowelle. Glas wird sogar am besten durchdrungen und bietet zudem den Vorteil, daß der Garvorgang genau beobachtet werden kann. Die Flächen, welche Kontakt mit den Speisen haben, erwärmen sich bei längeren Kochvorgängen natürlich auch. Halten Sie daher immer Topflappen bereit. Vorsicht ist bei sehr feinen Glas- und Porzellangefäßen geboten, die zwar augenscheinlich geeignet sind, jedoch der Abwärme des Lebensmittels nicht standhalten.

Gefäße mit Metallschrift am Boden, Bleikristallgläser sowie fest verschlossene Schraubgläser oder enghalsige Flaschen sind ungeeignet. Verwenden Sie auch grundsätzlich keine Gefäße, die bereits einen »Sprung« haben. Feuchtigkeit dringt in diesen Sprung ein, z.B. beim Spülen, wird beim Kochen miterhitzt und läßt das Glas springen.

Glas- und Vitrokeramik

Diese Materialien werden (wie Glas und Porzellan) von den Mikrowellen leicht durchdrungen und errei-

Glasgeschirre lassen den Garvorgang am besten beobachten

chen so die Speisen gleichmäßig von allen Seiten. Das Material verträgt zudem sehr hohe Temperaturen, verformt sich nicht und speichert die Wärme. Die Tatsache, daß diese Geschirre sowohl im Mikrowellengerät als auch auf dem Herd, im Backofen, im Kühl- und Tiefkühlgerät und in der Spülmaschine einsetzbar sind, verdeutlicht ihren vielseitigen Einsatz.

Da sich das Material nicht verformt und extreme Temperaturunterschiede verträgt, ist eine Kombination zwischen Kochplatte und Mikrowelle bzw. Mikrowelle und Backofen möglich, das Mikrowellengerät läßt sich noch vielseitiger nutzen. Hilfreich dabei sind abnehmbare Griffe und transparente Deckel. Neutral weiß oder mit formschönen Dekoren versehen, sind diese Geschirre auch zum Servieren geeignet. Die glatte, harte Oberfläche erlaubt eine einfache und schnelle Reinigung.

Steingut, Keramik, Ton

Sie sind ebenfalls gut für das Arbeiten mit der Mikrowelle geeignet. Achten Sie beim Einsatz darauf, daß die Gefäße keine großen, unglasierten Flächen, z.B. am Boden, oder Risse in der Glasur aufweisen; das

Geschirr nimmt dann beim Spülen Feuchtigkeit auf und erwärmt sich während des Kochens sehr stark. Übermäßige Erhitzung tritt auch dann ein, wenn das Gefäß eine spezielle Zusammensetzung oder eine bleihaltige Glasur aufweist. Ist das Material als »mikrowellen-geeignet« gekennzeichnet, so können Sie es jederzeit bedenkenlos einsetzen. Im Zweifelsfall führen Sie ganz schnell den Geschirrtest (Seite 11) durch. Vorteilhaft ist, daß sich Keramikgefäße durch Mikrowellen geringfügig miterwärmen. Beim Servieren entzieht das Gefäß der Speise keine Wärme, es entsteht ein sehr nützlicher »Warmhalteeffekt«. Unerwünscht ist er jedoch bei Trinkgefäßen, z.B. Tassen (wählen Sie besser Porzellan- oder Glastassen). Bevorzugen Sie hingegen für das Aufwärmen von Suppen keramische Suppentassen, denn Suppenkenner mögen ihre Suppe gerne bis zum letzten Löffel heiß – nicht die Tasse, nur der Löffel hat Lippenkontakt. Das gilt auch für Auflaufformen.

Keramik, Steingut und Ton sind hitzebeständig, daher eröffnen sich für viele Gerichte in der praktischen Kombination zwischen Mikrowelle und Backofen zusätzliche Einsatzmöglichkeiten.

Vitrokeramik: ein Geschirr für alle Herdarten

Keramik: aus der Mikrowelle auf den Tisch

Stielkasserollen aus Keramik (oder Porzellan) können am Griffende eine fertigungsbedingte, kleine Öffnung aufweisen. Gespült, sammelt sich in der Öffnung Restwasser, das beim nächsten Kochen mit der Mikrowelle miterhitzt wird. Im Griff entstehen Materialspannungen, die ein Abplatzen des Griffes verursachen können.

Römertopf

Mit einem glasierten oder unglasierten *Römertopf,* der vor dem Gebrauch mit Deckel für 10 Minuten im Wasserbad war, können Sie im Mikrowellengerät arbeiten. Besonders bei zarten Fleischstücken, Gemüse und Suppen lassen sich gute Kochergebnisse erzielen. Seien Sie jedoch vorsichtig bei der Zugabe von Flüssigkeit während des Kochens, da der Topf großen Temperaturschwankungen nicht standhält und platzen könnte.

Holz und Stroh

Zum kurzen Erwärmen von Brot oder Gebäck läßt sich ohne weiteres ein Strohkörbchen einsetzen. Teekannen verbleiben in der Regel längere Zeit im Gerät, bis das Wasser aufkocht. Entfernen Sie daher den geflochtenen Griff. Holzschüsseln, -teller oder -bretter sind nur bedingt geeignet. Im Mikrowellengerät trocknen sie aus, und es bilden sich Risse.

Papier, Pappe, Pergament

Diese Materialien sind nur für kurze Garprozesse empfehlenswert. Verwenden Sie für die Zubereitung von Lebensmitteln mit überschüssigen Fett- oder Wasseranteilen (z. B. Frühstücksspeck, Brot, Brötchen) Haushaltspapier zum Aufsaugen. Papier, als Abdeckung benutzt, schützt den Garraum vor Verunreinigungen. Vermeiden Sie den Einsatz von Wachspapier, das Wachs könnte schmelzen und den Geschmack der Speise beeinträchtigen.

Kunststoff für die Mikrowelle. Gefrierdosen: bis 95°C hitzebeständig

Menüteller mit Abdeckhaube aus Kunststoff

Mikrowellengeschirr verschiedener Größen aus Kunststoff

Kunststoffe

Eine wichtige Bedeutung für den praktischen Einsatz im Haushalt erhalten zusehends die Kunststoffmaterialien. Ist kein passender Deckel zur Hand, so verwendet man z.B. gerne Klarsichtfolie zum Abdecken.

Manche Folien – vornehmlich die zum Frischhalten – sind sehr dünn und verformen sich leicht bei hohen Temperaturen. Vermeiden Sie daher einen direkten Kontakt mit fetthaltigen Lebensmitteln. Folien zum Abdecken von Schüsseln oder Tellern an der Oberseite stets mehrmals einstechen, damit der Wasserdampf entweichen kann oder gleich eine Mikrowellen-Spezialfolie verwenden. Praktisch sind da Teller-Abdeckhauben aus Kunststoff, die sogar in fünf verschiedenen Größen erhältlich sind.

Spezial-Kunststoffgeschirre bietet der Handel in verschiedenen Größen und Ausführungen an. Ist das Material als »spülmaschinenfest« gekennzeichnet, so ist es für den Einsatz im Mikrowellengerät gut geeignet. Geschirre und Behälter ohne genaue Angaben sind nur zum Auftauen verwendbar. Behälter, die bis zu 95°C hitzebeständig sind (z.B. Tiefkühldosen), werden gerne zum kurzzeitigen Erwärmen auf Eßtemperatur eingesetzt.

> Niedrig-temperaturbeständige Kunststoffe verformen sich leicht im Mikrowellengerät. Deshalb fett- und zuckerhaltige Speisen in diesen Gefäßen nicht überhitzen!

Für alle Anwendungen wie Auftauen, Garen, Kochen und Braten gibt es mittlerweile ein komplettes, hochtemperaturbeständiges Geschirr-Sortiment. Die Eigenschaften »kältebeständig bis −40°C, hitzebeständig bis 140°C, 180°C oder 205°C« erlauben das praktische Selbsteinfrieren von im Mikrowellengerät vorgekochten Speisen und Erhitzen – ohne Umfüllen! Zwei Deckel liegen dem Grundgefäß bei, der eine dient dem luftdichten Verschließen zum Einfrieren, der andere ist für das Garen vorgesehen. Kunststoffgeschirre sind leicht und gut zu reinigen, einige sogar stapelbar, andere transparent zum besseren Beobachten des Kochvorgangs. Gar- und Bratsets, Menüteller und eine Vielzahl von Backformen (z.B. für Kochpuddinge) runden das Angebot ab. Auch Bratbeutel- und Bratfolien können Sie im Mikrowellengerät verwenden. Sie sollten vor dem Garen ebenfalls 1–2mal eingestochen werden, damit der sich entwickelnde Dampf entweicht. Metall-Verschlußklipse vorher entfernen und die Beutel mit Gummiringen oder Klebefolie verschließen.

Sogar Baby-Milchfläschchen mit aufgesetztem Sauger lassen sich bestens mit Mikrowellen erwärmen. Ganz und gar ungeeignet sind jedoch einfache Plastiktragetaschen und alle Behälter aus Styropor.

Beachten Sie bei allen Materialien, daß sie der Temperatureinwirkung des Gargutes standhalten.

Auftauen	bis ca. 20 °C
Schmelzen	bis ca. 40 °C
Erwärmen	bis ca. 60 °C
Erhitzen	bis ca. 80 °C
Garen, Dünsten, Kochen	bis ca. 100 °C
Braten	bis ca. 180 °C

Form und Größe von Geschirren

Neben der Material-Auswahl sind für ein gutes Kochergebnis Größe und Form eines Geschirres wichtig. Die gleichmäßigsten Ergebnisse sind in runden und ovalen Formen zu erzielen. Rechteckige und quadratische Formen haben den Nachteil, daß in den Ecken eine leichte Konzentration der Mikrowellen auftreten kann, die Speisen kochen an diesen Stellen schneller über. Das ist nicht weiter schlimm, wenn die Speise zwischendurch 1–2 mal gut durchgerührt wird.

Für ein gleichmäßiges, gutes Garergebnis ist auch die Geschirrhöhe wichtig. Das Fassungsvermögen sollte in etwa der Speisenmenge entsprechen (ca. ⅔ gefüllt).

Empfohlene Geschirre für das Arbeiten mit Mikrowellen

Geschirrart	Auftauen	Erwärmen	Schmelzen	Garen	Braten	Anmerkungen
Glas, Porzellan	ja	ja	ja	ja	ja	Ohne Gold- oder Silberrand, -glasur.
Glas- und Vitrokeramik	ja	ja	ja	ja	ja	Zum Garen Deckel auflegen.
Keramik, Steingut	ja	ja	ja	ja	ja	Rundum glasiert, ohne angerauhte Flächen.
Ton ▷ glasiert	ja	ja	ja	ja	ja	Rundum glasiert, ohne angerauhte Flächen.
▷ unglasiert (Römertopf)	nein	ja	ja	ja	ja	Nur für bestimmte Anwendungen geeignet.
Kunststoffgeschirr						Kein Melamin/Ornamin verwenden.
▷ hitzebeständig bis 20 °C	ja	nein	nein	nein	nein	Speisen nicht überhitzen.
▷ hitzebeständig bis 95 °C	ja	ja	nein	nein	nein	Passenden Gardeckel verwenden.
▷ hitzebeständig von 140–200 °C	ja	ja	ja	ja	ja	
Bratbeutel, Bratfolien	ja	ja	ja	ja	ja	Nicht mit Metallclips verschließen.
Papier, Pappe, Pergament	ja	ja	nein	nein	nein	Nur für bestimmte Anwendungen geeignet.
Holz, Stroh	nein	ja	nein	nein	nein	Nur für kurzes Erwärmen einsetzen.
Bräunungsgeschirr	ja	ja	ja	ja	ja	Vor dem Einsatz vorheizen.
Metallgeschirr	nein	nein	nein	nein	nein	
Alufolie, Aluschalen	ja	ja	nein	ja	nein	Alufolie zum Abdecken empfindlicher Teile, z.B. Hähnchenschenkel, verwenden.
ja = empfohlenes Geschirr nein = nicht geeignetes Geschirr						

Größere, flache Geschirre sind besser als hohe mit geringem Durchmesser. Denn die große Oberfläche ermöglicht ein gutes Eindringen und somit Einwirken der Mikrowellen. Ausnahmen: Kaffee- oder Teekannen, Gefäße, in denen Flüssigkeiten erhitzt werden.

Zubehör für spezielle Anwendungen

Bräunungsgeschirr

Einige Lebensmittel – z.B. Hackbraten, Schweinenacken –, die aufgrund ihrer größeren Menge eine Gesamtgarzeit von 15 Minuten und mehr benötigen, erhalten auch mit Mikrowellen eine natürliche Bräunung. Nach längeren Garzeiten ist das Fett ausreichend geschmolzen und heiß genug, um einen Bräunungsprozeß einzuleiten.

Viele andere, kleinere Gerichte sind in so kurzer Zeit gar, daß sie auf natürliche Art im Mikrowellengerät nicht genügend gebräunt werden. Das sind Speisen, die Sie normalerweise in der Bratpfanne zubereiten würden. Für diese Gerichte gibt es ein Spezialgeschirr: das Bräunungsgeschirr.

Auf der Außenseite des Bodens hat es eine hellgraue Spezialglasur aus Metalloxid, die die Mikrowellenenergie aufnimmt, wenn das leere Bräunungsgeschirr zum Vorheizen in das Mikrowellengerät gestellt wird. Die Oberfläche innen kann Temperaturen bis zu 350°C erreichen, heiß genug, um Speisen wie Frikadellen, Hühnerbrust oder Fisch zu bräunen. Gulasch und Eintöpfen fügt man nach dem Anbraten die übrigen Zutaten hinzu, legt den Glasdeckel auf und läßt das Ganze mit Mikrowellen weitergaren. Ohne Vorheizen läßt sich das Geschirr als normales Mikrowellen-Kochgeschirr einsetzen.

> Sollten Sie kein Bräunungsgeschirr besitzen, können Sie Fleisch in der Pfanne scharf anbraten und dann mit Mikrowelle fertiggaren.

Spezial-Bräunungsschale

Sie besteht aus zwei Teilen, einer flachen, antihaftbeschichteten Bratplatte und einem Kunststoff-Unterteil. Auch dieses Spezialgeschirr wird zuerst vorgeheizt, um dann die aufgelegten Speisen – z.B. Pizza – von der Unterseite her zu bräunen. Die gleichzeitig eingeschaltete Mikrowelle gart das Gericht fertig.

Bräunungsschale

Eier- und Würstchenkocher

Wie bereits erwähnt, führt das Garen ganzer Eier bzw. auch das zu schnelle Erwärmen empfindlicher Würstchen im Mikrowellengerät zum Aufplatzen. Der spezielle Eier- und Würstchenkocher schirmt das Gargut metallisch ab und läßt nur den mit Mikrowelle erzeugten Wasserdampf zum Garen einwirken.

Einkochklammern

Kunststoffklammern sind speziell für Mikrowellengeräte entwickelt worden. Sie schließen sicher und dicht alle handelsüblichen Einkochgläser ab. Metallische Klammern sind ungeeignet, da sie Funkenbildung verursachen.

Mikrowellenthermometer

Reguläre metallische Thermometer, auch Fleischthermometer, dürfen nicht im Mikrowellengerät benutzt werden. Praktisch und nützlich sind Braten- und Speisenthermometer, die speziell auf das Arbeiten mit Mikrowellen abgestimmt sind. Sie zeigen genau an, wann der Braten oder die Babykost fertig ist.

Spezialgeschirre und -geräte

DAS GAREN

Struktur und Zusammensetzung der Lebensmittel

Spezifische Eigenschaften der Lebensmittel beeinflussen das Garergebnis, so wie es auch beim konventionellen Zubereiten der Fall ist. Hierzu einige wichtige Punkte, die Sie beim Arbeiten mit Mikrowellen berücksichtigen sollten.

Zusammensetzung der Speisen

Speisen mit hohem Fett- und Zuckergehalt nehmen mehr Mikrowelle auf als solche mit viel Wasseranteilen. Sie kochen schneller und erreichen höhere Temperaturen. So ist z. B. eine Süßspeise schneller gar als eine vergleichbare Menge Gemüse.

Ausgangstemperatur

Speisen, aus dem Kühlschrank entnommen, benötigen eine längere Garzeit als solche mit Zimmertemperatur. Die in diesem Kochbuch angegebenen Zeiten basieren auf normaler Lagertemperatur. Möchten Sie kühlschrankkalte Lebensmittel einsetzen, dann verlängern Sie die Garzeit um ca. 1–2 Minuten.

Schalen anstechen

Stechen Sie Lebensmittel mit festen Schalen oder Häuten (z. B. Tomaten, Kartoffeln, Eidotter oder Äpfel) vor dem Garen an, damit die Schale durch Dampfbildung während des Garens nicht aufplatzt.

Flache Speisen

Flache Speisen garen schneller als hohe. Breiten Sie die Zutaten daher möglichst flach aus. Schichten Sie Auflaufformen immer gleichmäßig hoch ein.

Gewebestruktur

Je stärker die Gewebestruktur der Speise ist, desto länger ist die Garzeit. Ein größeres Fleischstück, z. B. 1 kg Nackenbraten, benötigt länger als geschnetzeltes Fleisch gleicher Menge.

Speisenmenge

Je größer die Menge, desto länger die Garzeit. 1 mittelgroße Kartoffel ist z. B. in ca. 2½ Minuten gar, 2 Kartoffeln benötigen bereits 4 Minuten. Daraus läßt sich folgende Regel ableiten:

Doppelte Menge	= fast doppelte Zeit
Halbe Menge	= halbe Zeit

Größe und Form

Bei ungleich geformten Lebensmitteln garen dünnere Teile schneller als dickere. Legen Sie z. B. bei frischem Brokkoli die Röschen so weit es geht nach außen, die Stengel zur Mitte des Geschirrs (die Mitte selbst kann sogar freibleiben). Fett und Knochen leiten Hitze. Entfernen Sie daher vor dem Garen Knochen und überschüssiges Fett. So erhalten sie ein gleichmäßiges Ergebnis.

Der praktische Umgang

Ähnlich wie beim konventionellen Kochen, gibt es auch beim Arbeiten mit Mikrowellen Techniken, die wichtig sind, um immer ein gutes Ergebnis zu erzielen. Halten Sie sich anfangs bitte an diese Erfahrungen, die Sie sicher bald in den täglichen Umgang automatisch einbeziehen.

Abdecken der Speisen

Wie beim konventionellen Kochen entweicht auch bei der Zubereitung mit Mikrowellen Feuchtigkeit aus den Speisen. Im Mikrowellengerät wird nach Zeit und nicht mit Wärme gekocht, daher ist die Menge an entweichender Feuchtigkeit nicht so einfach zu kontrollieren. Das kann ein erwünschter oder unerwünschter Effekt sein.
Fleischgerichte, die eine Bräunung erhalten sollen, bereitet man ohne Abdeckung zu. Die Vielzahl aller anderen Gerichte gelingen in geschlossenen Gefäßen besser. Machen Sie es so wie beim Herd: Alles, was Sie dort abgedeckt garen, decken Sie auch im Mikrowellengerät ab. Dazu benutzen Sie Geschirrdeckel, einen umgedrehten Teller, Abdeckhauben oder auch Klarsichtfolie. Pergament- oder Küchenpapier eignet sich für kurzzeitiges Abdecken spritzender Gerichte.

Anordnen/Verteilen der Speisen

Möchten Sie z. B. mehrere Frikadellen oder Kartoffeln im Ganzen garen, dann arrangieren Sie sie in einem Kreis und lassen das Zentrum leer. Mit dieser ringförmigen Anordnung erzielen Sie ein gleichmäßigeres Kochergebnis. Das gilt auch für mehrere Gefäße, z. B. Tassen oder Gläser.

Umrühren oder Wenden

Gelegentliches Umrühren ist – wie beim konventionellen Kochen auch – wichtig und hilft, die Wärme gleichmäßig zu verteilen. So wird ein An- oder Überkochen an den Randpartien vermieden. In den Rezepten ist jeweils angegeben, wie oft umgerührt werden sollte. Kompakte Stücke, wie z. B. Fleisch, stets nach ca. der Hälfte der Garzeit einmal wenden.

Garzustand prüfen

Zur Überprüfung des Garzustandes können Sie die gleichen Methoden einsetzen, wie sie Ihnen vom konventionellen Kochen her bekannt sind. So ist z. B. Geflügel gar, wenn der Fleischsaft klar ist und die Keulen sich leicht drehen lassen. Fischfilet ist gar, wenn es sich mit einer Gabel lockern läßt und eine opale, jedoch nicht glänzende Farbe angenommen hat. Möchten Sie »sichergehen«, so setzen sie ein Mikrowellen-Thermometer ein.

Zeitwahl

In allen Rezepten und Übersichten sind Zeiten angegeben, die auf 600–700 bzw. 750 Watt-Geräte abgestimmt sind. Lassen Sie die Speisen grundsätzlich nicht zu lange garen. Stellen Sie lieber die kürzere der angegebenen Garzeiten ein, prüfen Sie den Garzustand und geben Sie, falls erforderlich, 2–3 Minuten nach. Eine Methode, die beim konventionellen Kochen so einfach nicht möglich ist.

Überfüllen Sie das Mikrowellengerät nicht, denn kleinere Mengen garen schneller als große. Garen Sie deshalb besser zwei Portionen nacheinander als gleichzeitig. Alle in den Rezepten und Übersichten angegebenen Werte können daher nur ungefähre Angaben sein, die von der Ausgangstemperatur, Form und Menge der Speise abhängig sind.

Nachgar- oder Stehzeiten

Bei den ersten Versuchen werden Sie beobachten, daß die Speise nach dem Herausnehmen noch etwas »nachgart«. Nutzen Sie diesen Effekt bewußt aus und lassen Sie das Gericht noch ca. 1–2 Minuten stehen, bevor Sie es servieren. Währenddessen steigt die Temperatur etwas an, die Wärme verteilt sich gleichmäßig und beendet so den Garvorgang.

Topflappen bereitlegen

Mit Mikrowellen gegarte Speisen geben Wärme an das Geschirr ab, so daß dieses – egal aus welchem Material – sehr heiß werden kann. Halten Sie daher stets Topflappen bereit, damit sie sich nicht unerwartet verbrennen.

Topflappen bereithalten: Die Hitze der gegarten Speisen geht auf das Geschirr über.

Garen mit Thermometer

Das Ende der Garzeit läßt sich durch die Messung der Innen- bzw. Kerntemperatur der Speisen genau bestimmen. Einige Mikrowellengeräte sind mit einem eingebauten Thermometer ausgestattet. Besitzen Sie kein solches Gerät, messen Sie mit einem als Spezialzubehör erhältlichen Mikrowellen-Thermometer. Dabei können Sie mit jeder beliebigen Geräteleistung arbeiten, meist wird jedoch die hohe Lei-

Mikrowellengerät mit eingebautem Thermometer

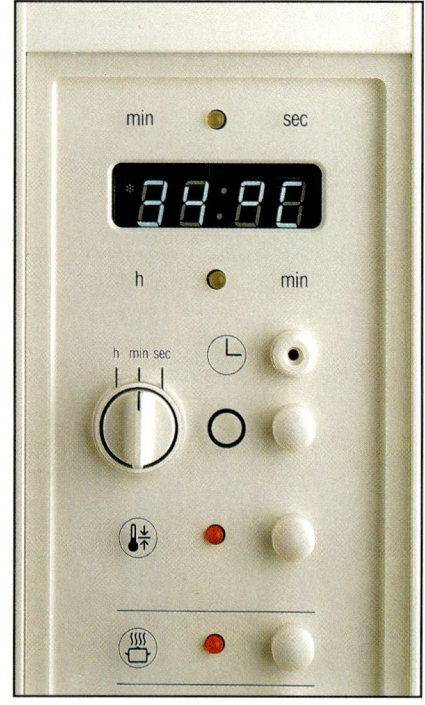

stung empfohlen, damit die gewünschte Temperatur schnellstmöglich erreicht wird. Das Thermometer mißt die Temperatur an der Spitze, daher schieben Sie es stets 2–3 cm tief in die Speise ein. Verwenden Sie es nicht bei gefrorenen Lebensmitteln oder bei Einsatz des Bräunungsgeschirrs. Schalten Sie das Mikrowellengerät erst ein, wenn das Thermometer eingesteckt ist und mit der Speise Kontakt hat. Bei Gerichten, die abgedeckt zubereitet werden, verwenden Sie Mikrowellen-Spezialfolie zum Abdecken feuchter Speisen und Bratfolie oder -beutel für Fleischgerichte. Stechen Sie dann das Thermometer durch die Folie hindurch in die Speise ein. Flüssigkeiten vor dem Servieren stets nochmals umrühren.

Bei Bratenstücken mit Knochen oder Fettpartien stechen Sie das Thermometer möglichst in mageres Muskelfleisch ein, sonst kommt es zu »Falschmeldungen« über die tatsächliche Innentemperatur, denn Fett oder Knochen erwärmen sich schneller als das magere Muskelfleisch. Große Fleischstücke über 1 kg Gewicht nach ca. 20 Minuten einmal wenden.

Bräunungstechniken

Gedünstete und gekochte Speisen, wie z. B. Fisch, Gemüse, Beilagen und Obst, werden – wie bei der konventionellen Zubereitung auch – mit Mikrowellen nicht gebräunt. In diesem Kochbuch sind keine Rezepte für Kuchen, Torten oder Kleingebäck enthalten, da die für den äußeren Bräunungsprozeß erforderliche trockene Hitze mit Mikrowellen nicht erzeugt wird. Fleischgerichte, Hackfleisch und einige Geflügelsorten erhalten, wenn sie ihrem Gewicht entsprechend länger als 15 Minuten gegart werden, eine natürliche Bräunung, die durch das Ausschmelzen des Fettes entsteht. Je länger die Garzeit, desto mehr Fett tritt aus und intensiviert die Bräunung. Nach Ablauf der Garzeit ist die Farbe »akzeptabel«, dennoch fehlt oftmals die gewohnte Kruste.

Trotz dieser Einschränkungen gibt es Möglichkeiten, die Speisen appetitlich aussehen zu lassen. Hierzu einige Zubereitungstechniken.

Auswahl besonderer Zutaten

▷ Übergießen Sie den Braten während des Garens mehrfach mit dem abtropfenden Fleischsaft.

▷ Bestreichen Sie Hackfleisch mit Eiklar und Gewürzen.

▷ Einige Lebensmittel, z.B. Hähnchenkeulen oder Putenfleisch, profitieren davon, daß man sie mit bräunenden Mitteln einreibt. Dazu eignen sich Butter, vermischt mit Curry und etwas Paprika.

Semmelbrösel, vermischt mit Gewürzen.

Umwickeln besonders magerer Stücke mit dünnen Scheiben Frühstücksspeck (geräuchertes Bauchfleisch); das Fett tritt während des Garens aus und erzeugt eine gute Bräunung.

▷ Einige dunkle Saucen, wie z.B. Sojasauce oder Worcestersauce, erhöhen den Bräunungsprozeß, wenn Sie vor dem Garen gut in das Fleisch eingerieben werden.

▷ Gemahlene Schokolade, Zimt, brauner Zucker und gemahlene Haselnüsse geben Süßspeisen, Appetithappen und Kochpuddingen immer ein gutes Aussehen. Saucen und Glasuren sorgen zusätzlich für ein schönes Aussehen.

▷ Verwenden Sie bei der Zubereitung von Hackfleischgerichten oder Aufläufen immer Käse (Schmelzkäse, gewürfelter Gouda oder geriebener Emmentaler), der während des Garens schmilzt und eine schöne Kruste entstehen läßt.

Zubereitungszeiten im Bräunungsgeschirr

Lebensmittel Art/Menge	Vorheizzeit in Minuten	Garzeit in Minuten	
		1. Seite	2. Seite
Roastbeef, ca. 500 g	7–8	3–4	4–6
Rumpsteak englisch			
▷ 1 à 200 g	6–7	½–1	½–1
▷ 2 à 200 g	6–7	1–2	1–2
Filetsteaks			
▷ 1 à 180 g	6–7	½–1	½–1
▷ 2 à 180 g	6–7	2–3	1–2
Koteletts, Schnitzel			
▷ 1 à 200 g	6–7	1–2	2–3
▷ 2 à 200 g	6–7	1–2½	2–3½
Schweinelende, ca. 400 g	7–8	3–4	2–3
Kalbslende, ca. 500 g	6–7	3–4	6–7
Frikadellen			
▷ 2 à 200 g	6–7	2–3	2–3½
▷ 4 à 200 g	6–7	3–4	3–4½
Bratwürste			
▷ 2 Stück	4–5	1–2	1–2
▷ 4 Stück	4–5	2	2–3
Leberkäse			
▷ 2 Scheiben à 150–180 g	5–6	1–1½	1–1½
Hähnchenbrust			
▷ 2 à 180–200 g	7	3–4	4–5
Leber			
▷ 2 Scheiben à 150–200 g	5–6	1–1½	1–2
Fischfilet			
▷ 2 Scheiben à 200 g	6–7	2	2
Bratkartoffeln			
▷ 2 Portionen, ca. 300 g	3–4	½–1	1–2
Toastbrot überbacken			
▷ 2 Scheiben	1–2	2–3	–
▷ 4 Scheiben	1–2	4–5	–
1 Pizza, tiefgefroren, 300 g	3–4	3–4	–
2 Baguettes, tiefgefroren	2½–3	2½–3	–
Spiegeleier			
▷ 2 Stück	1–2	½–2	dann 2–3 Min. stehen lassen
▷ 4 Stück	1–2	2–3	

Hinweis Die Angaben gelten für Mikrowellengeräte mit 600 Watt-Leistung. Besitzen Sie ein leistungsstärkeres bzw. -schwächeres Gerät, so gleichen Sie die Vorheiz- und Bratzeiten entsprechend aus. Die Tabellen-Angaben sind Richtwerte, die je nach Beschaffenheit des Lebensmittels variieren können.

Einsatz des Bräunungsgeschirrs

Das Bräunungsgeschirr eignet sich vor allem für das schnelle Zubereiten kleiner Gerichte mit kurzen Garzeiten. Auch Eintöpfe mit angebratenem Fleisch oder ein pikantes Gulasch lassen sich in diesem Geschirr bestens zubereiten. Nach dem Anbraten fügt man die weiteren Zutaten hinzu, legt den Deckel auf und läßt das Gericht mit Mikrowelle zart und weich garen. Und so wird das Bräunungsgeschirr benutzt:

Im Bräunungsgeschirr wird eine tiefgefrorene Pizza besonders knusprig

▷ Heizen Sie zunächst das leere Geschirr auf der höchsten Leistungsstufe vor. Entnehmen Sie die Vorheizzeit bitte der Übersicht, sie darf jedoch 8 Minuten nicht überschreiten.

▷ Drücken Sie das gewürzte Bratgut auf den heißen Boden des Bräunungsgeschirrs. Beim Anbräunen zischt und spritzt es genauso wie beim konventionellen Braten in der Pfanne.

▷ Die erste Seite des Bratgutes wird nun mit Mikrowelle gegart und durch die hohe Kontakthitze gebräunt. Ist die Garzeit abgelaufen, wenden Sie das Bratgut auf eine noch nicht genutzte Fläche des Bräunungsgeschirrs. Garen Sie nun die zweite Seite.

▷ Ist das Bratgut fertig, entnehmen Sie das Geschirr mit Topflappen. Stellen Sie es vorsichtshalber auf einen Untersetzer. Sie können das Gericht auch direkt im Bräunungsgeschirr servieren.

Praktische Hinweise

Lassen Sie kurz vor dem Einlegen des Bratgutes etwas Fett auf dem Boden des Bräunungsgeschirrs zerlaufen. So bräunt die Speise noch besser und setzt weniger an.

Experimentieren Sie mit den Vorheizzeiten, denn der Bräunungsgrad hängt ganz erheblich von Ihrem persönlichen Geschmack ab.

Tauen Sie Tiefkühlkost stets vor dem Anbraten vollständig auf. Eiskristalle verhindern eine gute Bräunung. Ausnahme: tiefgefrorene Backwaren wie Pizza oder Baguettes.

Verwenden Sie stets gut abgehangenes Fleisch. Sollten Sie es dem Kühlschrank entnehmen, dann braten Sie es etwas länger, als in der Tabelle angegeben.

Kombination konventioneller Wärme mit Mikrowellen

Bei manchen Gerichten ist es sinnvoll, sie zunächst mit der Mikrowelle vorzugaren und anschließend im Backofen bzw. unter dem heißen Grill zu überbräunen bzw. überkrusten. Der Vorteil dieser Arbeitstechnik ist ein gutes, saftiges Ergebnis mit schöner Kruste. So ist z.B. ein Kartoffelgratin in ca. 25 Minuten servierfähig, das normalerweise im Backofen mindestens 1 Stunde garen müßte. Beachten Sie bitte, daß das Geschirr hitzebeständig und mikrowellengeeignet ist. Es empfehlen sich folgende Materialien:

▷ Hitzebeständiges Glas (z.B. Pyrex, Jenaer Glas).

▷ Hitzebeständige Glaskeramik (z.B. Pyroflam, Ceradur oder Arcoflam). Dieses Geschirr hat zudem den Vorteil, daß es weder durch Hitze noch durch Kälte oder durch Temperaturschwankungen beschädigt werden kann.

▷ Auflaufformen aus feuerfestem Porzellan.

Selbstverständlich können Sie auch Braten oder Gulasch auf Ihrem Herd in der Pfanne anbraten und anschließend im Mikrowellengerät weitergaren. Hierzu eignen sich besonders gut Glaskeramikgeschirre, die auch mit abnehmbarem Griff und mikrowellengeeignetem Glasdeckel erhältlich sind. Übernehmen Sie für alle Geräte die in der Gartabelle (Buchdeckel hinten) angegebenen Werte.

DAS AUFTAUEN

Vorteile der Tiefkühlkost

Es gibt eine ganze Reihe von Vorzügen, die für das Tiefgefrieren von Lebensmitteln sprechen:

▷ Tiefkühlkost ist saisonal unabhängig während des ganzen Jahres überall erhältlich.

▷ Die Vorratshaltung mit Tiefkühlkost bringt eine erhebliche Erleichterung bei ungünstigen Einkaufsmöglichkeiten, zeitlichen oder gesundheitlichen Behinderungen. Sie macht unabhängig von den festgelegten Geschäfts-Öffnungszeiten.

▷ Tiefkühlkost ist küchen- und eßfertig. Bei der Zubereitung von Gerichten unter Verwendung tiefgefrorener Rohprodukte entfällt jede Vorbereitung (Putzen, Waschen, Schneiden, Sortieren usw.), und es fällt kein Abfall an. Das bedeutet: Das Bruttogewicht des Packungsinhaltes entspricht dem Nettogewicht.

▷ Das Rohprodukt ist ernte-, fang-, verarbeitungs- und zubereitungsfrisch tiefgefroren. Es werden keine chemischen Farb- und Konservierungsstoffe verwendet.

▷ Das Tiefgefrieren ist ein optimales Verfahren, gefriergeeignete Lebensmittel über eine sehr lange Zeit frischzuhalten. Nährstoffe, Vitamine und Mineralstoffe bleiben weitgehend erhalten.

▷ Ernährungswissenschaftler nehmen an, daß Eiweiße in einer für die menschliche Ernährung günstigen Weise verändert werden. Vitamine und Mineralstoffe werden in einen besser verwertbaren Zustand überführt – so nimmt z.B. der Körper zweimal mehr Vitamin B_6 aus tiefgefrorenen Erbsen auf als aus frischer Ware. Bewiesen ist, daß Vitamin C in tiefgefrorenen Lebensmitteln besser erhalten bleibt. Bei Spinat beispielsweise sind nach 4 Monaten Lagerung bei −18°C noch 85% des ursprünglichen Vitamin-C-Gehaltes vorhanden. Frischer Spinat dagegen verliert nach der Ernte schon am ersten Tag bei +18°C mehr als die Hälfte seines Vitamin-C-Gehaltes, am zweiten Tag sind es bereits 80%!

▷ Bei Verwendung von tiefgefrorenen Fertiggerichten werden die Speisen erst unmittelbar vor dem Verzehr aufgetaut und erhitzt, so lassen sich lange Warmhaltezeiten vermeiden.

Mikrowelle und Tiefkühlkost – zwei ideale Partner

Das Prinzip des Tiefgefrierens beruht auf einer hohen Gefriergeschwindigkeit, die die Gewähr dafür bietet, daß sich im Tiefkühlprodukt nur kleine Eiskristalle bilden und so die Zellstruktur des Lebensmittels nicht verletzt wird. Je langsamer der Auftauprozeß verläuft, umso größer ist die Gefahr, daß infolge erneuter Eisbildung die Zellstruktur verletzt wird, was zu einem großen Saftverlust nach dem Auftauen führt. Besonders kritisch ist der Temperaturbereich zwischen −5°C und 0°C, der immer möglichst schnell überbrückt werden muß. Der große Vorteil des Mikrowellengerätes liegt darin, in kürzester Zeit das Lebensmittel von außen und innen aufzutauen – im Gegensatz zu allen anderen Auftaumethoden –, wie es die Übersicht zeigt.

Mikrowellen besitzen die Eigenschaft, nicht nur an der Oberfläche zu wirken, sondern auch ein Stück – ca. 2 cm – in das Lebensmittel einzudringen. So entsteht Wärme, d.h. Umwandlung der Eiskristalle tiefer in der Speise; die Wärme muß nicht erst, wie es bei allen anderen Methoden der Fall ist, von außen nach innen wandern. So tauen gefrorene Lebensmittel im Mikrowellengerät schneller und schonender auf. Wichtig ist, die Schnelligkeit nicht zu übertreiben, sondern dem Lebensmittel Zeit zu geben, damit sich Temperaturunterschiede ausgleichen können. Deshalb müssen Mi-

Kuchen, Fleisch, Obst oder Brot – fast alle Speisen lassen sich mit der Mikrowelle schnell auftauen

krowellengeräte neben der hohen Leistungsstufe, zusätzlich mit einer Auftaustufe ausgestattet sein. Das Lebensmittel sollte jedoch nicht bis zum Kern aufgetaut sein, da sonst die äußeren Schichten bereits warm werden können. Es sollte ein »Eiskern« im Inneren verbleiben, so daß durch ein wenig Liegenlassen bei Raumtemperatur das Lebensmittel vollständig auftaut. Angaben über Auftau- und Nachtauzeit entnehmen Sie bitte der Übersicht.

Mit ihrem Mikrowellengerät können Sie wahlweise auftauen, auftauen und erwärmen oder aber in einem Arbeitsgang auftauen und garen.

Mikrowellengerechtes Einfrieren und Auftauen

Überlegt auswählen, vorbereiten und lagern

Zum Einfrieren eignen sich fast alle Lebensmittel von guter Qualität. Wählen Sie nur die frischesten Waren und bestens abgehangenes Fleisch aus. Bereiten Sie die Lebensmittel gleich nach dem Einkauf zum Einfrieren vor, vermeiden Sie eine Zwischenlagerung im Kühlschrank. Die Verpackung und die Einfriertemperatur sind wichtig zur Erhaltung einer guten Qualität.

Industrielle Tiefkühlkost transportieren Sie am besten in eigens erhältlichen Kühltaschen oder -beuteln. Selbstvorgekochte oder gebackene Speisen lassen Sie nach dem Umfüllen in eine geeignete Verpackung erst abkühlen, dann schnell tiefgefrieren. So bleiben Geschmack und Konsistenz am besten erhalten. Kochen Sie immer größere Mengen vor und frieren Sie diese portionsweise ein.

Vermeiden Sie ein Überschreiten der Lagerzeiten, denn nur bei sachgerechter Lagerung behalten die Speisen ihre natürliche Farbe und einen hohen Anteil an Inhaltsstoffen. Eine kleine »Buchführung« für Ihr Tiefkühlgerät erleichtert Ihnen die Übersicht und zeigt Ihnen schnell auf, wann ein Produkt verbraucht werden muß. Beschriften Sie die einzelnen Portionen mit Inhaltsangabe und Datum. Das hat den Vorteil, daß Sie sich schneller mit dem Angebot Ihres Gefriergerätes zurechtfinden und kein Gericht zu lange lagert. Vor allem aber kann sich jedes Familienmitglied, ohne daß Sie als Hausfrau anwesend sein müssen, ein leckeres Essen mit Mikrowelle auftauen und erwärmen. Mit dieser rationellen Arbeitsweise verschaffen Sie sich auch so manchen »kochfreien« Tag.

Geeignete Verpackungsmaterialien

Eine gute Verpackung und einwandfreies Verpackungsmaterial sind eine wichtige Voraussetzung für die Qualität aller gefrorenen Produkte. Vorteilhaft ist es, wenn Sie zum Einfrieren Gefäße aus Materialien verwenden, die sich auch zum Auftauen bzw. Erwärmen im Mikrowellengerät eignen. Damit der Platz in Ihrem Gefriergerät stets gut ausgenutzt wird, sollten die Gefäße möglichst viereckig und stapelbar sein.

Möchten Sie ein tiefgefrorenes Lebensmittel nur auftauen, so verwenden Sie offene Aluschalen, Polyäthylenfolien, nicht hitzebeständige Kunststoffbehälter, beschichteten Karton oder Pergabecher. Wird ein tiefgefrorenes Lebensmittel aber auch erwärmt oder gegart, so muß es entweder in ein Porzellan- oder Glasgeschirr umgefüllt werden, oder man verwendet beim Einfrieren bereits Gefäße, die sowohl zum Gefrieren als auch zum Erwärmen geeignet sind. Im Handel sind Kunststoffgefäße erhältlich, die bis 95 °C temperaturbeständig sind. In diesen Gefäßen können Sie Selbsteingefrorenes auftauen und erwärmen. Die Temperaturgrenze darf jedoch nicht überschritten werden, was bei fetthaltigen Speisen (z. B. Eintopf oder Gulasch) sehr leicht der Fall sein kann. Manchmal sind die Gefäßdeckel wesentlich temperaturempfindlicher als das Gefäß selbst. Nehmen Sie daher den Deckel vor dem Erwärmen ab und verwenden Sie statt dessen besser Klarsichtfolie. Inzwischen sind aber auch Kunststoffgefäße erhältlich, die bis −40 °C kältefest und bis 140 bzw. 180 °C hitzebeständig sind. Sie sind aus hochwertigem Spezialkunststoff gefertigt. Für das systematische »Vorkochen« sind sie ideal einsetzbar: Garen, Einfrieren, Auftauen und Erwärmen in einem Geschirr. Selbstverständlich können Sie neben Kunststoffmaterialien auch feuer- und frostfeste Glaskeramik, Bratbeutel und -folien verwenden. Denken sie beim Einfüllen daran, daß sich gefrorene Lebensmittel ausdehnen, deshalb Gefäße nicht bis zum Rand füllen, sondern ein Zehntel der Behälterhöhe freilassen. Die Verpackung soll auch bei tieferen Temperaturen ausreichend reiß- und bruchfest sein. Lebensmittel in Folien oder Beuteln verschließen Sie entweder mit dem Folienschweißgerät oder mit einem Gummi. Bei Verwendung von Behältern ohne Deckel nehmen Sie Bratfolie zum Verschließen, die Sie mit einem Gummi luftdicht festhalten. So vorbereitet, lassen sich auch diese Gefäße zum Auftauen mit Mikrowellen einsetzen.

Breiten Sie das Einfriergut so flach wie möglich aus. Frieren Sie Hackfleisch oder Geflügelteile nicht »im Block« ein. Denn immer gilt: Mehrere kleine, flache Portionen sind schneller aufgetaut als eine große.

Praktische Hinweise

▷ Wählen Sie immer das richtige Geschirr zum Auftauen.
▷ Überfüllen Sie Ihr Mikrowellengerät nicht, kleinere Mengen tauen besser auf als große.
▷ Schirmen Sie empfindliche Teile der Lebensmittel (z. B. Beine und Flügel beim Hähnchen, Flossen von ganzen Fischen) ab. Verwenden Sie dazu kleine Stücke Alufolie, die Sie nach ca. der Hälfte der Auftauzeit wieder entfernen.
▷ Wenden Sie kompakte Stücke, wie z. B. Fleisch, mehrmals.
▷ Rühren Sie flüssige Speisen, wie z. B. Suppen oder Eintöpfe, ein- bis zweimal um.
▷ Verteilen Sie das Gefriergut möglichst gleichmäßig, denn flache Speisen tauen besser auf als hohe.
▷ Schalten Sie die Mikrowelle für einige Minuten ab, wenn das Lebensmittel außen warm werden sollte. So findet ein Temperaturausgleich statt. Arbeiten Sie in Intervallen weiter.
▷ Nehmen Sie empfindliche Lebensmittel, wie z. B. Butter, Hackfleisch oder Sahnetorten, heraus, bevor sie vollständig aufgetaut sind. Bei Raumtemperatur sind sie in wenigen Minuten servierfähig oder zum Weiterverarbeiten geeignet.
▷ Gefrorene Lebensmittel, die sich schwer von der Gefrier-Verpackung lösen lassen, einfach 1–2 Minuten auf der höchsten Leistungsstufe antauen.
▷ Legen Sie Fleisch oder Geflügel auf eine umgedrehte Untertasse. So kann der Fleischsaft beim Auftauen besser abtropfen.

Fertiggerichte auftauen und erwärmen oder garen

Möchten Sie vorgefertigte, selbsteingefrorene Lebensmittel oder industriell vorgefertigte Produkte auftauen und gleichzeitig erwärmen, dann wählen Sie von Anfang an die hohe Leistung. Rühren Sie zwischendurch 1–2mal um, mischen Sie dabei die kalten Teile nach außen. So entsteht ein besserer Temperaturausgleich. Die Übersicht nennt Ihnen die wichtigsten Zeiten für Fertiggerichte.

Auftauen und Erwärmen bzw. Garen vorgefertigter Speisen

Gericht / Menge	Zeit in Minuten für verschiedene Leistungen				Anmerkungen
	700 Watt	650 Watt	600 Watt	500 Watt	
Fertigsuppe im Kochbeutel, ca. 300–400 g	7	7½	8	9½	Im Beutel ca. 1½ Minuten antauen, dann auf einen Teller geben. Abdecken. Zweimal umrühren.
Fertiggerichte in Kochbeuteln, ca. 400–500 g	7	7½	8	9½	Im Beutel ca. 1½ Minuten antauen, dann auf einen Teller geben. Abdecken. 2mal umrühren.
Menü aus Fleisch, Gemüse, Beilagen (1 Portion) in Aluschale oder anderem Geschirr, ca. 300–400 g	9	9½	10	12	Deckel entfernen, mit Klarsichtfolie oder Teller abgedeckt erhitzen.
Fleisch in Sauce, ca. 500–600 g	11	11½	12½	14	Etwas befeuchten, auf einer Schale abgedeckt erhitzen. 1mal wenden, dabei evtl. Fleischscheiben voneinander trennen.
Beilagen (Reis, Nudeln, Klößel, ca. 300–450 g	6	6½	7	8½	3 EL Wasser zufügen und abgedeckt erhitzen. 1ml umrühren.
Gemüse, vorgekocht ▷ 400 g ▷ 800 g	7 12	7½ 12½	8 13	9½ 13½	Gut abgedeckt erhitzen. 2mal umrühren.
Aufläufe, ca. 800 g	14	15	16½	18	Etwas befeuchten, zugedeckt erhitzen, evtl. zusätzlich im Backofen kurz übergrillen.

Hinweis Bei den angegebenen Werten handelt es sich um Richtwerte, die je nach Beschaffenheit des Lebensmittels variieren können.

Auf einem Spezialteller mit passender Einfrierhaube werden selbst vorgefertigte Speisen eingefroren. Sie können später in einem Garvorgang wieder erwärmt werden.

23

Erwärmen und Erhitzen von Getränken und Babykost

Speisenart	Menge	Zeitangaben für verschiedene Leistungen				Anmerkungen
		700 Watt	650 Watt	600 Watt	500 Watt	
Getränke erwärmen Milch, Rotwein, Bier						Getränke nicht überhitzen. Zwischendurch einmal kontrollieren.
1 Glas	150 ml	15 Sek.	17 Sek.	20 Sek.	25 Sek.	
2 Gläser	300 ml	½ Min.	¾ Min.	1 Min.	1¼ Min.	
4 Gläser	½ l	1½ Min.	1 Min. 40 Sek.	1¾ Min.	2 Min.	
Getränke erhitzen Tee, Kaffee, Kakao Brühe, Glühwein						Instant-Kaffee oder -Tee erst nach ca. ¼ Min. Stehzeit einrühren, wenn das Wasser nicht mehr kocht.
1 Glas, Tasse	150 ml	1 Min.	1 Min. 10 Sek.	1½ Min.	1¾ Min.	
2 Gläser, Tassen	300 ml	2 Min.	2¼ Min.	2½ Min.	3 Min.	
4 Gläser, Tassen	½ l	4½ Min.	4¾ Min.	5 Min.	5½ Min.	
Milch						Größere Mengen zwischendurch 1mal gut umrühren.
1 Glas, Tasse	150 ml	1 Min.	1 Min. 40 Sek.	1½ Min.	1¾ Min.	
2 Gläser, Tassen	300 ml	3 Min.	3¼ Min.	3½ Min.	4 Min.	
	½ l	6 Min.	6½ Min.	7 Min.	8½ Min.	
	1 l	8 Min.	8½ Min.	9 Min.	11 Min.	
Babykost erhitzen Im Glas	100 g	1 Min.	1 Min. 40 Sek.	1½ Min.	1¾ Min.	Metalldeckel vor dem Erhitzen abnehmen. Gut umrühren.
	200 g	1½ Min.	1¾ Min.	2 Min.	2½ Min.	
In der Flasche	50 ml	20 Sek.	25 Sek.	30 Sek.	40 Sek.	Milchfläschchen mit Sauger erhitzen, danach gut schütteln und Temperatur überprüfen.
	75 ml	30 Sek.	35 Sek.	40 Sek.	50 Sek.	
	100 ml	40 Sek.	45 Sek.	50 Sek.	1 Min.	
	150 ml	45 Sek.	55 Sek.	1 Min.	1¼ Min.	
	200 ml	1 Min.	1 Min. 10 Sek.	1½ Min.	1¾ Min.	

Hinweis Bei den angegebenen Werten handelt es sich um Richtwerte, die je nach Beschaffenheit des Lebensmittels variieren können.

Zum Erhitzen von Getränken sind hitzebeständiges Glas und Spezialkunststoff (oben) sowie Keramik und Porzellan (unten) bestens geeignet.

DAS ERWÄRMEN, ERHITZEN UND SCHMELZEN

Das Erwärmen und Erhitzen von Speisen und Getränken ist eine besondere Stärke Ihres Mikrowellengerätes. Lebensmittel aus dem Kühlschrank auf Zimmertemperatur zu bringen, ist ebenso leicht wie das Erwärmen von Babynahrung oder Tellergerichten. Das Schmelzen von Gelatine oder Schokolade ist künftig kein Problem mehr. Erwärmtes schmeckt wie frisch gekocht und ist minutenschnell serviert. Das ist eine wesentliche Erleichterung für Familien, bei denen die einzelnen Mitglieder zu unterschiedlichen Zeiten nach Hause kommen. Besonders Berufstätige haben schnell mal eine Zwischenmahlzeit zubereitet.

Grundsätzliche Hinweise

▷ Zum Erhitzen verschiedener Speisen verwenden Sie Serviergeschirr ohne Metalldekor.
▷ Decken Sie alle Speisen ab, dann erhitzen sie sich schnell und gleichmäßig. Zum Abdecken eignen sich umgedrehte Teller, hitzebeständige Kunststofffolien oder spezielle Mikrowellenfolien, Pergamentpapier und separat erhältliche Teller-Abdeckhauben. *Ausnahmen:* Unbedeckt bleiben panierte Fleischgerichte und Speisen, die eine Kruste haben sollen.
▷ Größere Mengen einmal wenden oder umrühren.
▷ Gemüse, Beilagen oder Eintöpfe immer etwas anfeuchten. Gebratenes Fleisch am besten mit etwas Öl bestreichen.
▷ Verwenden Sie keine fest verschlossenen Schraubgläser oder

Erhitzen vorbereiteter Speisen

Speisenart	Menge	Zeitangaben für verschiedene Leistungen				Anmerkungen
		700 Watt	650 Watt	600 Watt	500 Watt	
Tellergerichte Gulasch mit Nudeln	350–450 g	2 Min.	2¼ Min.	2½ Min.	3 Min.	Nudeln befeuchten, zugedeckt erhitzen.
Schnitzel mit Reis und Erbsen	400–500 g	4 Min.	4¼ Min.	4 Min.	4½ Min.	Reis und Erbsen befeuchten, zugedeckt erhitzen.
Braten, Klöße, Gemüse, Sauce	300–450 g	3 Min.	3¼ Min.	3½ Min.	4 Min.	Klöße und Gemüse befeuchten, Gericht abdecken. Sauce in separater Schüssel erhitzen.
Suppe 1 Tasse, Teller	¼ l	1½ Min.	1¾ Min.	2 Min.	2½ Min.	Nach halber Zeit 1mal umrühren.
2 Tassen, Teller	à ¼ l	3 Min.	3¼ Min.	3½ Min.	4 Min.	
Eintopf 1 Portion	½ l	3 Min.	3¼ Min.	3½ Min.	4 Min.	Abgedeckt erhitzen, Wurst kleinschneiden, zwischendurch umrühren.
2 Portionen	1 l	7–8 Min.	7½–8½ Min.	8–9 Min.	9½–11 Min.	
Fleisch 1 Schnitzel, paniert	180–200 g	1½ Min.	1 Min. 40 Sek.	1¾ Min.	2 Min.	Mit etwas Öl bestreichen, offen erhitzen evtl. 1mal wenden.
Hackbraten	500 g	5 Min.	5½ Min.	6 Min.	7 Min.	
4 Frikadellen	500–600 g	4½ Min.	4¾ Min.	5 Min.	5½ Min.	
Braten in Sauce	500 g	4½ Min.	4¾ Min.	5 Min.	5½ Min.	Befeuchten, zugedeckt erhitzen.
Fisch 1 Portion	200 g	1½ Min.	1¾ Min.	2 Min.	2½ Min.	Befeuchten, zugedeckt erhitzen; panierte Stücke offen erhitzen.
2 Portionen	400 g	3 Min.	3¼ Min.	3½ Min.	4 Min.	
Geflügel ½ Hähnchen	400 g	3½ Min.	3¾ Min.	4 Min.	4½ Min.	Mit etwas Butter bestreichen, offen erhitzen.
Frikassee	200 g	2 Min.	2¼ Min.	2½ Min.	3 Min.	Zugedeckt erhitzen, 1mal umrühren.
	400 g	3½ Min.	3¾ Min.	4 Min.	4½ Min.	
Gemüse 1 Portion	150 g	1½ Min.	1 Min. 40 Sek.	1¾ Min.	2 Min.	Befeuchten, zugedeckt erhitzen, 1mal umrühren.
2 Portionen	300 g	2½ Min.	2¾ Min.	3 Min.	3½ Min.	
4 Portionen	600 g	4½ Min.	4¾ Min.	5 Min.	5½ Min.	
Beilagen Kartoffeln, Reis, Nudeln, Spätzle, Püree	100 g	1½ Min.	1 Min. 40 Sek.	1¾ Min.	2 Min.	Befeuchten, zugedeckt erhitzen. Reis und Nudeln in etwas Butter schwenken.
	250 g	2½ Min.	2¾ Min.	3 Min.	3½ Min.	
	500 g	4½ Min.	4¾ Min.	5 Min.	5½ Min.	

Hinweis Bei den angegebenen Werten handelt es sich um Richtwerte, die je nach Beschaffenheit des Lebensmittels variieren können.

Flaschen zum Erhitzen. Flüssigkeiten dehnen sich aus, das Glas könnte springen.
▷ Beim Erwärmen mehrerer Gefäße, z.B. 2–4 Tassen, verteilen Sie diese gleichmäßig im Garraum. Bei Drehtellergeräten die Mitte freilassen.

▷ Kleinere Mengen sind schneller erwärmt als große. Je größer die Menge, desto länger die Zeit.

Doppelte Menge	= fast doppelte Zeit
Halbe Menge	= halbe Zeit.

▷ Die Zeitangaben in den beiden Tabellen (Seiten 25 und 26) sind Richtwerte, die je nach Menge und Beschaffenheit des Lebensmittels variieren können. Sehen Sie zwischendurch nach, ob das Gericht schon heiß genug bzw. ausreichend geschmolzen ist.

Schmelzen verschiedener Zutaten

Speisenart	Menge	Zeitangaben für verschiedene Leistungen				Anmerkungen
		700 Watt	650 Watt	600 Watt	500 Watt	
Schokolade	50 g	¾ Min.	1 Min.	1 Min.	1¼ Min.	Würfeln, in eine Tasse oder Schale geben, mehrmals unterrühren.
	100 g	1½ Min.	1 Min. 40 Sek.	1¾ Min.	2 Min.	
	200 g	2 Min.	2¼ Min.	2½ Min.	3 Min.	
Gelatine	für ½ l Flüssigkeit	15 Sek.	17 Sek.	20 Sek.	25 Sek.	Pulver für ½ l Flüssigkeit mit 5 EL Wasser in einer Tasse anrühren. 10 Min. stehen lassen, dann schmelzen. Nicht rühren.
Tortenguß	für ¼ l Flüssigkeit	2½ Min.	2¾ Min.	3 Min.	3½ Min.	Pulver in einer Schüssel mit ¼ l Flüssigkeit anrühren, bis zum Kochen erhitzen. Zweimal umrühren.
Kuchenglasur	100 g	¼ Min.	½ Min.	½ Min.	¾ Min.	Glasur in eine Tasse oder Schale umfüllen, offen schmelzen. Einmal umrühren. Gefäß kann sich erhitzen!
	150 g	¾ Min.	1 Min.	1 Min.	1¼ Min.	
	200 g	1 Min.	1 Min. 10 Sek.	1½ Min.	1¾ Min.	
Butter	50 g	15 Sek.	17 Sek.	20 Sek.	25 Sek.	In eine Tasse, Butterpfännchen aus Porzellan oder kleine Schale geben, offen schmelzen und zwischendurch ein- bis zweimal umrühren.
	75 g	40 Sek.	42 Sek.	45 Sek.	50 Sek.	
	100 g	1 Min.	1 Min. 10 Sek.	1¼ Min.	1½ Min.	
	150 g	1 Min.	1 Min. 20 Sek.	1½ Min.	1¾ Min.	
	200 g	1½ Min.	1¾ Min.	2 Min.	2½ Min.	
	250 g	2 Min.	2¼ Min.	2½ Min.	3 Min.	

Hinweis Bei den angegebenen Werten handelt es sich um Richtwerte, die je nach Beschaffenheit des Lebensmittels variieren können.

SONDER-ANWENDUNGEN

Ihr Gerät kann Ihnen auch eine Hilfe sein, wenn es darum geht, kleine Probleme des Küchen-Alltags zu lösen, oder es kann Ihnen neue Anregungen liefern. Hier einige Beispiele.

Rösten

Mit Mikrowelle ist es kein Problem, verschiedene Lebensmittel schnell und einfach zu rösten: Die Produkte auf einen Suppenteller oder in ein offenes Glasgefäß geben, die hohe Leistung wählen und zwischendurch 1–2mal umrühren. Einige Beispiele:

 75 g Kokosraspel 1–1½ Minuten
100 g Mandeln 3–4 Minuten
 50 g Sesamsamen 2½–3½ Minuten
100 g Brotwürfel 3–4 Minuten
 (Croutons)

Heiße Kompressen

Die gleichmäßig mit Wasser durchtränkte, leicht ausgedrückte Kompresse für 1–2 Minuten auf der höchsten Stufe erhitzen. Kontrollieren Sie zwischendurch, damit das Tuch nicht zu heiß wird.

Speiseeis

Es wird cremig und läßt sich besser aus der Packung nehmen, wenn Sie es bei einer Menge von ½ l für ½ Minute auf der Auftaustufe im Mikrowellengerät belassen. So kommt auch die Geschmacksrichtung des Eises viel besser zur Geltung.

Kirschen, Pflaumen entsteinen

Halbreife Kirschen oder Pflaumen, bei denen das Fruchtfleisch gerne am Kern anhängt, in einer Schüssel ca. 2–3 Minuten – je nach Menge – auf der höchsten Stufe erwärmen, dann wird das Entsteinen ganz einfach.

Kräuter und Pilze trocknen

Die Kräuter wie gewohnt waschen, dann zerkleinern und zwischen zwei Lagen Küchenpapier oder Papierservietten auf der höchsten Stufe trocknen. 1 Bund Dill oder Petersilie braucht ca. 1–1½ Minuten. 1 Bund Schnittlauch ca. 2–2½ Minuten. Kontrollieren Sie zwischendurch, da der Trockenvorgang vom Grad der Zerkleinerung abhängt. Anschließend in verschlossenen Dosen oder Gläsern aufbewahren.
Ebenso einfach ist es, Pilze zu trocknen. 100 g blättrig geschnittene Pilze benötigen ca. 3–3½ Minuten auf der höchsten Stufe.

Semmelbrösel (Paniermehl) herstellen

Weißbrotreste oder Brötchen für 1–2 Minuten auf der höchsten Stufe offen erhitzen. Gut getrocknet, lassen sie sich bestens zu Bröseln weiterverarbeiten.

Tomaten oder Mandeln häuten

Tomaten kreuzweise einschneiden und ca. ½–¾ Minuten auf der höchsten Stufe offen erhitzen.
Mandeln, mit etwas Wasser bedeckt, zum Kochen bringen und 2 Minuten ziehen lassen. Anschließend läßt sich die Haut mühelos abziehen.

Zucker karamelisieren

3 EL Zucker mit 1 EL Wasser vermischen in 2–3 Minuten offen karamelisieren. Verwenden Sie unbedingt ein hitzebeständiges Prozellan- oder Keramikgefäß, da sehr hohe Temperaturen entstehen. Prüfen Sie zwischendurch den Bräunungsgrad und schwenken Sie die Masse etwas.

Zitrusfrüchte geben mehr Saft

Orangen oder Zitronen lassen sich ergiebiger auspressen, wenn sie zunächst auf der Arbeitsfläche leicht gerollt und dann im Mikrowellengerät mit der Auftaustufe kurz erwärmt werden.

Von eiskalt auf Zimmerwärme

Kühlschrankkalte Speisen – wie z. B. Butter, aber auch Käse – sind schnell wieder streichfähig, wenn sie für 20–30 Sekunden auf der Stellung »Auftauen« erwärmt werden.

Kohlblätter leicht ablösen

Waschen Sie den Kohlkopf kräftig in kaltem Wasser und packen ihn anschließend tropfnaß in Mikrowellen-Spezialfolie ein. Je nach Größe sollte er 2½–5 Minuten auf der hohen Stufe angedünstet werden. Nach einer kurzen Ruhezeit von ca. 2–3 Minuten – im oder außerhalb des Gerätes – lassen sich die Kohlblätter leicht abtrennen und gut weiterverarbeiten.

Alufolie sinnvoll einsetzen

Größere, ganze Fische werden in einem offenen Geschirr gegart. Besonders gleichmäßig gelingt der Fisch, wenn die dünneren Teile, z. B. die Schwanzflosse, anfangs mit Alufolie abgedeckt werden.

Umrühren der Speisen

Ein gelegentliches Umrühren während des Garens, Erhitzens oder Auftauens ist wichtig und hilft, die Temperaturen im Gefäß auszugleichen.
Als Faustregel gilt:
▷ Bei Speisen mit einer Garzeit von weniger als 5 Minuten reicht ein einmaliges Umrühren.
▷ Gerichte, die ca. 10 Minuten oder länger garen, müssen mindestens zweimal umgerührt werden.

Zubereitung im Serviergeschirr

Tiefgefrorenes Gemüse geben Sie stets aus der Packung gleich in ein passendes Serviergeschirr. Unter Zugabe von wenig Flüssigkeit, z. B. Wasser, Brühe oder Wein, wird das Gemüse gleich auf der höchsten Stufe in einem Arbeitsgang aufgetaut und gegart.

Kleine und große Mengen

Kleine Mengen sind deutlich schneller zubereitet als große. Als einfache Faustformel gilt daher:
doppelte Menge = fast doppelte Zeit.
Übrigens trifft dies auch für Flüssigkeiten zu.

Abdecken der Speisen

Ganz besonders gut zum Abdecken geeignet sind die praktischen Teller-Abdeckhauben aus mikrowellenfestem Spezialkunststoff. Sie sind in 5 verschiedenen Größen – passend zum Durchmesser des Tellers – erhältlich. Abgedeckt behalten die Speisen mehr Feuchtigkeit, die Gerichte sehen noch appetitlicher aus.

Gefäßform

Halbhohe, breitere Gefäße sind besser geeignet als hohe mit geringem Durchmesser. Die große Oberfläche ermöglicht ein gutes Einwirken der Mikrowellen. So werden Speisen und Getränke besser und gleichmäßiger erhitzt.

Hohe Gefäße sind einsetzbar

Auch hohe Gefäße wie eine Milchflasche mit aufgesetztem Sauger können Sie in das Mikrowellengerät geben. Ist die Flasche höher als der Garraum, so legen Sie sie einfach schräg an eine Tasse an.

Fleisch in Sauce

Zunächst werden alle Zutaten bereitgestellt bzw. abgewogen. Hierbei ist es wichtig, daß die einzelnen Zutaten in etwa gleich große bzw. dicke Stükke oder Scheiben geschnitten werden.

Die Sauce erhält eine besonders gute Bräunung, wenn die Zwiebeln zunächst in einigen Eßlöffeln Öl ca. 7–9 Minuten auf der hohen Stufe angeröstet werden.

Auf die Zwiebeln werden die weiteren Zutaten und Gewürze gegeben. Der Filettopf ist nach einer Garzeit von 8–10 Minuten servierbereit. Besonders auffällig ist, daß die Zutaten ihre Form behalten und nicht verkochen.

Pudding (Flammeri)

In einer Puddingschüssel werden Pulver und Zucker gemischt, dann erst wird die Milch hinzugegeben.

Wichtig ist ein gutes Durchmischen der Zutaten. Verwenden Sie hierfür am besten einen Schneebesen.

Die Schüssel gut zudecken und 4–5 Minuten auf der höchsten Stufe garen. Ist kein passender Deckel zur Hand, so verwenden Sie einfach eine Mikrowellen-Spezialfolie. Ein- bis zweimal umrühren.

Frisches Popcorn

Ganz einfach ist es, Popcorn im Mikrowellengerät zuzubereiten. In speziellen Papierbeuteln ist der Mais erhältlich. Der Beutel wird direkt auf den Drehteller bzw. auf die Glas-Bodenplatte gelegt. Bereits nach wenigen Sekunden »wächst« der Beutel und die Maiskörner platzen auf.

In ca. 2½–4 Minuten ist das Popcorn fertig und kann nach einer kurzen Ruhezeit »ofenfrisch« serviert werden.

Kasseler schmackhaft garen

Ein rohes, geräuchertes Kasselerstück mit oder ohne Knochen zuerst kalt abspülen und dann mit Haushaltspapier gut trockentupfen. Die fettere Oberseite stets mit einem scharfen Messer kreuzweise einritzen. Nach Belieben leicht pfeffern.

Offen in ca. 30 Minuten zubereiten. Das Fleisch erhält eine angenehme, natürliche Bräunung, und es entsteht auch eine schöne Kruste.

Trockenfrüchte einweichen

Ca. 250 g getrocknete Früchte in ein geeignetes Gefäß geben, etwas Wasser oder Wein hinzufügen und diese Menge auf der höchsten Stufe für 2–3 Minuten zugedeckt erhitzen. Dann haben die Früchte wieder genügend Feuchtigkeit aufgenommen und sind zum Weiterverarbeiten geeignet.

Honig verflüssigen

Kristallisierten Honig können Sie ganz einfach verflüssigen: das offene Glas (ca. 500 g) für 3–4 Minuten mit der Auftaustufe erwärmen, zwischendurch mit einem Holzstäbchen 1mal umrühren. Den Hönig nicht zu heiß werden lassen!

Salatsaucen

Bevor Sie den Salat mit der Sauce/Marinade vermengen, erhitzen Sie die fertig angerichtete Salatsauce für ca. 20–30 Sekunden auf der höchsten Stufe. Der Geschmack der getrockneten, gefrorenen oder frischen Kräuter wird intensiver.

Teller wärmen

Jeden Eßteller mit etwas Wasser befeuchten und mit voller Leistung erhitzen; pro Teller ¾–1 Minute..

Anordnen der Speisen im Geschirr

Bei ungleichmäßig geformten Speisen, z.B. Brokkoli oder Blumenkohl, garen die zarten Röschen schneller als die dickeren Stiele. Ordnen Sie daher die Röschen stets nach innen im Gefäß an. Gleiches gilt für Spargel: die Köpfe nach innen, die Stengelenden nach außen anordnen.

KLEINE PANNENHILFE

Beim genauen Befolgen der Rezept- und Einstellangaben dieses Buches können eigentlich keine großen »Pannen« auftreten. Kleinere Probleme gibt es jedoch immer wieder. Um ihnen die Lösung zu erleichtern, wurden die häufigsten und immer wieder auftretenden Fragen (und Antworten) für das Arbeiten mit Mikrowellen zusammengestellt.

Warum ist beim Auftauen Geflügel oder Fleisch außen bereits angegart, innen aber noch nicht aufgetaut?

▷ Wählen Sie eine niedrigere Leistung und verlängern Sie die Auftauzeit.
▷ Wenden Sie das Auftaugut mehrmals und legen Sie zwischendurch »Pausenzeiten« ein, in denen das Gerät ausgeschaltet bleibt. In Intervallen tauen besonders große Stücke schonender auf.
▷ Decken Sie fette Partien und empfindliche Stellen (Geflügelschenkel) mit Alufolie ab. Entfernen Sie die Folie nach ca. der Hälfte der Auftauzeit.

Ich habe eine Tasse Milch erhitzt. Die Tasse ist sehr heiß, die Milch nur lauwarm. Was ist die Ursache?

Das Geschirr ist für das Arbeiten mit Mikrowellen ungeeignet. Sind Sie sich nicht sicher, machen Sie den Geschirrtest (Seite 11).

Mein Gericht ist zu trocken geworden. Was habe ich falsch gemacht?

▷ Wählen Sie kürzere Garzeiten oder eine niedrigere Leistung.
▷ Decken Sie Speisen immer ab und wählen Sie die im Rezept angegebenen Mengen, denn kleinere Mengen sind schneller fertig.

Warum ist die Speise nach Ablauf der Garzeit noch nicht aufgetaut, heiß oder gar?

▷ Stellen Sie die Speise noch einmal für einige Minuten ins Gerät.
▷ Wählen Sie, falls möglich, eine höhere Leistung.
▷ Beachten Sie die angegebenen Mengen, denn größere Mengen brauchen länger.
▷ Auch höhere Speisen haben längere Auftau- bzw. Garzeiten.

Ich habe ein Tellergericht nach Angabe erwärmt. Die Beilagen sind heiß, das Fleisch lauwarm. Was kann ich tun?

Wenn Sie verschiedene Lebensmittel gleichzeitig erwärmen, können sich einzelne Bestandteile aufgrund ihrer Zusammensetzung schneller erhitzen als andere. Schützen Sie die bereits heißen Teile mit etwas Alufolie vor Überhitzung und stellen Sie das Gericht nochmals ins Gerät.

Ich habe ein Gericht nach Angabe erhitzt. Warum ist es nicht genügend warm geworden?

Die Zeiten für das Erhitzen sind abhängig von Menge und Temperatur. Die Angaben in den Tabellen gelten – sofern nicht anders vermerkt – für Speisen mit Raumtemperatur. Eine Speise direkt aus dem Kühlschrank benötigt mehr Zeit. Stellen Sie das Gericht daher nochmals kurz ins Gerät. Es ist immer besser, für kurze Zeit nachzustellen, als Gerichte zu überhitzen. Die Faustformel für das Erhitzen lautet: pro 100 g ca. 1 Minute!

Nach Ablauf der Garzeit ist die Speise am Rand übergart, in der Mitte noch nicht fertig. Was ist die Ursache?

Die Gefäßform war ungeeignet. Verwenden Sie ein kleineres, etwas höheres Geschirr. Rühren Sie das Gericht zwischendurch immer 1–2mal um. So entsteht ein besserer Wärmeausgleich.

Ich habe Fleisch mit eingestecktem Thermometer zubereitet. Beim Aufschneiden mußte ich feststellen, daß es noch nicht gar ist. Was kann ich tun?

Das Thermometer hat an einer fetten Stelle aufgelegen, daher kam es zu einer »Falschmeldung«, denn Fett wird mit Mikrowelle schneller heiß als mageres Muskelfleisch. Schneiden Sie den Braten ganz auf, legen Sie ihn auf eine Servierplatte und garen Sie ihn, mit Sauce bedeckt, einige Minuten nach.

Ich habe Kartoffeln im Ganzen gegart. Warum ist die Schale an mehreren Stellen aufgeplatzt?

Stechen Sie Lebensmittel in festen Schalen oder Häuten (auch Eidotter, Äpfel oder Würste) vor dem Garen immer an. Dann entweicht der Dampf und »sprengt« die Schale nicht.

Zu den Rezepten

Das Mikrowellengerät zeigt seine besondere Stärke als Partner der Tiefkühlkost. Die Zutaten der Rezepte berücksichtigen diesen Vorteil. Dabei ist es gleich, ob Sie selbst eingefrorene Zutaten oder fertige Tiefkühlkost verwenden.

Bevor Sie die vielen neuen Anregungen und Tips dieses Kochbuches ausprobieren, lesen Sie bitte die nachfolgenden praktischen Hinweise:

▷ Jedes auf die Zubereitung mit Mikrowelle abgestimmte Rezept liefert Ihnen mit Hilfe des Informationskästchens unter der Rezeptüberschrift auf einen Blick alle wichtigen Angaben zu Portionsgröße und Einstellung, dem geeigneten Geschirr und dem Energiegehalt.

Zum Beispiel Lauchgemüse:

Portionen	2
Einstellung	Garen
Gesamtzeit	9–12 Minuten
Geschirr	Halbhohes Glas-, Porzellan- oder Kunststoffgefäß mit Deckel
kcal/kJ p. P.	ca. 110/460

▷ Lesen Sie die Arbeitsanleitung des Rezeptes erst einmal genau durch, denn beim Kochen mit der Mikrowelle ist die Zubereitungstechnik manchmal ganz anders, als Sie es vom konventionellen Kochen her gewohnt sind.

So verrühren Sie beispielsweise alle Zutaten für eine Sauce gleich in einer Glas- oder Porzellanschüssel. Im Mikrowellengerät aufgekocht, ist die Sauce in 3–4 Minuten fertig. Arbeiten Sie genau nach den Angaben, dann werden Sie schnell Spaß und Freude an der Mikrowelle haben.

▷ Die Portionen sind für 1, 2 oder 4 Personen bemessen. Sie können natürlich jederzeit die Mengenangaben auf die gewünschte Personenzahl abstimmen. Die Zeiten ändern sich dann nach der Faustregel:

Doppelte Menge	= fast doppelte Zeit
Halbe Menge	= halbe Zeit

▷ Die meisten Gerichte werden mit der maximalen Leistungsstufe zubereitet. Die Zeitangaben in den Rezepten bei der Einstellung »Garen« gelten für Mikrowellengeräte mit 600–750 Watt. Sollte Ihr Gerät eine andere Leistung aufweisen, lesen Sie die richtige Zeit in der Umrechnungstabelle (Buchdeckel hinten) ab.

▷ Bei einigen Gerichten, z.B. Reis, lautet die Angabe: 6 Minuten garen und 20 Minuten fortkochen. Schalten Sie in diesem Fall, wie im Rezept angegeben, auf die Stufe »Auftauen« (150–210 Watt) um. Die reduzierte Leistung erlaubt ein langsames Köcheln der Speise. Neben den typischen Quellgerichten (Reis, Grieß, Teigwaren) wird diese Zubereitungstechnik auch für Fleischgerichte und ganze Fische empfohlen. Die niedrige Mikrowellenzufuhr macht das Fleisch zart, und es bleibt saftig.

▷ Alle Rezepte sind mehrfach erprobt. Die Leistungen der verschiedenen Mikrowellengeräte können jedoch, technisch bedingt, etwas schwanken. Die angegebenen Zeiten sind daher Richtwerte, die je nach Gerätetyp, Gericht (Menge, Zustand, Beschaffenheit) und Gefäß variieren können. Sollten Sie Abweichungen feststellen, wählen Sie immer erst die kürzere Garzeit und stellen Sie dann falls erforderlich, 2–3 Minuten nach. Eine Methode, die beim konventionellen Kochen so einfach nicht möglich ist.

Verwendete Abkürzungen	
EL	Eßlöffel
TL	Teelöffel
Msp	Messerspitze
g	Gramm
kg	Kilogramm
l	Liter
dl	Deziliter
cl	Zentiliter
ml	Milliliter
1 l	= 10 dl = 100 cl = 1000 ml
p.P.	pro Portion
TK	Tiefkühlkost
kJ	Kilojoule
kcal	Kilokalorie
1 kcal	= 4,2 kJ
kWh	Kilowattstunde

Vorspeisen, Snacks und Toasts

Ein besonderer Vorteil der Mikrowelle ist, kleine Gerichte als Vorspeise oder Zwischenmahlzeit schnell zu garen. Die Palette reicht von einfachen über raffinierte bis hin zu aufwendigen Speisen. Vorspeisen sollen den Appetit anregen. Sie gehören immer zu einem kompletten Menü. Zwischengerichte sind für eine sinnvolle Ernährung wichtig. Sie können gehaltvoll oder kalorienarm sein, je nach Ihren persönlichen Vorstellungen. Mit wenig Aufwand und etwas Phantasie werden Sie bald aus den vielseitigen Vorschlägen eigene Zusammenstellungen ableiten oder durch Austauschen der Zutaten Ihr Lieblingsgericht selbst kombinieren.

Praktische Hinweise

Leistungswahl

Süße oder salzige Vorspeisen, die Toasts, diverse Gemüsegerichte, Sülzen und kleine Appetithappen werden in der Regel mit der Garstufe zubereitet.

Toasts

Möchten Sie Toast erhitzen oder überbacken, so sollte das Toastbrot sehr trocken sein, denn, einmal belegt, weicht es schnell durch. Toasten Sie das Brot daher bei kleiner Einstellung (Toaster) mindestens zweimal vor. Legen Sie unter die vorbereiteten Scheiben zum Aufsaugen der Feuchtigkeit ein Stück Haushaltspapier. Alle Käsesorten, gerieben oder in Scheiben, sind zum Belegen geeignet. Als Regel gilt: Der Toast ist fertig, wenn der Käse gut geschmolzen ist. Das dauert für 1 Scheibe ca. ¾–1 Minute.

Möchten Sie mit dem *Bräunungsgeschirr* arbeiten, dann heizen Sie es ca. 1–2 Minuten vor. Ein Vortoasten des Brotes ist dann nicht erforderlich. Die weitere Garzeit entnehmen Sie bitte dem jeweiligen Rezept.

Überbackene Gerichte

Überbackene Gerichte immer offen, kleine Aufläufe, Gemüse-Vorspeisen und kleine Fleischportionen geschlossen garen.

Sülzen

Möchten Sie als raffinierte Vorspeise eine *Gemüse-* oder *Fleischsülze* zubereiten, dann schmekken Sie die Brühe immer gut ab, da sie beim Erkalten an Geschmack verliert. Gießen Sie zuerst eine ½–1 cm dicke Schicht in die Form; ist diese erstarrt, können weitere Zutaten aufgelegt werden. Dann wird wieder mit Aspikbrühe aufgegossen. Gut abgekühlt, lösen Sie mit einem spitzen Messer den Rand der Form. Halten Sie die Form nun kurz in heißes Wasser und stürzen Sie das Gericht auf einen mit kaltem Wasser abgespülten Teller (Servierplatte). So läßt sich die Sülze noch bewegen, wenn Sie beim Stürzen die Mitte nicht erreicht haben.

Schollenröllchen

Portionen	4	
Einstellung	Auftauen	Garen
Gesamtzeit	7–9 Min.	9–11 Min.
Geschirr	Flache Schale aus Glas oder Porzellan	
kcal/kJ p. P.	ca. 425/1785	

500 g frische oder 2 Pakete tiefgefrorene Schollenfilets
Saft von ½ Zitrone
Salz
15 g Butter
100 g Schmelzkäse
4 EL süße Sahne
4 EL Weißwein
weißer Pfeffer aus der Mühle
2 EL frisch gehackte Petersilie

Frische Fischfilets waschen und mit Küchenpapier trocknen. Tiefgefrorene Schollenfilets auf einen Teller geben und 7–9 Minuten auftauen. Die Filets längs durchschneiden. Mit Zitronensaft beträufeln, salzen und aufrollen. Dicht nebeneinander in eine flache, ausgebutterte Schale setzen. Schmelzkäse, Sahne und Weißwein mischen, pfeffern und über die Filets in die Form gießen. Abgedeckt (Teller, Klarsichtfolie) 9–11 Minuten garen. Mit gehackter Petersilie bestreut servieren.
Beilage: Stangenweißbrot.

Schollenröllchen in Aspik

Portionen	4	
Einstellung	Auftauen	Garen
Gesamtzeit	4–5 Min.	11½–14 Min.
Geschirr	2 Geschirre aus Glas, Porzellan oder Kunststoff mit Deckel	
kcal/kJ p. P.	ca. 205/860	

250 g frische oder tiefgefrorene Schollenfilets
1 EL Zitronensaft
2 kleine Zwiebeln
50 g frische Champignons
2 EL Weißwein
Salz
frisch gemahlener Pfeffer
1 EL gehackter Dill, frisch oder tiefgefroren
4 EL Weißwein

Aspik
¼ l Weißwein
¼ l Wasser
1 EL Essig
1 EL gekörnte Brühe
Salz, Pfeffer
15 g gemahlene weiße Gelatine
2 schwarze Oliven
1 große Möhre
2 Zweige frischer Dill

Tiefgefrorene Schollenfilets auf einen Porzellanteller geben und 4–5 Minuten auftauen, die Verpackung entfernen. Die Filets mit Zitronensaft beträufeln. Zwiebeln schälen und fein würfeln. Geputzte Champignons klein hacken. Beides in ein Geschirr geben, 2 EL Weißwein hinzufügen und offen 2½–3 Minuten garen. Mit Salz und Pfeffer würzen, abkühlen lassen. Dill unterrühren. Schollenfilets mit der Masse bestreichen, aufrollen und mit einem Zahnstocher feststecken. In ein Gefäß stellen, Weißwein zugeben und zugedeckt 4–5 Minuten garen. Abkühlen lassen und die Zahnstocher entfernen.

Weißwein, Wasser und Essig in ein zweites Gefäß geben und geschlossen 5–6 Minuten erhitzen. Gekörnte Brühe unterrühren, mit Salz und Pfeffer abschmecken. Gelatine in etwas kaltem Wasser anrühren und der heißen Flüssigkeit zufügen. Gut unterrühren, dann das Gelee abkühlen lassen. Kalt ausgespülte Förmchen mit etwas Aspikflüssigkeit auffüllen und fest werden lassen. Oliven halbieren, Möhre in dicke Scheiben schneiden und als Röschen ausstechen. Beides in die Förmchen legen. Dill hacken und zur Aspikflüssigkeit geben. Schollenröllchen vorsichtig in die Förmchen stellen und mit Flüssigkeit auffüllen, im Kühlschrank erstarren lassen. Die Förmchen vor dem Servieren kurz in heißes Wasser tauchen, den Rand mit einem spitzen Messer lösen und stürzen.
Beilagen: Kräuterremoulade, Stangenweißbrot und grüner Salat.

Salzmandeln

Portionen	2–4
Einstellung	Garen
Gesamtzeit	3–4 Minuten
Geschirr	Kleine Schale aus Glas, Vitrokeramik oder Porzellan
kcal/kJ p. P.	ca. 162/682

100 g ganze, geschälte Mandeln
1 EL Salz
1 EL Wasser

Mandeln, Salz und Wasser mischen. In eine Schale geben und 3–4 Minuten offen garen. Nach 2–2½ Minuten erstmals umrühren, weitergaren und dabei mehrmals umrühren. Abkühlen lassen und das überschüssige Salz entfernen. Zu Wein oder Bier servieren.

Schnecken in Kräuterbutter

Portionen	2
Einstellung	Garen
Gesamtzeit	3–4½ Minuten
Geschirr	Porzellanschale, Schneckenpfanne aus Porzellan oder Keramik, Klarsichtfolie
kcal/kJ p. P.	ca. 220/924

1 Glas oder Dose Weinbergschnecken (12 Stück)
100 g Butter
1 Knoblauchzehe
1 EL feingehackte Petersilie
1 Zwiebel
Salz
frisch gemahlener Pfeffer
3 Tropfen Worcestersauce
½ TL Zitronensaft

Weinbergschnecken auf ein Sieb geben und abtropfen lassen. Für die Kräuterbutter die Butter in eine Porzellanschale geben und ½ Minute offen schmelzen. Knoblauchzehe schälen und zerdrücken, mit den restlichen Zutaten zur Butter geben und gut durchrühren. Abkühlen lassen. Schneckenhäuser spülen, etwas Kräuterbutter einfüllen, danach je 1 Schnecke hineingeben und mit Butter zustreichen. Die Häuschen mit der Öffnung nach oben in eine Schneckenpfanne setzen und abgedeckt 3–4½ Minuten erhitzen.

HINWEIS

Möchten Sie tiefgefrorene Schnecken verwenden, geben Sie diese in ein geeignetes Geschirr. Für 12 Stück stellen Sie ca. 4½–6 Minuten ein.

Toast
»Bella Italia«

Portionen	4
Einstellung	Garen
Gesamtzeit	4–5 Minuten
Geschirr	Porzellan- oder Glasplatte
kcal/kJ p.P.	ca. 235/987

4 Scheiben Toastbrot
40 g Butter
2–3 Tomaten
1 kleine Dose Thunfisch
4 gefüllte Oliven
40 g Salami
4 Scheiben Käse
(Emmentaler)
Origano, Thymian
frisch gemahlener Pfeffer

Toastbrot zweimal bei mittlerer Einstellung im Toaster sehr trocken vortoasten. Mit Butter bestreichen. Tomaten waschen und in Scheiben schneiden. Thunfisch gut abtropfen lassen. Oliven in Scheiben, Salami und Käse in Streifen schneiden. Toastbrotscheiben mit Tomaten belegen, würzen. Thunfisch, Oliven und Salami darauf verteilen und zum Schluß mit Käsestreifen belegen. Auf eine mit Küchenpapier ausgelegte Platte geben und ca. 4–5 Minuten offen erhitzen, bis der Käse schmilzt. Sofort servieren.

DAS BESONDERE REZEPT

Raffinierter Brokkolitoast

Portionen	4
Einstellung	Garen
Gesamtzeit	11½–15 Minuten
Geschirr	Schüssel aus Glas, Kunststoff oder Porzellan mit Deckel, Porzellanplatte
kcal/kJ p.P.	ca. 95/399

300 g frischer oder tiefgefrorener Brokkoli
4 Scheiben Toastbrot, 60 g Butter
4 Scheiben gekochter Schinken
Salz, frisch gemahlener Pfeffer
100 g Edelpilzkäse
4 Salbeiblätter

Brokkoli mit ½ Tasse Wasser 8–10 Minuten geschlossen garen. Inzwischen das Toastbrot zweimal bei mittlerer Einstellung im Toaster sehr trocken vortoasten. Mit der Hälfte der Butter bestreichen und mit Schinken belegen. Brokkoli abgießen, würzen und die restliche Butter in Flöckchen aufsetzen. Nochmals 1½–2 Minuten erhitzen, bis die Butter geschmolzen ist. Gleichmäßig auf die Toastbrotscheiben verteilen. Den Schinken über das Gemüse klappen und mit je 1 Scheibe Käse abdecken. Auf eine mit Küchenpapier ausgelegte Platte geben und 2–3 Minuten offen erhitzen, bis der Käse schmilzt. Mit je 1 Salbeiblatt dekoriert servieren.

VARIATION

Champignontoast: Die Toastbrotscheiben wie oben vortoasten, mit Butter bestreichen und mit Schinken belegen. 1 Zwiebel schälen, fein würfeln und in der restlichen Butter 1–2 Minuten offen andünsten. 1 kleine Dose (150 g) Champignons abtropfen lassen, in die Schüssel zu den Zwiebeln geben und 2–3 Minuten erhitzen. Die Mischung kräftig würzen, auf den Schinken geben und mit Käse abdecken. Wie oben in 3–4 Minuten offen erhitzen.

DAS BESONDERE REZEPT

Raffinierte Croissants

Portionen	2–4
Einstellung	Garen
Gesamtzeit	1½–2 Minuten
Geschirr	Flache Schale oder Teller aus Glas oder Porzellan
kcal/kJ p. P.	ca. 140/588

2 Croissants
etwas Butter
4 Scheiben gekochter Schinken
weißer Pfeffer aus der Mühle
8 dünne Scheiben Gouda

Die Croissants der Länge nach durchschneiden, dünn mit Butter bestreichen und auf einen Teller legen. Jede Hälfte mit einer Scheibe gekochten Schinken belegen, pfeffern und Käsescheiben darüber verteilen. Offen ca. 1½–2 Minuten garen, bis der Käse geschmolzen ist.

VARIATION

Fruchtige Beläge, überbacken mit Käse, passen zu Croissants besonders gut. Varianten mit kleinen Ananaswürfeln, überbacken mit mildem Camembert oder Brie, oder in dickere Stückchen geschnittene Kirschtomaten, überbacken mit Mozzarella, sind ein Beispiel für eine Vielfalt von Möglichkeiten.

Geflügel-Tellersülze
Foto rechts

Portionen	2
Einstellung	Garen
Gesamtzeit	26½–31 Minuten
Geschirr	2 Geschirre aus Glas, Porzellan oder Kunststoff mit Deckel
kcal/kJ p. P.	ca. 215/900

Sülze
¼ l Fleischbrühe
¼ l Weißwein
3 EL Essig
20 g gemahlene weiße Gelatine

50 g geputzte Möhren
½ Tasse Wasser
10 g gemahlene weiße Gelatine
300 g tiefgefrorenes Sommergemüse
Salz
8 EL Wasser
1 Tomate
1 hartgekochtes Ei
300 g Hähnchenbrustfilet
1 Zweig Petersilie

Gut entfettete Fleischbrühe, Weißwein und Essig in das Geschirr geben und 5–6 Minuten geschlossen erhitzen. Gelatine in etwas kaltem Wasser anrühren und zufügen. Gut mischen, dann erneut 2½–3 Minuten zugedeckt aufkochen. Gelee abkühlen lassen. Möhren fein schneiden und in dem Wasser 9–10 Minuten geschlossen weich garen. In kaltem Wasser angerührte Gelatine gut unterrühren. Sommergemüse mit Salz und Wasser in ein Geschirr geben und geschlossen 10–12 Minuten garen. Auf einem Sieb abtropfen und abkühlen lassen. Gleichmäßig auf zwei Teller verteilen. Möhrenscheiben hinzufügen. Tomate waschen und achteln. Mit den Eischeiben und dem in Scheiben geschnittenen Hähnchenbrustfilet belegen. Vorsichtig die Sülzflüssigkeit darübergießen und Petersilienzweige hübsch darauf anrichten. Die Sülze im Kühlschrank erstarren lassen.
Beilagen: Remouladensauce, Stangenweißbrot.

Champignons in Knoblauchsauce

Portionen	4
Einstellung	Garen
Gesamtzeit	8–10 Minuten
Geschirr	Schüssel aus Glas, Kunststoff, Keramik oder Porzellan mit Deckel
kcal/kJ p. P.	ca. 190/798

450 g frische Champignons
1 TL getrocknete, gemischte Kräuter
2 Knoblauchzehen, zerdrückt
1 TL Zitronensaft
80 g Butter
1 EL Crème fraîche
Salz
frisch gemahlener Pfeffer

Champignons putzen, mit den Kräutern, dem Knoblauch und Zitronensaft in das Geschirr geben und zugedeckt 6–7 Minuten garen. Abgießen. Butter, Crème fraîche und Gewürze zugeben und offen 2–3 Minuten weitergaren, dabei zwei- bis dreimal umrühren.
Beilage: Salziges Blätterteiggebäck oder Toast.

Gefüllte Tomaten

Portionen	2–3
Einstellung	Garen
Gesamtzeit	4½–5 Minuten
Geschirr	Kleineres Gefäß aus Keramik oder Porzellan
kcal/kJ p. P.	ca. 115/483

3 große, feste Tomaten
Salz, Zitronensaft
40 g Semmelbrösel
20 g geriebener Käse
50 g gekochter Schinken
1 TL getrocknete, gemischte Kräuter
1 Msp mittelscharfer Senf
2 TL Joghurt
weißer Pfeffer aus der Mühle
etwas Muskat
Schnittlauch

Tomaten waschen und mit Haushaltspapier abtrocknen. Einen Deckel abschneiden, vorsichtig aushöhlen, salzen und mit etwas Zitronensaft beträufeln. Semmelbrösel, Käse, feingehackten Schinken, Kräuter, Senf und Joghurt mischen, würzen und die Tomaten mit der Masse füllen. In das Serviergefäß stellen und offen garen. Zwischendurch kontrollieren, denn Tomaten sind nicht gleich groß. Sollte ein Stück bereits gar sein, so entnehmen Sie es bereits vor Ende der angegebenen Zeit. Mit gehacktem Schnittlauch bestreuen und sofort servieren.

Gefüllte Avocados

Portionen	2
Einstellung	Garen
Gesamtzeit	6–8½ Minuten
Geschirr	Porzellanschüssel, Teller
kcal/kJ p. P.	ca. 185/772

25 g Butter
50 g Semmelbrösel
etwas abgeriebene Zitronenschale
100 g Krabben
5 EL süße Sahne
schwarzer Pfeffer aus der Mühle
Salz, 1 TL gehackter Dill
etwas Portwein
1 große, reife Avocado
1 EL Zitronensaft

Butter in eine Schüssel geben und ½–1 Minute erhitzen. Semmelbrösel hinzugen und ca. 1 Minute anrösten. Einmal umrühren. Zitronenschale, Krabben, Sahne, Gewürze, Dill und Portwein dazugeben und 2½–3 Minuten erhitzen. Inzwischen die Avocado halbieren, den Stein vorsichtig auslösen und das Fruchtfleisch mit Zitronensaft beträufeln. Mit der Schnittfläche nach unten zugedeckt ca. 2–3½ Minuten garen. Mit der Krabbenmasse füllen und sofort servieren.
Beilage: Toast.

Würstchen im Speckmantel

Portionen	2
Einstellung	Garen
Gesamtzeit	2½–3 Minuten
Geschirr	Teller oder Spezialbratschale aus Kunststoff
kcal/kJ p. P.	ca. 175/735

2 Brühwürstchen (Wiener, Bockwurst)
8 feine Scheiben durchwachsener Speck

Würstchen mehrmals einstechen und mit Speck umwickeln. Auf einem Teller oder in einer Bratschale offen garen.

VARIATION

Füllen Sie die Würstchen zusätzlich mit Käse. Die Garzeit verlängert sich dann nur um ½ Minute.

Käsehappen

Portionen	2
Einstellung	Garen
Gesamtzeit	3½–5 Minuten
Geschirr	Porzellanteller
kcal/kJ p. P.	ca. 65/272

3 Scheiben Schmelzkäse »Holländer«
Backpapier oder Pergamentpapier

Schmelzkäse in 9 Stücke schneiden. Das Back- oder Pergamentpapier in Tellergröße ausschneiden, die Käsestückchen auflegen und offen 3½–5 Minuten knusprig ausbraten. Dieses Rezept klingt einfach, ist aber zum Wein ein raffinierter Snack.

Heißer Krabbencocktail

Portionen	4
Einstellung	Garen
Gesamtzeit	4–6 Minuten
Geschirr	Schüssel aus Glas, Porzellan oder Kunststoff
kcal/kJ p. P.	ca. 125/525

50 g Semmelbrösel
2 TL Öl
2 TL Zitronensaft
1 TL Worcestersauce
150 g Crème fraîche
175 g Krabben
Salz
schwarzer Pfeffer aus der Mühle
Paprikapulver
4 Scheiben vorgetoastetes Brot
Petersilie

Semmelbrösel und Öl in eine mittelgroße Schüssel geben und offen 1–1½ Minuten anrösten. Zitronensaft, Worcestersauce, Crème fraîche, die gewaschenen und gut abgetropften Krabben zufügen. Würzen und mischen. Offen 3–4½ Minuten garen, dabei zweimal gut umrühren. Auf das vorbereitete Toastbrot geben. Mit Petersilie garniert servieren.

Speck-Pflaumen in Apfel-Curry-Sauce

Portionen	2–4
Einstellung	Garen
Gesamtzeit	5½–7 Minuten
Geschirr	Servierplatte, kleine Schüssel aus Glas, Porzellan oder Kunststoff
kcal/kJ p. P.	ca. 280/1176

12 Scheiben
Frühstücksspeck, sehr dünn
geschnitten
24 Backpflaumen
Zahnstocher

Sauce
20 g Butter
40 g Mehl
2 EL Crème fraîche
1 kleiner Apfel
Salz
frisch gemahlener Pfeffer
Curry, etwas Zucker

Speckscheiben quer halbieren. Je 1 Pflaume mit Speck umwickeln, mit Zahnstochern feststecken und auf der Servierplatte anrichten. Butter und Mehl in eine kleine Schüssel geben. Crème fraîche zufügen. Den Apfel schälen, reiben und ebenfalls in die Schüssel geben. Mit Salz, Pfeffer, Curry und etwas Zucker gut mischen. 3–4 Minuten geschlossen garen. Dabei zweimal gut umrühren. Nun die Backpflaumen offen 2½–3 Minuten garen, bis der Speck zu brutzeln beginnt und die Pflaumen dick aufgehen. Zum Essen in die heiße Sauce tauchen.

VARIATION

Statt der Apfel-Curry-Sauce können Sie auch fertige Mangosauce aus dem Glas verwenden.

DAS BESONDERE REZEPT

Erbsen mit Shrimps in Aspik

Portionen	4
Einstellung	Garen
Gesamtzeit	14–16 Minuten
Geschirr	2 Gefäße aus Glas oder Porzellan mit Deckel
kcal/kJ p. P.	ca. 110/462

Aspik
¼ l Weißwein, ¼ l Wasser
2–3 EL Essig, 1 EL gekörnte Brühe
1 Prise Zucker, Salz
1 Spritzer Worcestersauce
2–3 Tropfen Tabasco
20 g gemahlene weiße Gelatine

300 g frische oder tiefgefrorene Erbsen
Salz, 4 EL Wasser
150 g Shrimps, 1 EL Zitronensaft
1 Möhre, gekocht, 1 kleines Stück Trüffel

Weißwein, Wasser und Essig in das Geschirr geben und 5–6 Minuten geschlossen erhitzen. Gekörnte Brühe unterrühren. Mit Zucker, Salz, Worcestersauce und Tabasco abschmecken. Gelatine in etwas kaltem Wasser anrühren und der heißen Flüssigkeit zufügen, gut unterrühren, das Gelee abkühlen lassen.
In der Zwischenzeit Erbsen mit etwas Salz und Wasser 9–10 Minuten geschlossen garen. Auf einem Sieb abtropfen und abkühlen lassen. Shrimps waschen, mit Haushaltspapier trockentupfen und mit Zitronensaft beträufeln.
Kleine, kalt ausgespülte Förmchen mit etwas flüssigem Gelee ausgießen und kalt stellen, bis das Gelee fest geworden ist. Möhre und Trüffel als Garnitur schneiden. In die Förmchen legen. Darauf einige gut abgekühlte Erbsen geben und mit Gelee begießen, kalt stellen. Dann die Shrimps einschichten. Erneut mit Gelee übergießen und kalt stellen. Die restlichen Erbsen auf die Förmchen verteilen, mit Gelee auffüllen und die Sülzchen im Kühlschrank erstarren lassen. Die Förmchen vor dem Servieren kurz in heißes Wasser eintauchen, den Rand mit einem spitzen Messer ablösen und die Sülzchen stürzen.
Beilagen: Remouladensauce, Toast und Butter.

Zucchinischiffchen

Foto

Portionen	4
Einstellung	Garen
Gesamtzeit	9–11 Minuten
Geschirr	Flaches Porzellan- oder Glasgefäß
kcal/kJ p. P.	ca. 227/953

*2 längliche, mittelgroße
Zucchini
Salz, frisch gemahlener
Pfeffer
1 kleine Zwiebel
1 kleine Tomate
100 g gekochter Schinken*

*125 g Doppelrahmfrischkäse
50 g geriebener Käse
(Emmentaler)
1 TL italienische
Würzmischung*

Zucchini längs halbieren, Kerne entfernen, aushöhlen und mit Salz und Pfeffer würzen. Die geschälte Zwiebel, die gewaschene Tomate und den Schinken würfeln, mit dem Frischkäse und dem geriebenen Käse mischen, würzen und gut verrühren. Die Zucchini damit füllen und offen garen.
Beilage: Stangenweißbrot mit Knoblauchbutter.

Schnelle Spieße

Portionen	2
Einstellung	Garen
Gesamtzeit	2½–3 Minuten
Geschirr	Holzspieße, flache Schale oder Teller aus Glas bzw. Porzellan
kcal/kJ p. P.	ca. 162/682

*1 grüne Paprikaschote
1 Scheibe Kasseler
(ca. 150 g)
2 Scheiben Ananas (Dose)
10 ganze Champignons
(Dose)
4 Scheiben Schmelzkäse*

Paprikaschote waschen, halbieren, Kerne und Rippen entfernen und das Fruchtfleisch in grobe Würfel schneiden. In einer kleinen Schale offen ca. ½ Minute andünsten. Kasseler und Ananas ebenfalls grob würfeln. Abwechselnd mit Dosenchampignons und Paprika auf Spieße stecken. In eine flache Schale oder auf einen Teller geben. Schmelzkäse in feine Streifen schneiden und darüberlegen, dann offen 2–2½ Minuten garen. Ist der Käse zerlaufen, sind die Spieße fertig.
Beilage: Toast.

Eintöpfe, Suppen und Saucen

Eintöpfe und Suppen

Eintöpfe – ein klassisches, vollwertiges Gericht, das sich zunehmender Beliebtheit erfreut. Auch wenn Sie nur für wenige Personen Eintopf kochen, lohnt es sich immer, die Mikrowelle einzusetzen. Der besondere *Vorteil* ist: Ob Eintöpfe oder Suppen, mit Mikrowelle zubereitet behält das Gemüse immer seine Form und frische Farbe. Es brennt nichts an, es verkocht nichts! Und alles wird gleich im Serviergeschirr zubereitet.

Größere Mengen – mehr als 2 Liter – kochen Sie besser wie gewohnt auf der Kochplatte, vor allem dann, wenn Sie Hülsenfrüchte (Erbsen, Linsen, weiße Bohnen) verarbeiten möchten.

Eintöpfe eignen sich bestens zum *Einfrieren*. Daher ist es immer praktisch, auf Vorrat zu kochen, das heißt, nicht verzehrte Mengen einzufrieren. Die Gefrierdosen bitte nicht bis zum Rand füllen, der Inhalt dehnt sich immer etwas aus. Stellen Sie beim späteren Erhitzen von Anfang an die Stufe »Garen« ein. ½ Liter ist dann bereits in 6–7 Minuten servierfähig.

Für das Garen von Eintöpfen ist es wichtig, *genügend Flüssigkeit* zu verwenden und gelegentlich umzurühren, da die oberste Schicht am schnellsten gart und zu trocken werden könnte. Eintöpfe gut abgedeckt zubereiten!

Das gilt natürlich auch für Suppen. Die Zubereitungstechnik hängt jedoch von der Art der Zutaten und Suppeneinlagen ab. Im Gegensatz zum konventionellen Kochen auf der Kochplatte werden die Einlagen (Gemüse, Fleisch, Fisch) in wenig oder gar keinem Wasser vorgegart und dann erst mit Brühe aufgegossen. Bei allen anderen Suppen geben Sie sämtliche Zutaten zum Garen gleich ins Serviergeschirr.

Mengen

Als Vorspeise servieren Sie ca. ¼ Liter, als Hauptgericht ca. ½ Liter pro Person. Dabei berechnen Sie für ½ Liter Flüssigkeit 20 Gramm Reis, 30 Gramm Suppennudeln oder 15 Gramm Fadennudeln. Angaben für die Zubereitung von Eierstich oder Leberknödeln finden Sie auf Seite 43.

TK-Suppen

Im Handel finden Sie eine Vielzahl tiefgefrorener Fertigsuppen mit verschiedenen Geschmackszutaten. Und so werden sie zubereitet:

Die Suppe in der Packung ca. 1 Minute antauen, in eine Porzellan-, Glas-, Keramik- oder Kunststoffschüssel geben, ca. ⅛ l Flüssigkeit (möglichst schon heiß, dann ist die Garzeit kürzer) hinzufügen und geschlossen 5–7 Minuten garen. Die restliche auf der Packung angegebene Flüssigkeit (Wasser oder Milch) zufügen, umrühren und nochmals 5–6 Minuten garen.

Ausnahme: Bei Gemüsesuppen zuerst das Gemüse in wenig Flüssigkeit ca. 7 Minuten vorgaren, dann die angegebene Flüssigkeit zufügen, umrühren und ca. 5–6 Minuten geschlossen weitergaren.

Saucen

Haben Sie einmal die einfache Zubereitung einer guten Sauce im Mikrowellengerät ausprobiert, dann möchten Sie es bestimmt auf keine andere Art und Weise mehr praktizieren.

Dafür sprechen diese *Vorteile:*

▷ Die Sauce läßt sich gleich im Serviergefäß zubereiten – vorausgesetzt, es ist nicht aus Metall oder metallisch verziert.

▷ Bei den meisten Rezepten können Sie von Anfang an alle Zutaten vermischen, aufkochen und vor dem Servieren kräftig umrühren.

▷ Nichts brennt oder setzt an, und es passiert kaum, daß die Sauce klumpig wird.

▷ Ein starkes Würzen, vor allem Salzen, ist nicht erforderlich. Die Mikrowelle läßt den Geschmack aller Zutaten intensiver durchdringen.

Ein weiterer Vorteil ist die Schnelligkeit des Wiedererwärmens. Bereiten Sie die Sauce doch schon vorher vor, dann bleibt Ihnen mehr Zeit für die Zubereitung der anderen Gerichte.

Saucen binden

Mehl, Stärke oder Fixprodukte als *Bindemittel* gleichmäßig einrühren, damit sie sich nicht absetzen.

Dunkle Saucen

Da im Mikrowellengerät kaum Bräunung entsteht, wird dunklen Saucen Tomatenmark, Rotwein oder Cognac zugefügt, so daß eine farblich gute Ergänzung entsteht.

1 Für die Saucenzubereitung zunächst alle Zutaten abwiegen und zusammenstellen.
2 Sind die Zwiebeln angedünstet, so werden alle anderen Zutaten im Gefäß vermischt und aufgekocht. Während des Kochens ist das Umrühren besonders wichtig.
3 Die Sauce wird sehr schön cremig und kann gleich im Geschirr serviert werden.

Süße Saucen

Auch süße Saucen erhalten in der Mikrowelle einen intensiven, guten Geschmack. Dabei wird die Stärke zwischendurch eingerührt. Bei Verwendung von *Vanilleschoten* entfernen Sie die Schote gleich nach dem Kochen, sonst wird die Sauce bitter.

Praktische Hinweise

Legieren

Nach dem Legieren mit Sahne, Crème fraîche oder Eigelb dürfen Suppen und Saucen nicht mehr aufkochen, sonst gerinnen die Zutaten.

Cremesuppen

Für Cremesuppen pürieren Sie das vorgegarte Gemüse am einfachsten mit einem Mixer (Pürierstab) oder der elektrischen Küchenmaschine.

Abschmecken, Abwandeln

Suppen und vor allem Saucen lassen sich ganz nach eigenem Geschmack würzen. Durch Zugabe derselben Zutaten lassen sich auch *industriell vorgefertigte Suppen* (Paket, Dose) abwandeln mit:

▷ frischen, getrockneten oder tiefgefrorenen Kräutern,

▷ geriebenem Käse,

▷ Eigelb, Sahne, Butter,

▷ Sherry, Gin, Cognac, Weiß- und Rotwein, Madeira,

▷ Zitronensaft oder Essig,

▷ süßer oder saurer Sahne, Kondensmilch, Crème fraîche,

▷ Gewürzen.

Suppeneinlagen

Leberknödel

5 EL Milch
½ TL Salz
1 Msp schwarzer Pfeffer
1 TL Butter
3 altbackene Semmeln
½ Zwiebel
1 EL gehackte Petersilie
1 Ei
100 g durchgedrehte
Rinderleber

Milch mit Salz, Pfeffer, Butter und den kleingeschnittenen Brötchen in eine Schüssel geben und 1–1½ Minuten erhitzen. Umrühren. Geschälte, gehackte Zwiebel und Petersilie zusammen mit dem Ei und der Leber zufügen. Alles gut zu einem geschmeidigen Knödelteig durcharbeiten. Daraus mit feuchten Händen 4 Knödel formen und in heiße Brühe legen. 2–3 Minuten garen und 10–12 Minuten fortkochen.

Eierstich

2 Eier
5 EL Sahne
Salz
Muskat
1 TL gehackte Petersilie
etwas Fett für das Gefäß

Alle Zutaten gut verquirlen, in das gefettete Gefäß (kleine Schüssel, Suppentasse o.ä.) gießen und 3–4 Minuten offen garen. Die Eimasse geht dabei stark auf, fällt aber beim Abschalten wieder leicht zusammen. Stürzen, in Würfel schneiden und zur heißen Suppe geben.

Krabbencremesuppe

Portionen	4
Einstellung	Garen
Gesamtzeit	8–12 Minuten
Geschirr	Schüssel aus Glas, Porzellan, Keramik oder Kunststoff mit Deckel
kcal/kJ p.P.	ca. 170/694

⅜ l Brühe
2–3 EL Crème fraîche
1 gehäufter EL Speisestärke
1 Msp zerdrückter
Knoblauch
3 EL saure Sahne
1 TL Tomatenmark
125 g Krabben
2 EL Cognac
1 Eigelb
je 1 Prise Curry,
Paprikapulver und Safran
etwas geschlagene Sahne

Brühe im Geschirr zugedeckt 4–6 Minuten erhitzen. Crème fraîche und Speisestärke glattrühren, zur Brühe geben und gut mischen. 1–2 Minuten zugedeckt garen. Knoblauch, saure Sahne, Tomatenmark und Krabben dazugeben und erneut 3–4 Minuten aufkochen lassen. Cognac und Eigelb einrühren, abschmecken. Suppentassen mit Wasser anfeuchten und ½–1 Minute leer anwärmen. Suppe einfüllen und, mit je 1 EL Schlagsahne garniert, servieren.

Tomatenpüreesuppe

Portionen	4
Einstellung	Garen
Gesamtzeit	13–17 Minuten
Geschirr	2 Schüsseln aus Glas, Porzellan, Keramik oder Kunststoff mit Deckel
kcal/kJ p.P.	ca. 180/756

750 g Tomaten (frisch oder
Dosenware)
1 Zwiebel
25 g Butter
40 g Mehl
2 TL Tomatenmark
¼ l Milch
¼ TL Selleriesalz
weißer Pfeffer aus der Mühle
½ l Brühe
2 EL Crème fraîche
1 EL Speisestärke
etwas Zucker
1 EL Zitronensaft
4 kleine Senfgurken
Dillspitzen

Frische Tomaten kreuzweise einschneiden und kurz mit heißem Wasser übergießen, abziehen, klein schneiden, in eine Schüssel geben und 2–3 Minuten geschlossen andünsten. Zwiebel schälen und würfeln, mit der Butter in eine zweite Schüssel geben und offen 2–3 Minuten glasig dünsten. Mehl, Tomatenmark und die durch ein Sieb passierten Tomaten (frisch oder Dosenware), Milch, die Gewürze und Brühe zufügen. Gut umrühren und geschlossen 10–12 Minuten garen. Gegen Ende der Garzeit den Deckel abnehmen. Crème fraîche mit Speisestärke glattrühren, zur Suppe geben, Zucker, Zitronensaft und in kleine Stückchen zerteilte Senfgurken zufügen. Nochmals 1–2 Minuten offen erhitzen. Mit Dillspitzen garniert servieren.

Lauchsuppe

Portionen	4
Einstellung	Garen
Gesamtzeit	17 ½–23 Minuten
Geschirr	Schüssel aus Glas, Porzellan, Keramik oder Kunststoff mit Deckel
kcal/kJ p.P.	ca. 235/987

500 g frischer Lauch
1 EL Butter
2 EL süße Sahne
1 EL Speisestärke
oder 1 Paket tiefgefrorener
Rahmporree (450 g)
¼ l Milch
¾ l Hühnerbrühe
Salz, Pfeffer, Muskat
3 EL Crème fraîche
½ Tasse Weißwein
2 TL Speisestärke
1 Eigelb
gehackter Schnittlauch

Frischen Lauch putzen, waschen und in Ringe schneiden. Butter in einer Schüssel 1 Minute auslassen, Lauch hinzufügen und offen 4–5 Minuten andünsten. Dabei mehrmals umrühren. Sahne mit Speisestärke anrühren und zum Lauch geben. Milch zugeben und geschlossen 2–3 Minuten miterhitzen (tiefgefrorenen Rahmporree unaufgetaut in das Geschirr geben, Milch zufügen und zugedeckt 7–8 Minuten garen, zwischendurch einmal umrühren). Hühnerbrühe zufügen, würzen und weitere 3–4 Minuten erhitzen. Zuletzt Crème fraîche, Weißwein und Speisestärke gut verrühren, zur Suppe geben und nochmals 2½–3 Minuten zum Binden garen lassen. Mit Eigelb legieren und, mit Schnittlauch bestreut, servieren.

Herzhafte Nudelsuppe

Portionen	2	
Einstellung	Garen	Fortkochen
Gesamtzeit	8–10 Min.	14–16 Min.
Geschirr	Schüssel aus Keramik oder Prozellan mit Deckel	
kcal/kJ p. P.	ca. 352/1473	

1 Möhre
1 Stange Lauch
1 kleine grüne Paprikaschote
1 kleine rote Paprikaschote
300 g Rinderfilet
Salz, weißer Pfeffer aus der Mühle, Paprikapulver
125 g Spätzle
125 ml Rotwein
½ l Wasser
3 EL Fleischbrühe
1 EL Crème fraîche
1 TL gehackte Petersilie

Möhre und Lauch putzen und in Stifte bzw. Ringe schneiden. Die Paprikaschoten waschen, halbieren, von den Kernen und Rippen befreien und in feine Streifen oder Würfel schneiden. Das Rinderfilet kalt abspülen, mit Küchenpapier trockentupfen und sehr fein würfeln. Kräftig würzen und mit dem Gemüse in die Schüssel geben. Die Spätzle hinzufügen, ebenso Rotwein, Wasser und Brühe, umrühren. 8–10 Minuten garen und 14–16 Minuten fortkochen. Crème fraîche daraufgeben und, mit gehackter Petersilie bestreut, servieren.

Chinesische Eierblumensuppe

Portionen	2	
Einstellung	Garen	Fortkochen
Gesamtzeit	11½–15 Min.	3–4 Min.
Geschirr	Schüssel aus Glas, Porzellan oder Keramik mit Deckel	
kcal/kJ p. P.	ca. 140/588	

1 kleine Zwiebel
¼ Stange Lauch
1 Möhre
6 mittelgroße Champignons
3 EL Sojabohnensprossen
1 EL Öl
1 EL Sojasauce
1 Msp Sambal, Pfeffer, Salz
½ l Hühnerbrühe
1 Ei
1 EL Milch

Zwiebel schälen, Lauch säubern und beides in ganz feine Ringe schneiden. Geschabte Möhre in dünne Stifte, geputzte Champignons blättrig schneiden. Alle Gemüse in das Geschirr geben, Sojabohnensprossen zufügen und alles gut mit Öl, Sojasauce und den Gewürzen vermischen. Wenn möglich, 5 Minuten durchziehen lassen, dann offen 5½–7 Minuten garen. Mit der Hühnerbrühe aufgießen und geschlossen 6–8 Minuten aufkochen. Ei mit Milch verquirlen und vorsichtig in die Suppe einfließen lassen, so daß sich »Blumen« bilden. Mit der Fortkochstufe (180–210 Watt) weitere 3–4 Minuten langsam erhitzen, bis das Ei gestockt ist.

Feine Spinatsuppe

Portionen	2
Einstellung	Garen
Gesamtzeit	15–18½ Minuten
Geschirr	Schüssel aus Glas, Porzellan oder Kunststoff mit Deckel
kcal/kJ p. P.	ca. 280/1176

1 kleine Zwiebel
1 TL Butter
150 g tiefgefrorener Rahmspinat
2 EL Wasser
⅛ l Milch
¼ l Brühe
1 EL weiche Butter
2 EL Mehl
Salz, Pfeffer, Muskat
50 g geriebener Käse
(z. B. Emmentaler)
2 EL süße Sahne
30 g frischer Kerbel

Zwiebel schälen und fein würfeln. In das Geschirr geben und offen 1–1½ Minuten mit 1 TL Butter andünsten. Spinat und Wasser zufügen, zugedeckt 4–5 Minuten erhitzen. Zwischendurch einmal umrühren. Milch und Brühe zufügen, verrühren und 6–7 Minuten weitergaren. Butter mit Mehl verkneten und in der heißen Spinatsuppe glattrühren. Die Suppe würzen, geriebenen Käse einstreuen, Sahne zugeben und erneut 4–5 Minuten garen. Zuletzt den gehackten Kerbel zufügen, umrühren und sofort servieren. Geröstete Weißbrotwürfel dazu servieren.

Spinatpüreesuppe

Foto

Portionen	2
Einstellung	Garen
Gesamtzeit	10–13 Minuten
Geschirr	Gefäß aus Glas, Porzellan oder Kunststoff mit Deckel
kcal/kJ p. P.	ca. 225/945

500 g frischer Spinat
60 ml süße Sahne
Salz, Muskat
weißer Pfeffer aus der Mühle
1 EL Speisestärke
1 zerdrückte Knoblauchzehe
⅛ l Brühe
½ TL Tomatenmark
2 EL süße Sahne

Spinat verlesen, gründlich waschen und auf einem Sieb abtropfen lassen. Im Geschirr zugedeckt 5–6 Minuten garen. Abtropfen lassen und mit dem Handquirl (Pürierstab) oder in der Küchenmaschine unter Zugabe von Sahne pürieren. In das Geschirr geben. Würzen, Speisestärke, Knoblauch und Brühe zufügen. Gut umrühren. Zugedeckt 4–5 Minuten erhitzen. Tiefe Teller mit Wasser anfeuchten und 1–1½ Minuten anwärmen. Die Suppe einfüllen. Etwas Tomatenmark in die Mitte geben und je 1 EL Sahne vorsichtig draufgeben. Mit einer Gabel einmal im Kreis »durchziehen« und sofort servieren.

HINWEIS

Anstelle von frischem Spinat können Sie auch 1 Paket tiefgefrorenen Rahmspinat (300 g) bei gleicher Garzeit und Zutatenzugabe, allerdings ohne die 60 ml Sahne, nehmen.

DAS BESONDERE REZEPT

Hühnertopf

Portionen	4
Einstellung	Garen
Gesamtzeit	23–27 Minuten
Geschirr	Schüssel aus Glas, Porzellan oder Keramik mit Deckel
kcal/kJ p. P.	ca. 360/1510

250 g Hähnchenbrust, 1 Zwiebel
1 Stange Lauch, ¼ Sellerieknolle
1 Paket tiefgefrorenes Suppengemüse
mit Brühe (450 g), ¾ l Wasser
50 g vorgekochter Reis
2 EL Hühnerbrühe (Instant)
Salz, frisch gemahlener Pfeffer
1 Ei, 4 EL Sahne oder Milch
1 Prise Muskat

Hähnchenbrust würfeln, in das Geschirr geben und geschlossen 4–5 Minuten garen. Zwiebel schälen und würfeln. Lauch putzen und in Ringe schneiden (gut waschen). Sellerie schälen und würfeln. Alle Gemüse und das tiefgefrorene Suppengemüse zum Hähnchenfleisch geben. Mit Wasser auffüllen. Reise, Hühnerbrühe, Salz und Pfeffer zugeben. 18–20 Minuten geschlossen garen. Ei mit Sahne oder Milch verquirlen, mit Salz, Pfeffer und Muskat würzen und in die heiße Suppe einrühren. Nochmals 1–2 Minuten garen.

Provenzalischer Eintopf

Portionen	4
Einstellung	Garen
Gesamtzeit	17–22 Minuten
Geschirr	Schüssel aus Glas, Porzellan oder Keramik mit Deckel
kcal/kJ p. P.	ca. 366/1535

1 mittelgroße Zwiebel
1½ TL ÖL
100 g Tatar
Salz, Paprika
Kräuter der Provence
frisch gemahlener Pfeffer
1 gelbe Paprikaschote
150 g Zucchini
150 g Auberginen
200 g Tomaten
100 g Champignons
½ l Gemüsebrühe (Instant)
2 TL Speisestärke
4 EL Weißwein

Zwiebel schälen, in Ringe schneiden, in die Schüssel geben. Öl zufügen und offen 2–3 Minuten andünsten. Tatar zugeben, mit Salz, Paprika, Kräutern der Provence und Pfeffer würzen und 2–3 Minuten offen garen. Die Gemüse waschen, Paprikaschote in Streifen, Zucchini in Scheiben schneiden, Auberginen würfeln. Das vorgegarte Fleisch mit einer Gabel zerteilen und das Gemüse zufügen. Geschlossen 7–8 Minuten garen. Tomaten achteln, die geputzten Champignons ganz lassen, auf das Gemüse legen. Brühe zufügen und 5–6 Minuten weitergaren. Speisestärke mit Weißwein anrühren und die Suppe damit binden. Nochmals 1–2 Minuten eindicken lassen.

Gemüsetopf mit Rotwein

Portionen	4
Einstellung	Garen
Gesamtzeit	27–32 Minuten
Geschirr	Große Schüssel aus Glas, Porzellan oder Glaskeramik mit Deckel
kcal/kJ p. P.	ca. 525/2200

150 g geräucherter Speck
400 g Schweinefilet
Pfeffer, Paprikapulver
250 g Zwiebeln
1 Lorbeerblatt
2 Gewürznelken
250 g Tomaten
1 Paket tiefgefrorenes
Suppengemüse mit Brühe
(450 g)
Salz, Origano
1 Bund Petersilie
½ l Rotwein
¼ l Wasser
1 EL Hühnerbrühe (Instant)

Speck würfeln, in das Geschirr geben und offen 6–7 Minuten ausbraten lassen. Schweinefilet häuten und würfeln, kräftig würzen und zum Speck geben. Zugedeckt 4–5 Minuten garen. In der Zwischenzeit die Zwiebeln schälen, würfeln und in das Geschirr geben. Lorbeerblatt und Nelken zufügen, umrühren. Zugedeckt 3–4 Minuten garen. Tomaten waschen und vierteln, dabei die Stengelansätze herausschneiden. Mit dem tiefgefrorenen Gemüse einfüllen, kräftig mit Salz, Pfeffer und Origano würzen. Gehackte Petersilie, Rotwein, Wasser und Hühnerbrühe zufügen und zugedeckt 14–16 Minuten fertiggaren, dabei zweimal umrühren.

DAS BESONDERE REZEPT

Minestrone mit Pesto

Portionen	4
Einstellung	Garen
Gesamtzeit	24–29 Minuten
Geschirr	Schüssel aus Glas, Porzellan oder Glaskeramik mit Deckel
kcal/kJ p. P.	ca. 455/1925

1 kleiner Blumenkohl
2 mittelgroße Möhren
2 Kartoffeln, 1 Zwiebel
½ Sellerieknolle, 2 Stangen Lauch
1 mittelgroße Zucchini
40 g Butter
1 große Dose geschälte Tomaten
1 EL Tomatenmark
Salz, frisch gemahlener Pfeffer
¾ l Brühe, 50–75 g Makkaroni
100 g durchwachsener Speck

Pesto
2 Knoblauchzehen, 1 EL Pinienkerne
ca. 10 frische Basilikumblätter
5 EL Olivenöl

Die verschiedenen Gemüsesorten waschen, putzen und in Stücke oder Scheiben schneiden. Mit der Butter in das Geschirr geben und geschlossen 12–14 Minuten andünsten. Geschälte Tomaten, Tomatenmark, Gewürze, Brühe und Makkaroni zufügen. Zugedeckt 12–15 Minuten unter gelegentlichem Umrühren weitergaren.

Inzwischen für den Pesto die Knoblauchzehe schälen und mit den Pinienkernen und Basilikumblättern im Mixer der Küchenmaschine fein pürieren. Mit dem Olivenöl gut verrühren.

Speck würfeln, in ein kleines Gefäß geben und offen 3–4 Minuten auslassen. Zur Suppe geben und umrühren.

Der Pesto wird in kleinen Mengen, je nach persönlichem Geschmack, unter die heiße Minestrone gerührt.

Serbischer Bohneneintopf

Portionen	4
Einstellung	Garen
Gesamtzeit	19–24 Minuten
Geschirr	Schüssel aus Glas, Porzellan oder Keramik mit Deckel
kcal/kJ p. P.	ca. 420/1764

70 g durchwachsener Speck
1 Zwiebel
1 Knoblauchzehe
Salz, frisch gemahlener
Pfeffer
Paprikapulver edelsüß
1 TL Mehl
1 EL Öl
1 EL Hühnerbrühe (Instant)
2 EL Tomatenmark
1 Lorbeerblatt
1 Prise Majoran
2 Bündel frisches oder
1 Paket tiefgefrorenes
Suppengrün
1 Dose weiße Bohnen
1 l Brühe

Speck würfeln, Zwiebel schälen und fein hacken. Knoblauchzehe zerdrücken. Zusammen in das Geschirr geben. Mit Salz, Pfeffer, Paprika, Mehl und Öl mischen. Geschlossen 6–8 Minuten garen. Hühnerbrühe, Tomatenmark, Lorbeerblatt, Majoran, Suppengrün (frisches Suppengrün waschen und zerkleinern) zufügen und 3–4 Minuten weitergaren. Bohnen abtropfen lassen, evtl. mit kaltem Wasser übergießen. In das Geschirr geben und mit Brühe auffüllen. Zugedeckt 10–12 Minuten erhitzen. Vor dem Servieren kräftig durchrühren.

VARIATION

Fügen Sie dem Eintopf anstelle des Specks Hackfleischklößchen zu. Hierzu 375 g Rinderhackfleisch, 1 eingeweichtes Brötchen, 1 Ei, Pfeffer, Salz, Senf und Paprika zu einem Fleischteig verarbeiten. Kleine Klößchen formen und diese mit den Bohnen zufügen. Dann Zwiebeln, Knoblauch, Gewürze, Mehl und Öl nur 3–4 Minuten vorgaren.

Kalte Gemüse-Joghurt-Suppe Balkanart

Portionen	4
Einstellung	Garen
Gesamtzeit	8–10 Minuten
Geschirr	Schüssel aus Glas, Keramik oder Kunststoff mit Deckel
kcal/kJ p. P.	ca. 275/1155

1 Paket tiefgefrorenes
Balkangemüse (300 g)
5 EL Wasser
2 Knoblauchzehen
2 EL Zitronensaft
Salz
weißer Pfeffer aus der Mühle
¾ l (750 g) Joghurt oder Kefir
frischer Dill
frische Minze
4 Minzeblätter

Balkangemüse in die Schüssel geben, Wasser zufügen und zugedeckt 6–7 Minuten garen. Knoblauchzehen zerdrücken, mit Zitronensaft, Salz und Pfeffer zum Gemüse geben. Umrühren und erneut 2–3 Minuten erhitzen. Abkühlen lassen. Joghurt (Kefir), gehackten Dill und Minze zufügen. Die Suppe gut gekühlt in Tassen anrichten und, mit frischen Minzeblättern garniert, servieren.

Champignoncremesuppe

Portionen	2
Einstellung	Garen
Gesamtzeit	9–10 Minuten
Geschirr	Schüssel aus Glas, Porzellan, Keramik oder Kunststoff mit Deckel
kcal/kJ p. P.	ca. 225/940

200 g frische Champignons
1 Msp feingehackter
Knoblauch (nach Belieben)
1 gehackte Zwiebel
⅛ l Milch
¼ l Brühe
1 EL Crème fraîche
1 TL Speisestärke
1 Eigelb
4 EL Sahne
Salz
weißer Pfeffer aus der Mühle
etwas Cayennepfeffer und
Estragon
etwas geschlagene Sahne
1 TL gehackte Pistazien

Champignons putzen und in feine Scheiben schneiden. Mit Knoblauch und Zwiebel geschlossen 5–6 Minuten garen. Mit dem Handquirl (Pürierstab) oder in der Küchenmaschine pürieren. Wieder in die Schüssel geben, Milch und Brühe zufügen und weitere 3 Minuten zugedeckt garen. Crème fraîche und Speisestärke verrühren und zur Suppe geben. Nochmals 1 Minute erhitzen. Eigelb mit Sahne verquirlen und die Suppe damit legieren. Abschmecken. Suppentassen mit Wasser anfeuchten und ½–1 Minute anwärmen, die Suppe einfüllen und mit je 1 EL Schlagsahne anrichten. Mit gehackten Pistazien bestreuen und sofort servieren.

HINWEIS

Zum schnellen Binden der Suppe können Sie auch 1 Päckchen Holländische Sauce verwenden.

Brokkolicremesuppe — Foto

Portionen	2
Einstellung	Garen
Gesamtzeit	12–16 Minuten
Geschirr	Schüssel aus Glas, Porzellan, Keramik oder Kunststoff mit Deckel
kcal/kJ p. P.	ca. 275/1155

300 g frischer oder 1 Paket
tiefgefrorener Brokkoli
40 g Roquefort
⅛ l Milch
⅛ l Brühe
1 EL Crème fraîche
1 gehäufter TL Speisestärke
Salz
Pfeffer
1 TL Weinbrand
1 TL Mandelblättchen

Frischen Brokkoli putzen, in kleinere Stücke zerteilen und mit ½ Tasse Wasser geschlossen 5–7 Minuten garen. Tiefgefrorene Brokkoli aus der Packung in das Geschirr geben und gleichfalls zugedeckt 5–7 Minuten vorgaren. Das Gemüse aus dem Geschirr heben, auf einen Teller legen und einige Röschen abschneiden. Das restliche Gemüse mit dem Handquirl (Pürierstab) oder in der Küchenmaschine, evtl. unter Zugabe von etwas Milch, pürieren. Roquefort mit einer Gabel zerdrücken. Mit Milch, Brühe und dem pürierten Gemüse in das Geschirr geben. Zugedeckt 6–7 Minuten erhitzen. Zwischendurch zweimal umrühren. Crème fraîche und Speisestärke glattrühren und die Suppe damit binden. Brokkoliröschen hinzufügen, würzen und nochmals 1–2 Minuten erhitzen. Weinbrand zufügen und unterrühren. Mit Mandelblättchen bestreut servieren.
Beilage: Käsegebäck.

DAS BESONDERE REZEPT

Französische Fischsuppe

Portionen	4
Einstellung	Garen
Gesamtzeit	24–27 ½ Minuten
Geschirr	Große Schüssel aus Glas, Porzellan oder Glaskeramik mit Deckel
kcal/kJ p. P.	ca. 145/609

400 g frisches oder tiefgefrorenes
Seelachsfilet, 400 g frisches oder
tiefgefrorenes Kabeljaufilet
500 g frisches oder tiefgefrorenes
Schollenfilet
2 Zwiebeln
4 Tomaten
2 Knoblauchzehen
1 Lorbeerblatt
1 Bund Petersilie
Thymian
1 Messerspitze Safran
Salz, frisch gemahlener Pfeffer
½ Tasse Wasser
½ Tasse Olivenöl
½ l Weißwein
500 g frische
Muscheln (oder
gleiche Menge aus
dem Glas)
4 Riesengarnelen

Tiefgefrorenen Fisch aus der Packung nehmen, auf eine Platte geben und 11–13 Minuten abgedeckt (Klarsichtfolie) auftauen. In der Zwischenzeit Zwiebeln schälen und fein würfeln. Tomaten waschen und klein schneiden. Knoblauch durchpressen. Lorbeerblatt, kleingehackte Petersilie, Thymian und Safran mit dem Gemüse in das Geschirr geben. Fischfilets – frisch oder aufgetaut – in große Stücke schneiden, zufügen. Salzen und kräftig pfeffern. Mit Wasser, Öl und Weißwein auffüllen und geschlossen 17–19 Minuten garen. Frische Muscheln gründlich bürsten – bereits geöffnete Muscheln nicht verwenden –, Muscheln aus dem Glas abtropfen lassen und kalt abspülen. Riesengarnelen ebenfalls waschen und mit Küchenpapier abtrocknen. Nach Ablauf der Garzeit in den Fischtopf geben und weitere 7–8½ Minuten zugedeckt garen. Die Fischstücke, Muscheln und Garnelen aus der Form nehmen und in eine vorgewärmte Schüssel oder in 4 Suppentassen gleichmäßig verteilen. Den Fischsud durch ein Sieb passieren, dazugießen und sofort servieren.

Beilage: Mit Kräuter- oder Knoblauchbutter geröstete Croutons.

Burgundersauce

Portionen	4
Einstellung	Garen
Gesamtzeit	6–7 ½ Minuten
Geschirr	Schüssel aus Glas, Porzellan oder Kunststoff mit Deckel
kcal/kJ p. P.	ca. 185/777

1 Zwiebel
2 EL Speisestärke
1 EL Butter
⅜ l Rotwein (Burgunder)
1 TL gekörnte Brühe
Salz, Pfeffer, Thymian

Zwiebel fein hacken, in eine Schüssel geben und 1 ½–2 Minuten glasig dünsten. Speisestärke und Butter zufügen und weiter 1 ½–2 Minuten garen, dabei einmal umrühren. Rotwein und gekörnte Brühe zufügen, verquirlen und 2–3 ½ Minuten geschlossen aufkochen lassen. Zwischendurch ein- bis zweimal durchrühren. Abschmecken.

Beigabe zu: Geflügel-, Fleisch- und Hackfleischgerichten.

Hackfleischsauce

Portionen	4
Einstellung	Garen
Gesamtzeit	7 ½–9 ½ Minuten
Geschirr	Schüssel aus Glas, Kunststoff, Porzellan oder Keramik mit Deckel
kcal/kJ p. P.	ca. 210/882

1 Zwiebel
1 EL Öl
250 g Rinderhackfleisch
1 kleine Dose Tomatenmark
5 EL Wasser
Salz, Pfeffer, Origano
Knoblauchsalz
2 EL frische oder
tiefgefrorene gemischte
Kräuter
1 EL Crème fraîche

Zwiebel schälen, klein schneiden und mit dem Öl in eine Schüssel geben. 3–3 ½ Minuten offen andünsten. Hackfleisch dazugeben, mit einer Gabel lockern und geschlossen 2 ½–3 ½ Minuten garen. Inzwischen Tomatenmark, Wasser, Gewürze und Kräuter mischen, zum Hackfleisch geben, unterrühren und geschlossen 2–2 ½ Minuten weitergaren. Crème fraîche einrühren und sofort servieren.
Beigabe zu: diversen Nudel- und Reisgerichten.

Tomatensauce

Portionen	2–4
Einstellung	Garen
Gesamtzeit	9–11 ½ Minuten
Geschirr	Kleine Schüssel aus Glas, Keramik oder Porzellan mit Deckel
kcal/kJ p. P.	ca. 135/570

100 g durchwachsener Speck
1 mittelgroße Zwiebel
1 kleine Dose geschälte
Tomaten
½ TL Salz
Pfeffer, Origano, Basilikum
1 kleine Knoblauchzehe
1 TL Speisestärke

Speck klein würfeln, in eine Schüssel geben und offen 4–5 Minuten ausbraten. Zwiebel schälen, fein hakken, zum Speck geben und weitere 2 ½ Minuten offen garen. Tomaten durch ein Sieb passieren, mit Gewürzen, gepreßtem Knoblauch und Speisestärke in das Geschirr geben und zugedeckt 3–3 ½ Minuten aufkochen lassen. Umrühren und evtl. abschmecken.
Beigabe zu: Nudel- und Hackfleischgerichten.

Senfsauce

Portionen	2
Einstellung	Garen
Gesamtzeit	5 ½–7 ½ Minuten
Geschirr	Schüssel aus Glas, Porzellan, Keramik oder Kunststoff mit Deckel
kcal/kJ p. P.	ca. 110/460

½ Zwiebel
2 EL Mehl
1 EL Butter
⅜ l Wasser
½ TL Salz
1 Essiggurke
2 EL mittelscharfer Senf
1 EL süßer Senf
3 EL saure Sahne
2 EL Weißwein

Zwiebel fein hacken, in eine Schüssel geben und 1 ½–2 Minuten glasig dünsten. Mehl und Butter zugeben und weiter 1 ½ Minuten garen, dabei einmal umrühren. Wasser und Salz einrühren, verquirlen und 2 ½–3 ½ Minuten zugedeckt aufkochen. Feingehackte Essiggurke, Senf, Sahne und Weißwein einrühren und pikant abschmecken.
Beigabe zu: gedünstetem Fisch, Eiergerichten.

Currysauce

Portionen	4
Einstellung	Garen
Gesamtzeit	5 ½–7 Minuten
Geschirr	Schüssel aus Glas, Porzellan oder Keramik mit Deckel
kcal./kJ p. P.	ca. 170/710

1 kleine Zwiebel
1 mittelgroßer Apfel
1 kleine Banane
½ TL Curry
je 1 Prise Cayennepfeffer und Zimt
⅛ l Brühe
2 EL Zitronensaft
⅛ l süße Sahne
Salz, Pfeffer

Zwiebel schälen und fein hacken. Apfel schälen und reiben. Banane zerdrücken. Zusammen in eine Schüssel geben und zugedeckt 1 ½–2 Minuten garen. Würzen, mit Brühe, Zitronensaft und Sahne auffüllen und zugedeckt 4–5 Minuten aufkochen lassen. Abschmecken und servieren.
Beigabe zu: Fisch-, Geflügel- und Reisgerichten.

Feine Möhrensauce

Portionen	4
Einstellung	Garen
Gesamtzeit	14 ½–17 Minuten
Geschirr	Schüssel aus Glas, Kunststoff, Keramik oder Porzellan mit Deckel
kcal/kJ p. P.	ca. 133/560

300 g Möhren
50 g Butter
½ EL Zucker
Salz, weißer Pfeffer
½ Tasse Wasser
1 EL Crème fraîche

Möhren putzen, klein schneiden und in eine Schüssel geben. Butter, Zucker, Gewürze und Wasser zufügen, umrühren und geschlossen 13–15 Minuten weich garen. Mit dem Handrührgerät (Mixstab) oder in der Küchenmaschine fein pürieren. Das Möhrenpüree wieder in die Schüssel geben, abschmecken, Crème fraîche zugeben und erneut 1 ½–2 Minuten erhitzen.
Beigabe zu: Kalbfleisch- und Geflügelgerichten.

Kräutersauce

Portionen	2–4
Einstellung	Garen
Gesamtzeit	5 ½–7 Minuten
Geschirr	Schüssel aus Glas, Porzellan, Keramik oder Kunststoff mit Deckel
kcal/kJ p. P.	ca. 120/504

1 Zwiebel
2 EL Mehl
1 EL Butter
⅜ l heißes Wasser
je 3 EL Petersilie und
Schnittlauch
1 EL Dill
½ TL Estragon
je 1 Msp Thymian und
Rosmarin
1 EL Zitronensaft
½ TL Salz
1 Prise Pfeffer
3 EL süße Sahne

Zwiebel fein hacken, in eine Schüssel geben und 1 ½–2 Minuten glasig dünsten. Mehl und Butter zugeben und weitere 1 ½–2 Minuten garen, dabei einmal umrühren. Heißes Wasser zugießen, verquirlen und 2 ½–3 Minuten zugedeckt aufkochen lassen. Zwischendurch mehrmals verquirlen. Die Kräuter waschen, fein hacken und in die Sauce einrühren. Mit Zitronensaft, Salz und Pfeffer abschmecken und mit Sahne verfeinern.
Beigabe zu: gekochtem Fleisch, gedünstetem Fleisch, Eiergerichten und salzigen Kochpuddingen.

Helle Grundsauce

Foto

Portionen	4
Einstellung	Garen
Gesamtzeit	5 ½–7 Minuten
Geschirr	Schüssel aus Glas, Porzellan oder Kunststoff mit Deckel
kcal/kJ p.P.	ca. 120/504

40 g Butter
30 g Speisestärke
¼ l lauwarmes Wasser
1 TL gekörnte Brühe
⅛ l Milch
1 EL Crème fraîche oder
3 EL süße Sahne
Salz, weißer Pfeffer, Muskat
Eigelb nach Belieben

Butter in eine Schüssel geben und offen 1½ Minuten schmelzen. Speisestärke zugeben und gut mischen. Mit lauwarmem Wasser auffüllen und mit einem Schneebesen kräftig verrühren. Gekörnte Brühe, Milch und Crème fraîche (Sahne) zufügen, erneut gut verrühren. Würzen und zugedeckt 4–5 Minuten aufkochen lassen, dabei zwei- bis dreimal kräftig durchrühren. Nochmals abschmecken, evtl. Muskat zugeben. Nach Belieben mit Eigelb legieren.

Beigabe zu: Fisch- und Fleischgerichten, auch zu Gemüse- und Geflügelgerichten, Basis für Variationen.

VARIATIONEN

Kapernsauce: Fügen Sie der hellen Grundsauce 2 TL Kapern zu.
Beigabe zu: gedünstetem Fisch, Fleischklößchen, gekochten Eiern, Rindfleisch und Pellkartoffeln.
Pfeffersauce: Fügen Sie der hellen Grundsauce 2 EL grünen Pfeffer und 1 EL Madeira zu.
Beigabe zu: gedünstetem Fisch, salzigen Aufläufen, Kurzgebratenem und Hackfleischgerichten.
Krabbensauce: Fügen Sie der hellen Grundsauce 80 g Krabben, ½ Bund gehackten Dill, 1 TL Zitronensaft und 1 Msp Paprikapulver

zu und erhitzen Sie die Sauce nochmals 1½–2 Minuten.
Beigabe zu: gedünstetem Fisch, Reisgerichten.
Meerrettichsauce: Fügen Sie der hellen Grundsauce 2–3 EL frisch geriebenen Meerrettich und 1 TL Zitronensaft zu.
Beigabe zu: diversen Fleisch- und Fischgerichten, gekochtem Schinken.
Knoblauchsauce: Fügen Sie der hellen Grundsauce 1 EL frisch gepreßten Knoblauch, eine Prise Cayennepfeffer und 1 TL Zitronensaft zu.
Beigabe zu: Gemüse- und Hackfleischgerichten, salzigen Aufläufen.

Schinken-Käse-Sauce

Portionen	2
Einstellung	Garen
Gesamtzeit	5 ½–7 Minuten
Geschirr	Schüssel aus Glas, Kunststoff, Porzellan oder Keramik
kcal/kJ p. P.	ca. 140/590

30 g Butter
1 ½ EL Speisestärke
200 ml Brühe
5 EL süße Sahne
50 g gewürfelter gekochter Schinken
50 g geriebener Käse (Emmentaler)
Pfeffer

Butter in der Schüssel 1 ½ Minuten zerlassen. Nacheinander Speisestärke, Brühe und Sahne einrühren. Offen 3–4 Minuten garen, dabei zweimal umrühren. Schinken und Käse hinzufügen und nochmals 1–1 ½ Minuten erhitzen. Abschmecken.
Beigabe zu: Chicorée, Rosenkohl, Spinat oder Lauch.

Käsesauce

Portionen	2–4
Einstellung	Garen
Gesamtzeit	6 ½–7 ½ Minuten
Geschirr	Kleine Schüssel aus Glas, Kunststoff, Porzellan oder Keramik mit Deckel
kcal/kJ p. P.	ca. 195/820

½ Zwiebel
20 g Butter
100 ml Milch
100 ml süße Sahne
4 EL geriebener Käse (Emmentaler)
¼ TL Salz
je 1 Prise Pfeffer und Muskat
2 gehäufte TL Speisestärke

Zwiebel schälen und fein hacken. Mit der Butter in ei-

ne Schüssel geben und offen 2 ½–3 Minuten andünsten. Die restlichen Zutaten zufügen und 4–4 ½ Minuten geschlossen garen. Vor dem Servieren kräftig umrühren.
Beigabe zu: Brokkoli, Rosenkohl, Blumenkohl, Lauch.

Dillsauce

Portionen	2–4
Einstellung	Garen
Gesamtzeit	5–6 Minuten
Geschirr	Schüssel aus Glas, Kunststoff, Keramik oder Porzellan mit Deckel
kcal/kJ p. P.	ca. 150/630

2 EL Speisestärke
½ EL Mehl
30 g Butter
¼ l Milch
⅛ l Brühe
¼ TL Salz
3 gehäufte EL gehackter Dill
3 EL Crème fraîche
1 Eigelb
Pfeffer

Speisestärke, Mehl und Butter im offenen Gefäß 2 Minuten garen, dabei einmal umrühren. Milch, Brühe und Salz zufügen und geschlossen 3–4 Minuten aufkochen lassen. Zwischendurch mehrmals umrühren. Dill, Crème fraîche und Eigelb unterziehen, abschmecken und sofort servieren.
Beigabe zu: Fisch- und Eiergerichten, gekochtem Fleisch.

Raffinierte Rosinensauce

Portionen	4
Einstellung	Garen
Gesamtzeit	5 ½–7 Minuten
Geschirr	Schüssel aus Porzellan, Glas, Keramik oder Kunststoff mit Deckel
kcal/kJ p. P.	ca. 480/2016

100 g Rosinen oder Sultaninen
3 EL Rum
5 EL Wasser
2 EL Zitronensaft
30 g Zucker
⅛ l herber Weißwein
1 EL Speisestärke
Zimt

Gewaschene Rosinen (Sultaninen), Rum, Wasser, Zitronensaft und Zucker in eine Schüssel geben und geschlossen 3–4 Minuten erhitzen, dabei einmal umrühren. Weißwein mit Speisestärke verrühren, zu den Rosinen geben, Zimt zufügen, umrühren und erneut 2 ½–3 Minuten zugedeckt aufkochen lassen.
Beigabe zu: süßen Aufläufen, gedünstetem Obst (Äpfel, Birnen), Puddingen.

HINWEIS

Bereiten Sie diese Sauce immer sehr frühzeitig zu; je länger sie steht, desto mehr Flüssigkeit wird von den Rosinen aufgenommen.

Schokoladen-Nuß-Sauce

Portionen	4
Einstellung	Garen
Gesamtzeit	3 ½–4 ½ Minuten
Geschirr	Schüssel aus Glas, Porzellan oder Keramik
kcal/kJ p. P.	ca. 295/1239

200 g halbbittere Schokolade
200 ml süße Sahne
1 Päckchen Vanillinzucker
50 g gemahlene Haselnüsse

Schokolade in kleine Stücke brechen. Zusammen mit der Sahne, dem Vanillinzucker und den gemahlenen Haselnüssen in eine Schüssel geben. 1 ½ Minuten offen erhitzen, dann kräftig durchrühren und weitere 2–3 Minuten garen.
Beigabe zu: gedünsteten Bananen, Birnen oder Pfirsichen, süßen Aufläufen und Eiscreme.

Nougatsauce

Portionen	4
Einstellung	Garen
Gesamtzeit	1 ½–2 Minuten
Geschirr	Kleine Schüssel aus Glas, Prozellan oder Keramik
kcal/kJ p. P.	ca. 150/630

100 g Nougat
7 EL süße Sahne

Nougat klein schneiden, Sahne zugeben und in einer Schüssel offen 1 ½–2 Minuten erhitzen, dabei zweimal gut umrühren.
Beigabe zu: süßen Aufläufen, Grieß- und Vanillepudding, Eiscreme, gedünstetem Obst.

Feine Vanillesauce

Portionen	4
Einstellung	Garen
Gesamtzeit	5 ½–6 ½ Minuten
Geschirr	Schüssel aus Glas, Porzellan, Keramik oder Kunststoff
kcal/kJ p. P.	ca. 340/1428

¼ l Milch
ausgeschabtes Mark von
½ Vanilleschote
¼ l süße Sahne
40 g Zucker
2 EL Speisestärke
1 Eigelb
1 Eiweiß (nach Belieben)

Milch, Vanillemark, Sahne, Zucker und Speisestärke in einer Schüssel gut mischen. 5 ½–6 ½ Minuten offen garen, dabei mehrmals umrühren. Die Schüssel aus dem Gerät nehmen, Eigelb unterziehen und evtl. steifgeschlagenes Eiweiß unterheben. Warm oder kalt servieren.
Beigabe zu: Roter Grütze, gedünstetem Obst, Pudding und süßen Aufläufen.

Orangensauce

Portionen	4
Einstellung	Garen
Gesamtzeit	4 ½–5 ½ Minuten
Geschirr	Schüssel aus Glas, Porzellan oder Kunststoff
kcal/kJ p. P.	ca. 187/788

75 g Butter
100 g Puderzucker
175 ml Orangensaft
2 EL Zitronensaft
1 EL Speisestärke
abgeriebene Schale von
½ unbehandelten Orange
einige dünne Streifen
Orangenschale
1 EL Orangenlikör
1 Eigelb

Butter in eine Schüssel geben und offen 1 ½–2 Minuten schmelzen. Puderzucker zufügen und gut verrühren. Orangen- und Zitronensaft, Speisestärke, Orangenschale und -streifen und Likör zufügen, verrühren und offen 3–3 ½ Minuten aufkochen lassen, dabei mehrmals umrühren. Mit Eigelb legiert servieren.
Beigabe zu: süßen Aufläufen, Grieß- und Kochpuddingen.

Weinschaumsauce

Portionen	2
Einstellung	Garen
Gesamtzeit	3–4 Minuten
Geschirr	Schüssel aus Glas, Porzellan oder Kunststoff
kcal/kJ p. P.	ca. 435/1827

2 gehäufte TL Zucker
1 gestrichener EL
Speisestärke
2 Eigelb
¼ l Weißwein

Zucker, Speisestärke und Eigelb mit dem Handrührgerät oder im Mixer schaumig schlagen. Den Weißwein nach und nach zufügen und weiterschlagen. In eine Schüssel geben und offen 3–4 Minuten aufkochen lassen. Zwischendurch zweimal kräftig umrühren.
Beigabe zu: gedünsteten Äpfeln oder Birnen, diversen Kochpuddingen.

Aprikosensauce

Portionen	4
Einstellung	Garen
Gesamtzeit	8 ½–10 Minuten
Geschirr	Schüssel aus Glas, Porzellan oder Kunststoff mit Deckel
kcal/kJ p. P.	ca. 180/756

250 g Aprikosen (Dose)
⅛ l aufgefangener Saft
½ EL Zucker
1 TL Zitronensaft
2 TL Speisestärke
etwas Orangenlikör

Abgetropfte Aprikosen in eine Schüssel geben und mit dem Handrührgerät (Mixstab) oder in der Küchenmaschine pürieren. Saft, Zucker und Zitronensaft hinzufügen und 6–7 Minuten geschlossen garen. Speisestärke in etwas Wasser anrühren, zur Sauce geben und offen 2 ½–3 Minuten garen, dabei ein- bis zweimal kräftig durchrühren. Mit Orangenlikör verfeinert servieren.
Beigabe zu: süßen Aufläufen, Pudding und Eiscreme.

Fleisch, Wild und Geflügel

Fleisch und Wild

Fester Bestandteil eines kompletten Menüs ist ein Fleischgericht. Die Zubereitungsmöglichkeiten sind vielfältig: gebraten, gedünstet oder geschmort, mit oder ohne Sauce, warm zu Beilagen und Gemüsen oder kalt aufgeschnitten zu Salaten.

Im Mikrowellengerät garen vor allem zarte Fleischsorten vom Kalb, Schwein, Lamm oder Wild am besten. Auch Hackfleisch, das auf verschiedene Arten vorbereitet werden kann, ist gut geeignet.

Kleine Fleischstücke (Steaks, Koteletts oder Schnitzel) bis 500 g garen sehr schnell, so daß kaum eine Bräunung entsteht. Ist die Bildung von Röststoffen unerwünscht, so kann mit Mikrowellen gegartes Fleisch ideal für Ihre Diätzubereitung sein.

Größere Fleischstücke über 1 kg mit längeren Garzeiten erhalten auch im Mikrowellengerät eine natürliche Bräunung, wenn sie offen oder lose abgedeckt zubereitet werden.

In der Regel wählt man für Fleischgerichte die Stufe »Garen« mit 600–750 Watt. Die *Garzeiten:*

▷ für 500 g Fleisch ca. 10–12 Minuten
▷ für 1 kg Fleisch ca. 18–20 Minuten
▷ für 1,5 kg Fleisch ca. 28–30 Minuten.

In einigen Rezepten wird ein Anbraten auf der Garstufe und anschließendes Fortkochen mit der Stufe »Auftauen« (150–210 Watt) empfohlen. So breitet sich die Wärme langsam bis zum Kern aus und das Fleischstück wird gleichmäßig gar. Die niedrige Mikro-

1 Ein mageres Bratenstück wird gewürzt, mit einer dunklen Sauce (hier Sojasauce und Gewürze gemischt) bestrichen und mit Speckscheiben belegt.
2 Nach Ablauf der Garzeit ist das Gericht appetitlich gebräunt, und der Speck ist sogar knusprig geworden.

wellenzufuhr macht das Fleisch zudem zart, und es bleibt saftiger. Mit Mikrowelle zubereitet, garen Fleischgerichte somit 30–50% schneller im Vergleich zur konventionellen Kochmethode.

Geflügel und Wildgeflügel

Geflügelgerichte sind leicht verdaulich, wohlschmeckend, fettarm und meist auch preiswert. Die meisten Geflügelsorten sind zart und daher besonders gut für die Zubereitung im Mikrowellengerät geeignet. Sie können eine willkommene Abwechslung für Ihren Speiseplan darstellen. Besonders gedünstete Gerichte, wie z.B. Frikassee, Ragout, Risotto oder Geflügelteile in diversen Saucen, sind schnell und einfach auf der höchsten Leistungsstufe gegart.

Die Zubereitungszeiten im Mikrowellengerät sind kurz, daher entweicht nicht so viel Feuchtigkeit aus dem Geflügelfleisch, es bleibt deutlich saftiger als bei konventioneller Zubereitung. Vom Ergebnis werden Sie begeistert sein. Verwenden Sie doch auch einmal Putenfleisch. Es ist zart, sehr mager und vielfach preisgünstiger als Kalb- oder Rindfleisch. Im nachfolgenden Rezeptteil finden Sie einige raffinierte Vorschläge für die Zubereitung.

Praktische Hinweise

Waschen

Vor der Zubereitung Fleischstücke und Geflügel stets kalt abspülen, mit Küchenpapier trockentupfen (Geflügel erst jetzt zerteilen) und würzen.

Salzen

Verwenden sie immer nur wenig Salz. Salz nimmt viel Mikrowellen auf, es entstehen leicht angetrocknete Stellen.

Bräunung

Eine entsprechende Bräunung auch kleiner Fleischportionen erhält man, wenn Paprika, Curry, Pfeffer, Grillgewürze, Sojasauce, Eiklar (Eiweiß) oder Speckstreifen zum Bestreichen bzw. Belegen eingesetzt werden. Im vorgeheizten *Bräunungsgeschirr* (Geflügel mit der Hautseite nach unten einlegen) erhalten auch kleine Portionen eine gute Bräunung.

Wünschen Sie eine *starke Bräunung* mit viel Sauce, dann braten Sie das Fleischstück bzw. Geflügel auf der Kochplatte von allen Seiten gut an, gießen mit Flüssigkeit auf und lassen es anschließend im Mikrowellengerät fertiggaren. Für diese Zubereitungstechnik sind feuerfeste bzw. hitzebeständige Geschirre (Pyrex, Pyroflam) oder Töpfe bzw. Pfannen mit abnehmbarem Griff (Arcoflam) besonders praktisch, da man sie von der Kochplatte direkt ins Mikrowellengerät stellen kann und immer ein passender Deckel dazugehört.

Alufolie einsetzen

Bei ungleichmäßig geformten Fleischstücken, z. B. ein Rehrücken mit Knochen oder Flügel und Schenkel von Geflügel, decken Sie dünnere Teile anfangs mit etwas Alufolie ab, damit sie nicht übergaren.

Fleischroste

Fleischroste aus Kunststoff oder Porzellan, aber auch eine umgedrehte Untertasse, ins Bratgeschirr gelegt, verhindern, daß das Fleisch im eigenen Saft gart. Das ist besonders sinnvoll, wenn Sie einen etwas fetteren Braten, z. B. Schweinenacken, zubereiten.

Fleischthermometer

Empfehlenswert bei der Zubereitung von kompakten Bratenstücken ist der Einsatz eines Fleischthermometers. Entweder zum Gerät gehörend oder als Spezialzubehör eingesetzt, erlaubt es immer eine exakte Kontrolle der Innentemperatur.

Ruhen lassen, Anschneiden

Lassen Sie Braten und größere Geflügelteile vor dem Anschneiden stets 5–10 Minuten im Gerät oder in Alufolie ruhen. So verteilt sich der Fleischsaft gleichmäßig, läuft beim Anschneiden nicht heraus und das Fleisch bleibt saftig. In dieser Zeit können Sie aus dem Fond die Sauce zubereiten.

Achten Sie beim Anschneiden des Bratens immer darauf, daß sie quer zur Faser schneiden. Wird das Fleisch mit der Faser geschnitten, erscheint selbst das zarteste Stück hart und zäh.

TK-Geflügel

Achten Sie beim Kauf tiefgefrorener Ware immer darauf, daß die Verpackung unbeschädigt ist und sich darunter keine Schneebildung zeigt.

Geflügel sollte *vollkommen aufgetaut* sein, bevor Sie es zu einem Gericht weiterverarbeiten. Die Auftauzeiten entnehmen Sie bitte der Übersicht im Einbanddeckel dieses Buches.

Geflügelhaut

Bei der Zubereitung von Geflügel, vor allem kleiner Portionen, im Mikrowellengerät bildet sich *keine knusprige Haut*. Verwenden Sie daher Paprika, Curry, Pfeffer, Grillgewürze, Sojasauce, geschmacksneutralen Zuckercouleur oder Speckstreifen zum Bestreichen bzw. Belegen. Rotwein, Cognac oder Madeira geben den Saucen immer eine gute Färbung.

Raffiniert gefüllter Rollbraten   Foto

Portionen	4	
Einstellung	Garen	Fortkochen
Gesamtzeit	12–15 Min.	15–20 Min.
Geschirr	Halbhohes Geschirr aus Glas, Pyrex, Pyroflam oder Arcoflam	
kcal/kJ p. P.	ca. 586/2460	

1 kg Schweinenacken
(vom Metzger einschneiden
lassen)
½ TL Majoran
½ TL Zucker
1 Prise Zimt
1 Stange Lauch
1 Apfel
8 Backpflaumen ohne Stein
Salz
weißer Pfeffer aus der Mühle
1 Msp Ingwer
1 Bund Suppengrün
2 Zwiebeln
⅛ l Brühe
⅛ l Rotwein
2 EL Crème fraîche
1 gehäufter TL Speisestärke
½ EL Johannisbeergelee

Das Fleisch kalt abspülen und mit Küchenpapier trockentupfen. Als Scheibe aufklappen. Majoran, Zucker und Zimt mischen und das Fleisch damit auf der Innenseite einreiben. Lauch putzen, waschen, auf die Breite des Bratens kürzen und auflegen. Den Apfel schälen, halbieren, das Kerngehäuse entfernen und in feine Spalten schneiden. Backpflaumen abwechselnd mit den Apfelspalten auf dem Braten verteilen. Von der Seite her aufrollen und mit Küchengarn umwickeln. Würzen. In das Geschirr legen. Kleingeschnittenes Suppengrün und Zwiebeln zufügen. 12–15 Minuten auf der

Garstufe offen garen. Den Braten wenden und 15–20 Minuten fortkochen. Aus dem Gerät auf eine vorgewärmte Platte legen, mit Alufolie zudecken und 5 Minuten ruhen lassen. Den Bratenfond durchseihen, eventuell passieren. Brühe, Rotwein, Crème fraîche, Speisestärke und Johannisbeergelee zufügen und 2 Minuten aufkochen lassen. Den Braten tranchieren und mit etwas Sauce übergießen, die restliche Sauce separat dazu servieren.
Beilagen: Kräuterkartoffeln, gemischter Salat.

HINWEIS

Möchten Sie den Braten im *Bräunungsgeschirr* zubereiten, dann heizen Sie das Geschirr mit 2 EL Öl 5–6 Minuten vor, legen den Braten hinein und lassen ihn 6–8 Minuten auf der Garstufe anbraten. Dann wenden, Suppengrün und Zwiebel zufügen und die weiteren Garzeiten, wie im Rezept beschrieben, einstellen.

Schweine-rollbraten

Portionen	4	
Einstellung	Garen	Fortkochen
Gesamtzeit	25–30 Min.	15 Minuten
Geschirr	Halbhohes, offenes Geschirr aus Glas, Keramik, Pyrex oder Arcoflam	
kcal/kJ p. P.	ca. 435/1827	

1 kg Schweinerollbraten
Salz
gemahlener Kümmel
Majoran
weißer Pfeffer aus der Mühle
etwas Paprikapulver
¼ l Rotwein
2 TL Speisestärke
2 EL Sahne

Den Rollbraten kalt abspülen, mit Küchenpapier trockentupfen und kräftig würzen. Mit der fetten Seite nach unten in das Geschirr legen und 25–30 Minuten offen garen, wenden und 15 Minuten fortkochen. Aus dem Geschirr nehmen, in Alufolie einwickeln und ca. 5 Minuten ruhen lassen. Rotwein und Speisestärke und Sahne mischen, zum Bratenfond geben, 2 Minuten aufkochen und evtl. nochmals abschmecken. Den Braten tranchieren und die Sauce separat dazu servieren.
Beilagen: Weißbrotklöße, Rosenkohl.

Kasseler-Braten

Portionen	4	
Einstellung	Garen	Fortkochen
Gesamtzeit	12–15 Min.	14–16 Min.
Geschirr	Flaches Geschirr aus Pyrex, Keramik, Pyroflam oder Arcoflam	
kcal/kJ p. P.	ca. 425/1785	

800 g rohes Kasseler ohne Knochen
weißer Pfeffer aus der Mühle
1 Zwiebel
¼ l Orangensaft
¼ l Wasser
1 TL Speisestärke

Das Fleisch kalt abspülen und mit Küchenpapier trockentupfen. Die Fettschicht kreuzweise einschneiden. Den Braten pfeffern und mit der fetten Seite nach unten in das Geschirr legen. 12–15 Minuten offen garen, dann wenden. Die Zwiebel schälen, fein würfeln und zum Fleisch geben. Orangensaft mit Wasser mischen und etwas davon zum Fleisch geben. 14–16 Minuten auf der Fortkochstufe offen weitergaren. Den Braten aus dem Geschirr nehmen, in Alufolie einwickeln und ca. 5 Minuten ruhen lassen. Speisestärke in der restlichen Flüssigkeit anrühren, zum Bratenfond geben, 2 Minuten aufkochen lassen. Nochmals abschmecken. Das Kasseler aufschneiden und die Sauce separat dazu servieren.
Beilagen: Kartoffelpüree und Ananaskraut.

Schweinegulasch chinesisch   Foto
Chop Suey

Portionen	4	
Einstellung	Garen	Fortkochen
Gesamtzeit	12–15 Min.	10–12 Min.
Geschirr	Größeres Geschirr aus Glas, Keramik, Porzellan oder Kunststoff mit Deckel	
kcal/kJ p. P.	ca. 595/2510	

6–8 getrocknete chinesische Pilze
½ Tasse Weißwein
400 g Schweinenacken
2 Zwiebeln
1 Knoblauchzehe
2 EL Öl
3 EL Sojasauce
125 g Blumenkohlröschen
125 g tiefgefrorene Erbsen
125 g Bambussprossen
1 TL Ingwer
¼ l Brühe
1 EL trockener Sherry
1 TL Zucker
1 EL Speisestärke
Pfeffer aus der Mühle
Salz
Cayennepfeffer
Muskat
1 Prise Safran

Pilze in eine Tasse geben und, mit Wein bedeckt, einweichen lassen. Schweinefleisch in kleine, sehr dünne Streifen schneiden. Zwiebel und Knoblauch schälen, würfeln und mit dem Fleisch in das Gefäß geben. Öl darüberträufeln, Sojasauce zufügen. Offen 8–10 Minuten garen. Dabei mehrmals umrühren. Blumenkohlröschen gründlich waschen. Mit den Erbsen und Pilzen samt Wein zum Fleisch geben. Bambussprossen in feine Streifen schneiden und zum Fleisch geben, Ingwer darüberstreuen und offen 4–5 Minuten garen, dabei mehrfach umrühren. Mit Brühe aufgießen. Sherry, Zucker und Speisestärke verquirlen, unterrühren und ge-

schlossen 10–12 Minuten auf der Fortkochstufe fertiggaren. Mit den Gewürzen kräftig abschmecken.
Beilage: Butterreis.

Bratwürste fränkische Art

Portionen	2
Einstellung	Garen
Gesamtzeit	11–13 Minuten
Geschirr	Kleine Schüssel aus Glas, Porzellan, Kunststoff mit Deckel
kcal/kJ p. P.	ca. 235/987

2 Zwiebeln
1 Gewürzgurke
½ Tasse Essig
½ Tasse Wasser
5 Wacholderbeeren
½ TL Salz
1 Prise Zucker
Pfeffer aus der Mühle
4 rohe Bratwürste

Zwiebeln schälen, in Ringe schneiden und mit der halbierten Gewürzgurke in eine Schüssel geben. Essig, Wasser, Wacholderbeeren, Salz, Zucker und Pfeffer vermischen und zufügen. Zugedeckt 6–7 Minuten aufkochen lassen. Die rohen Bratwürste in den Sud einlegen und 5–6 Minuten weitergaren. Vor dem Servieren noch 1–2 Minuten ziehen lassen.
Beilage: Semmeln.

Schweineragout in Rotwein   *Foto*

Portionen	2
Einstellung	Garen
Gesamtzeit	12–17 Minuten
Geschirr	Gefäß aus Glas, Porzellan, Keramik oder Kunststoff mit Deckel
kcal/kJ p. P.	ca. 460/1932

300 g Schweinefleisch
Salz
Pfeffer aus der Mühle
Paprikapulver
1 EL Butter
50 g roher Schinken
⅛ l Rotwein
1 TL Tomatenmark
1 EL Speisestärke
⅛ l Brühe
1 EL Crème fraîche oder
2 EL saure Sahne

Schweinefleisch kalt abspülen, mit Küchenpapier trockentupfen und in Streifen schneiden, kräftig würzen. Butter im Geschirr 1–2 Minuten schmelzen, Fleisch zufügen und offen 6–8 Minuten garen. Dabei mehrmals umrühren. Gewürfelten Schinken zufügen. Rotwein mit Tomatenmark und Speisestärke verquirlen, zum Fleisch geben und umrühren. Mit Brühe aufgießen. 4–5 Minuten geschlossen weitergaren. Crème fraîche oder Sahne zufügen und nochmals 1–2 Minuten erhitzen.
Beilagen: Spinatnudeln, auch Spätzle oder Reis, Zigeunersalat.

DAS BESONDERE REZEPT

Gemüsegeschnetzeltes

Portionen	4
Einstellung	Garen
Gesamtzeit	20–25 Minuten
Geschirr	Größere Schüssel aus Glas, Keramik, Porzellan mit Deckel
kcal/kJ p.P.	ca. 720/3024

800 g Rinderfilet, 1 TL Öl
Salz, Paprikapulver
weißer Pfeffer aus der Mühle
1 Zwiebel, 125 g Möhren
2 rote und 2 grüne Paprikaschoten
2 EL Tomatenmark
50 ml Brühe

Das Rinderfilet kalt abspülen und mit Küchenpapier trockentupfen. In Würfel schneiden und in die Schüssel geben. Öl und Gewürze zufügen und umrühren. Offen 8–10 Minuten garen. In der Zwischenzeit Zwiebel schälen und in Ringe schneiden. Möhren putzen und ebenfalls in Scheiben schneiden. Paprikaschoten waschen, halbieren, von den Kernen befreien und in Streifen schneiden. Die Gemüsezutaten auf das Fleisch geben, Tomatenmark und Brühe zufügen, zugedeckt 12–15 Minuten weitergaren.
Beilagen: Tomatenreis, beliebiger Blattsalat.

HINWEIS

Möchten Sie das Gericht in *Bratfolie* zubereiten, so mischen Sie das Fleisch mit allen Gemüsebeigaben und füllen diese Mischung in die Folie. Die Enden mit Küchengarn verschließen, dann garen.

Schinken in Apfelwein

Portionen	4
Einstellung	Garen
Gesamtzeit	13–15 Minuten
Geschirr	Schüssel aus Glas, Porzellan, Keramik oder Kunststoff mit Deckel
kcal/kJ p.P.	ca. 665/2793

1 Zwiebel
1 EL Butter
¼ Sellerieknolle
2 Äpfel
25 g Butter
750 g gekochter Schinken
25 g Speisestärke
150 ml Hühnerbrühe
300 ml trockener Apfelwein (Cidre)
Pfeffer aus der Mühle

Zwiebel schälen, fein würfeln und mit 1 EL Butter in eine Schüssel geben. Offen 1–2 Minuten glasig dünsten. Sellerieknolle schälen und würfeln. Äpfel waschen, das Kerngehäuse ausstechen und in ½ cm dicke Scheiben schneiden. Beides gleichmäßig über die Zwiebelwürfel verteilen und zugedeckt 4–5 Minuten garen. 25 g Butter zugeben und umrühren. Schinken grob würfeln, im Gefäß verteilen und Speisestärke darüberstreuen. Offen 2–3 Minuten garen, dabei einmal umrühren. Mit Hühnerbrühe und Apfelwein auffüllen, mit Pfeffer kräftig würzen und 5–6 Minuten offen weitergaren, dabei mehrmals umrühren.
Beilagen: Kartoffelpüree, Brokkoli.

Schweinefilet »exotisch«

Portionen	2
Einstellung	Garen
Gesamtzeit	9–11 Minuten
Geschirr	Flaches Geschirr aus Glas, Porzellan, Keramik oder Kunststoff mit Deckel
kcal/kJ p. P.	ca. 500/2100

1 Schweinefilet,
ca. 300–350 g
1 TL Butter
weißer Pfeffer aus der Mühle
1 Prise Thymian
1 TL Sojasauce

Sauce
½ TL Salz
1 EL Speisestärke
5 EL Ananasstücke mit Saft
2 EL Cognac
1 EL Crème fraîche
½ TL Curry

Schweinefilet kalt abspülen und mit Küchenpapier gut trockentupfen. In das Geschirr legen. Butterflöckchen aufsetzen. Pfeffer und Thymian darüberstreuen und mit Sojasauce beträufeln. Geschlossen 5–6 Minuten garen. Alle Zutaten für die Sauce gut verrühren, zum Filet geben und 4–5 Minuten zugedeckt weitergaren. Das Schweinefilet aufschneiden und in der Sauce servieren.
Beilagen: Safranreis, Blattspinat.

Exotischer Filettopf

Portionen	2
Einstellung	Garen
Gesamtzeit	17–21 Minuten
Geschirr	Schüssel aus Glas, Porzellan, Keramik oder Kunststoff mit Deckel
kcal/kJ p. P.	ca. 640/2688

1 Zwiebel
3 EL Öl
1 Apfel
400 g Schweinefilet
Curry, Paprikapulver
weißer Pfeffer aus der Mühle
1 Msp Cayennepfeffer
⅛ l Sahne
⅛ l trockener Weißwein
Salz
1 EL Speisestärke
50 g Ananasstückchen

Zwiebel schälen, fein hakken und mit dem Öl in das Geschirr geben. 7–9 Minuten offen anrösten. Apfel schälen, würfeln und auf die Zwiebel geben. Schweinefilet kalt abspülen und mit Küchenpapier trockentupfen. In ½ cm dicke Scheiben schneiden, in das Geschirr geben und kräftig würzen. 5–6 Minuten zugedeckt garen. Sahne, Weißwein, Salz und Speisestärke verquirlen, zum Fleisch geben und umrühren. Abgetropfte Ananasstückchen zufügen und erneut 5–6 Minuten geschlossen weitergaren. Gut umrühren und nochmals abschmekken.
Beilagen: Curryreis, gemischter Salat.

Schweinefilets mit Pfefferrahmsauce

Portionen	4
Einstellung	Garen
Gesamtzeit	7–9 Minuten
Geschirr	Bräunungsgeschirr mit Deckel
kcal/kJ p. P.	ca. 510/2142

2 Schweinefilets, à 400 g
Salz
weißer Pfeffer aus der Mühle
2 EL Öl

Sauce
½ l Brühe
1 EL Speisestärke
2 EL grüner Pfeffer
2 EL Crème fraîche
1 Prise Zucker
Salz
weißer Pfeffer aus der Mühle

Das Bräunungsgeschirr offen 5–6 Minuten auf der Garstellung vorheizen. Inzwischen die Schweinefilets kalt abspülen, mit Küchenpapier trockentupfen und evtl. häuten. Würzen. Öl in das vorgeheizte Geschirr geben und die Filets offen von jeder Seite 2½–3 Minuten anbraten. In dieser Zeit alle Zutaten für die Sauce mischen. Die Filets herausnehmen und auf einer vorgewärmten Platte anrichten. Die Sauce in das Geschirr geben und zugedeckt 2–3 Minuten aufkochen lassen. Separat zum Fleisch servieren.
Beilagen: Salzkartoffeln, Chicorée gratiniert.

Schweinefilets im Wirsingmantel   Foto

Portionen	2
Einstellung	Garen
Gesamtzeit	14–16 Minuten
Geschirr	Hitzebeständiges Geschirr aus Pyrex, Pyroflamm oder Arcoflam
kcal/kJ p. P.	ca. 185/777

2 Schweinefilets, à 200 g
Pfeffer aus der Mühle
Paprikapulver
Curry
geriebene Muskatnuß
mittelscharfer Senf
etwas Bratenfett
4 große Wirsingblätter
¼ l Brühe
1 ½ EL Crème fraîche
1 EL Speisestärke

Schweinefilets kalt abspülen und mit Küchenpapier gut trockentupfen. Würzen und mit Senf bestreichen. Bratenfett im Geschirr auf der Kochplatte auslassen und die Schweinefilets rundum anbraten. Wirsingblätter waschen, in eine Porzellan- oder Glasschüssel geben und im Mikrowellengerät 3 Minuten zugedeckt vorgaren. Je zwei Wirsingblätter um die gebratenen Schweinefilets wickeln. Den Bratfond mit Brühe aufgießen, die Filets hineinlegen und zugedeckt im Mikrowellengerät 10–12 Minuten garen. Herausnehmen und auf einer Servierplatte anrichten. Crème fraîche mit Speisestärke verrühren und die Sauce damit binden. 1–2 Minuten aufkochen lassen, umrühren und abschmecken. Die Sauce separat zum Schweinefilet reichen.
Beilage: Butterkartoffeln.

Möhrencurry

Portionen	2
Einstellung	Garen
Gesamtzeit	15–19 Minuten
Geschirr	Größere Schüssel aus Glas, Porzellan, Keramik oder Kunststoff mit Deckel
kcal/kJ p. P.	ca. 315/1323

1 TL Butter
240 g Schweinenacken
1 Zwiebel
250 g Möhren
1 TL Sojasauce
1 EL Curry, ½ EL Mehl
¼ TL Pfeffer aus der Mühle
¼ TL Salz
1 Orange
1 EL Rosinen
1 TL körnige Hühnerbrühe
je 1 Prise Ingwer und Zimt

Butter in die Schüssel geben und 1 Minute schmelzen. Das Fleisch kalt abspülen und mit Küchenpapier gut trockentupfen. In Würfel schneiden, in das Geschirr geben und umrühren. Zugedeckt 5–6 Minuten garen. Zwiebel schälen und in Ringe, Möhren putzen und in feine Scheiben schneiden. Den Fleischfond in ein separates Gefäß abgießen, mit Sojasauce mischen und beiseite stellen. Curry, Mehl, Pfeffer und Salz zum Fleisch geben, umrühren und zugedeckt 8–10 Minuten weitergaren. In der Zwischenzeit die Orange schälen, filetieren und in Stücke schneiden. Mit den Rosinen zum Fleisch geben. Bratenfond und Hühnerbrühe zufügen und 1–2 Minuten erhitzen. Das Möhrencurry mit Ingwer und Zimt abschmecken und sofort servieren.
Beilagen: Brühreis, beliebiger frischer Salat.

DAS BESONDERE REZEPT

Schinken in Madeira

Portionen	4	
Einstellung	Garen	Fortkochen
Gesamtzeit	12–15 Min.	12–15 Min.
Geschirr	Schüssel aus Glas, Keramik, Porzellan oder Kunststoff mit Deckel	
kcal/kJ p. P.	ca. 625/2625	

800 g gekochter Schinken im Stück
weißer Pfeffer aus der Mühle
⅛ l Madeira

Den Schinken in eine Schüssel legen, pfeffern und mit Madeira übergießen. 12–15 Minuten garen, wenden und 12–15 Minuten fortkochen. In Scheiben schneiden, mit dem Fond übergießen und servieren.
Beilagen: Bouillonkartoffeln, Gemüseplatte.

VARIATION

Schinken in Bordeaux: Lassen Sie den Schinken in gut ⅛ l Bordeaux und ⅛ l Fleischbrühe mit weißem Pfeffer aus der Mühle und etwas frischem Thymian in der gleichen Zeit zugedeckt garen. Nach Belieben können Sie zusätzlich 100 g feingehackte frische Champignons oder Pfifferlinge hinzufügen. Verlängern Sie dann die Garzeit um 2–3 Minuten. Für die Saucenzubereitung den Schinken herausnehmen und auf eine vorgewärmte Platte geben. 1 EL Speisestärke mit 2 EL Crème fraîche glattrühren, zum Fond geben, einrühren und offen 2–2½ Minuten aufkochen lassen. Zwischendurch umrühren. Die Sauce separat zum Schinken servieren.

Gefüllte Kalbsrouladen

Portionen	4	
Einstellung	Garen	Fortkochen
Gesamtzeit	18–20 Min.	10–12 Min.
Geschirr	Großflächiges Geschirr aus Glas, Glaskeramik oder Porzellan mit Deckel	
kcal/kJ p. P.	ca. 275/1175	

4 dünne Kalbsschnitzel,
à 80–100 g
4 Scheiben gekochter
Schinken
150 g Hackfleisch
50 g Frischrahmkäse
Pfeffer aus der Mühle
Salz
¼ TL Knoblauchpulver
je ¼ TL Thymian und Salbei
2 EL Öl
200 g Möhren
100 g Silberzwiebeln
1 Lorbeerblatt
2 Nelken
¼ l Weißwein
2 TL Speisestärke
1 TL Crème fraîche

Fleischscheiben kalt abspülen und mit Küchenpapier trockentupfen. Mit je einer Scheibe Schinken belegen. Hackfleisch, Frischrahmkäse, Pfeffer und Salz mischen und auf die Fleischscheiben streichen. Seitlich einschlagen, aufrollen und mit Zahnstochern feststecken. Von allen Seiten gut würzen. Öl im Geschirr 5–6 Minuten erhitzen. Die Kalbsrouladen dazugeben und 5–6 Minuten auf der Garstufe offen anbraten. Dabei mehrmals wenden. Inzwischen Möhren waschen, putzen und in feine Scheiben schneiden. Zwiebeln abspülen und abtropfen lassen. Gemüse mit Lorbeerblatt und Nelken zum Kalbfleisch geben und 4–5 Minuten zugedeckt weitergaren. Weißwein, Speisestärke und Crème fraîche verrühren und beigeben. 2–3 Minuten zuge-

deckt aufkochen, dann 10–12 Minuten fortkochen lassen. Vor dem Servieren die Zahnstocher entfernen. *Beilagen:* Curryreis und Blattspinat.

Gedünstete Kalbsleber mit Äpfeln

Portionen	2
Einstellung	Garen
Gesamtzeit	10–13 Minuten
Geschirr	Flaches Geschirr aus Porzellan, Glas oder Kunststoff mit Deckel
kcal/kJ p. P.	ca. 220/924

2 Zwiebeln
1 EL Öl
2 Scheiben Kalbsleber,
à 125 g
Mehl
2 Äpfel
Zitronensaft
Salz
weißer Pfeffer aus der Mühle

Zwiebeln schälen, in feine Ringe schneiden und mit dem Öl 2–3 Minuten offen andünsten. Inzwischen die Leber häuten, kalt abspülen und mit Küchenpapier trockentupfen. In Mehl wenden und auf die Zwiebelringe geben. Äpfel schälen, das Kerngehäuse entfernen, in dünne Scheiben schneiden und mit Zitronensaft beträufeln. Apfelscheiben auf der Leber verteilen und geschlossen 4–5 Minuten dünsten. Vorsichtig wenden und weitere 4–5 Minuten offen weitergaren. Mit Salz und Pfeffer gewürzt servieren. *Beilagen:* Kartoffelpüree, Burgundersauce.

DAS BESONDERE REZEPT

Kalbsrahmgulasch

Portionen	2	
Einstellung	Garen	Fortkochen
Gesamtzeit	11–15 Min.	10–12 Min.
Geschirr	Schüssel aus Glas, Porzellan, Keramik oder Kunststoff mit Deckel	
kcal/kJ p. P.	ca. 200/840	

2 EL Butter, 300 g Kalbfleisch
Salz, Pfeffer aus der Mühle, Paprikapulver

Sauce
4 EL süße Sahne, 2 EL Sherry, ¼ l trockener Weißwein
Salz, Pfeffer, 2 gehäufte TL Speisestärke

Butter in die Schüssel geben und in 1–2 Minuten auslassen. Kalbfleisch kalt abspülen und mit Küchenpapier trockentupfen, würfeln und würzen. In das Geschirr geben, umrühren und offen 8–10 Minuten garen, dabei zweimal umrühren.
Für die Sauce alle Zutaten mischen, zum Fleisch geben, geschlossen 2–3 Minuten garen und 10–12 Minuten fortkochen, dabei einmal umrühren.
Beilagen: Kartoffelpüree, Balkangemüse.

HINWEIS

Möchten Sie anstelle der Sauce ein Fix-Produkt einsetzen, verrühren Sie es mit heißer Flüssigkeit (Wasser, Wein), geben das gewürzte Fleisch hinzu und lassen die Mischung ca. 10 Minuten ziehen. Die Garzeit beträgt dann nur noch 8–10 Minuten.

Roastbeef englische Art

Portionen	4
Einstellung	Garen
Gesamtzeit	21–25 Minuten
Geschirr	Bräunungsgeschirr
kcal/kJ p. P.	ca. 150/630

1 kg Roastbeef
geschroteter Pfeffer aus der Mühle
1–2 EL Öl

Das Fleisch kalt abspülen und mit Küchenpapier sehr gut trockentupfen. Von allen Seiten gut pfeffern und mit Öl bestreichen. Das Bräunungsgeschirr 6–8 Minuten auf der Garstufe vorheizen, das Roastbeef hineinlegen und auf der ersten Seiten 7–8 Minuten garen. Wenden und die zweite Seite 8–9 Minuten weitergaren. Vor dem Anschneiden noch ca. 5 Minuten im Geschirr ruhen lassen. Das Roastbeef ist dann innen sehr schön rosa.
Beilagen: Salz- oder Pellkartoffeln, Gemüse, helle Sauce.

HINWEIS

Zum Roastbeef paßt eine Kapernsauce (Rezept Seite 52), oder servieren Sie es mit einem kräftigen Selleriesalat.
Das Roastbeef können Sie natürlich auch kalt aufgeschnitten mit einer herzhaften Remouladensauce servieren.

Filetragout »Stroganoff«

Portionen	4
Einstellung	Garen
Gesamtzeit	13–15 Minuten
Geschirr	Schüssel aus Glas, Porzellan, Keramik mit Deckel
kcal/kJ p. P.	ca. 330/1395

50 g Butter
1 TL Tomatenmark
1 große Zwiebel
1 Gewürzgurke
175 g frische Pilze (Champignons, Pfifferlinge)
750 g Rinderfilet in feinen Streifen oder Würfeln
150 ml trockener Weißwein
1 EL Speisestärke
Salz
weißer Pfeffer aus der Mühle
50 ml süße Sahne
½ TL mittelscharfer Senf
1 TL Zitronensaft
frische Petersilie

Butter, Tomatenmark, feingewürfelte Zwiebel und Gewürzgurke, geputzte und blättrig geschnittene Pilze in das Geschirr geben und 5–6 Minuten geschlossen garen. Rinderfilet zufügen und 6–7 Minuten weitergaren. Weißwein, Speisestärke, Salz und Pfeffer, Sahne, Senf und Zitronensaft verquirlen und zum Fleisch geben. Offen 2–3 Minuten garen, dabei ein- bis zweimal umrühren. Vor dem Servieren nochmals abschmecken und mit kleingehackter Petersilie bestreuen.
Beilagen: Brokkoli-Kartoffel-Medaillons.

Rinderfilet chinesische Art

Portionen	4
Einstellung	Garen
Gesamtzeit	16–19 Minuten
Geschirr	Größere Schüssel aus Glas, Porzellan, Keramik oder Kunststoff mit Deckel
kcal/kJ p. P.	ca. 495/2079

2 kleine Zwiebeln
1 rote Paprikaschote
1 Knoblauchzehe
1 TL Sesamöl
600 g Rinderlende
100 g frische Champignons
½ TL gemahlener Ingwer
je ¼ TL gemahlener Kümmel und Muskatnuß
½ TL gemischte Kräuter
1 gehäufter EL Speisestärke
1 EL Zitronensaft
50 ml trockener Sherry
175 ml Brühe
1 TL Worcestersauce
1 TL Sojasauce
schwarzer Pfeffer aus der Mühle, Salz
275 g Sojabohnensprossen

Zwiebeln schälen und fein würfeln. Paprikaschote waschen, halbieren, von den Kernen befreien und in feine Streifen schneiden. Knoblauchzehe zerdrücken. Gemüsezutaten mit dem Sesamöl in das Geschirr geben und offen 5–6 Minuten andünsten. Rinderlende und Champignons in sehr feine Scheiben schneiden, auf das Gemüse legen und würzen. Zugedeckt 3–4 Minuten garen. Speisestärke, Zitronensaft, Sherry, Brühe, Worcester- und Sojasauce, Pfeffer und Salz verrühren, zum Fleisch geben und unterrühren. 4 Minuten geschlossen garen. Sojabohnensprossen waschen, gut abtropfen lassen und zufügen. 4–5 Minuten geschlossen weitergaren.
Beilage: Safran- oder Curryreis.

Saftige Rumpsteaks

Foto

Portionen	2
Einstellung	Garen
Gesamtzeit	10–12 Minuten
Geschirr	Bräunungsgeschirr
kcal/kJ p. P.	ca. 240/1008

2 Rumpsteaks, à 200 g
schwarzer Pfeffer aus der Mühle
2–3 EL Cognac
Salz
2 Tomatenscheiben
Rosmarinzweige

Die Rumpsteaks kurz kalt abspülen, mit Küchenpapier sehr gut trockentupfen und pfeffern. Das Bräunungsgeschirr leer für 6–7 Minuten auf der Garstufe vorheizen, die Steaks hineingeben und leicht andrücken. Jede Seite 2–2 ½ Minuten garen. Das Geschirr herausnehmen. Die Steaks mit Cognac beträufeln und noch ca. 2 Minuten ruhen lassen. Salzen. Mit Tomatenscheiben und Rosmarinzweigen garniert servieren.
Beilagen: Kartoffelpüree oder gebackene Kartoffeln, Rosenkohl.

DAS BESONDERE REZEPT

Königsberger Klopse »Fischerart«

Portionen	4	
Einstellung	Garen	Fortkochen
Gesamtzeit	10–13 Min.	4–5 Min.
Geschirr	Schüssel aus Glas, Porzellan, Keramik oder Kunststoff mit Deckel	
kcal/kJ p. P.	ca. 410/1722	

Hackfleischteig
500 g gemischtes Hackfleisch
25 g Semmelbrösel
1 Zwiebel, 1 Ei
Salz, weißer Pfeffer aus der Mühle

Sauce
¼ l Brühe
⅛ l trockener Weißwein
150 g Krabben
2 EL Crème fraîche
2 TL Speisestärke
Salz, weißer Pfeffer aus der Mühle

Hackfleisch, Semmelbrösel, geschälte und gehackte Zwiebel, Ei und Gewürze zu einem geschmeidigen Teig verarbeiten. Dazu am einfachsten den elektrischen Handquirl mit Knethaken oder die Küchenmaschine einsetzen. Brühe in das Gefäß geben und 3–4 Minuten geschlossen erhitzen. Aus dem Hackfleischteig kleine Klopse formen, in die heiße Brühe legen und 5–6 Minuten garen. Aus der Brühe nehmen, auf einen Teller legen und mit Alufolie zudecken. Weißwein und abgetropfte Krabben zur Brühe geben. Crème fraîche mit Speisestärke glattrühren und mit Salz und Pfeffer zufügen. 2–3 Minuten aufkochen lassen, dabei zweimal gut umrühren. Die Fleischbällchen wieder in die Sauce legen und auf der Fortkochstufe 4–5 Minuten ziehen lassen.
Beilagen: Kartoffelpüree oder Reis, gemischter Salat.

Chili con carne

Portionen	4
Einstellung	Garen
Gesamtzeit	16–20 Minuten
Geschirr	Größere Schüssel aus Glas, Porzellan, Glaskeramik mit Deckel
kcal/kJ p. P.	ca. 440/1875

1 grüne Paprikaschote
1 große Zwiebel
1 Knoblauchzehe
2 TL Tomatenmark
25 g Butter
40 g Mehl
je ½ TL gemahlener Origano und Kümmel
½ TL Cayennepfeffer
1 TL mittelscharfer Senf
450 g geschälte Tomaten
450 g Rinderhackfleisch
je 200 g rote und weiße Bohnen (vorgekocht oder Dosenware)
Salz
schwarzer Pfeffer aus der Mühle
Tabasco
Cayennepfeffer

Paprikaschote waschen, halbieren, von den Kernen befreien und klein schneiden. Zwiebel schälen und fein würfeln. Knoblauchzehe zerdrücken. Gemüsezutaten und Tomatenmark in das Geschirr geben. Zugedeckt 3–4 Minuten andünsten. Butter, Mehl, Gewürze, Senf, Tomaten und Hackfleisch zufügen. 8–10 Minuten offen weitergaren. Dabei zwei- bis dreimal das Hackfleisch mit Hilfe einer Gabel lockern. Abgetropfte Bohnen zufügen, würzen und 5–6 Minuten geschlossen weitergaren. Mit einigen Tropfen Tabasco und Cayennepfeffer abschmecken.
Beilage: Stangenweißbrot.

Südländischer Spinat-Hackbraten

Portionen	4
Einstellung	Garen
Gesamtzeit	37–43 Minuten
Geschirr	2 kleinere Schüsseln aus Glas, Porzellan, Kunststoff mit Deckel, 1 hitzebeständige Form
kcal/kJ p. P.	ca. 675/2835

100 g Parboiled-
Langkornreis
150 ml Brühe
400 g frischer Spinat oder
1 Paket tiefgefrorener
Blattspinat
2 EL Öl
1 Knoblauchzehe
½ TL weißer Pfeffer aus der
Mühle

Hackfleischteig
500 g gemischtes Hackfleisch
2 Eier
1 gehackte Zwiebel
2 TL weißer Pfeffer aus der
Mühle
½ TL Salz
Muskat
60 g Frischkäse
20 g Pinienkerne
½ TL mittelscharfer Senf

Langkornreis mit Brühe in eine Schüssel geben und 12–14 Minuten geschlossen garen. Frischen Spinat verlesen, gründlich waschen und tropfnaß in eine zweite Schüssel geben (tiefgefrorenen Blattspinat aus der Packung nehmen), Öl, gepreßten Knoblauch und Pfeffer zufügen. 6–8 Minuten geschlossen garen. In der Zwischenzeit den Hackfleischteig vorbereiten. Dazu alle angegebenen Zutaten in eine Rührschüssel geben und am einfachsten mit dem elektrischen Handquirl mit Knethaken oder in der Küchenmaschine gut vermischen. Den fertiggegarten Spinat abgießen und zufügen. Den vorbereiteten Reis ebenfalls zugeben. Erneut

alle Zutaten gut verkneten. Den Hackfleischteig mit nassen Händen zu einem flachen Laib formen und in die Auflaufform legen. Offen 19–21 Minuten garen. *Beilagen:* Bandnudeln, gedünsteter Fenchel.

Hackfleischbällchen in Tomatensauce

Portionen	4	
Einstellung	Garen	Fortkochen
Gesamtzeit	13–17 Min.	8–10 Min.
Geschirr	Schüssel aus Glas, Porzellan, Keramik oder Kunststoff mit Deckel	
kcal/kJ p. P.	ca. 380/1596	

Hackfleischteig
450 g Rinderhackfleisch
25–30 g Semmelbrösel
1 Zwiebel
1 TL Kräuter der Provence
1 TL Tomatenmark
Salz
Pfeffer aus der Mühle
1 Ei

Sauce
40 g Butter
250 g Tomaten
1 TL Tomatenmark
40 g Mehl
400 ml Brühe
Salz
Pfeffer aus der Mühle
frische Petersilie
1 TL grüner Pfeffer

Hackfleisch, Semmelbrösel, geschälte und feingewürfelte Zwiebel, Kräuter der Provence, Tomatenmark, Salz, Pfeffer und Ei zu einer geschmeidigen Masse verarbeiten. Dazu am einfachsten den elektrischen Handquirl mit Knethaken oder die Küchenmaschine einsetzen. Mit nassen Händen 12–16 Fleischbällchen formen, auf einen Porzellanteller legen und 2–3 Minuten offen garen, wenden und weitere 2–3 Minuten garen.

Butter, geschälte und durchpassierte Tomaten und Tomatenmark in die Schüssel geben. Zugedeckt 4–5 Minuten aufkochen lassen. Dabei einmal umrühren. Mehl, Brühe und Gewürze zufügen und 5–6 Minuten geschlossen weiterkochen lassen. Fleischbällchen zufügen, umrühren und 8–10 Minuten auf der Fortkochstufe ziehen lassen. Mit frischer, gehackter Petersilie und etwas grünem Pfeffer bestreut servieren. *Beilagen:* Beliebige Nudeln, geriebener Parmesan zum Bestreuen und grüner Salat.

Hackbraten in Rotweinsauce

Portionen	4
Einstellung	Garen
Gesamtzeit	21–24 Minuten
Geschirr	Flaches, hitzebeständiges Geschirr bzw. Römertopf
kcal/kJ p. P.	ca. 510/2142

500 g gemischtes Hackfleisch
1 altbackene Semmel
1 Zwiebel
1 Ei
Salz
Pfeffer aus der Mühle
Thymian
Muskat
Knoblauchsalz
Origano
Paprikapulver
½ TL Senf
5–6 EL Milch
1 Bund Petersilie
1 TL Tomatenmark
⅛ l Rotwein
2 EL saure Sahne

Hackfleisch, in Wasser eingeweichte und gut ausgedrückte Semmel, geschälte und feingewürfelte Zwiebel, Ei, Gewürze, Senf und Milch in eine Rührschüssel geben. Petersilie fein hak-

ken. Zusammen mit dem Tomatenmark zur Hackfleischmasse geben und gut durchkneten. Dazu am einfachsten den elektrischen Handquirl mit Knethaken oder die Küchenmaschine einsetzen. Den Teig mit nassen Händen zu einem flachen Laib formen und in das Geschirr (Römertopf vor dem Einsatz 8–10 Minuten wässern) legen. Offen 20–22 Minuten garen. Aus dem Geschirr nehmen, auf eine vorgewärmte Platte legen. Den Fond mit Rotwein auffüllen und saure Sahne dazugeben, umrühren und 1–2 Minuten aufkochen lassen. *Beilagen:* Salzkartoffeln, grüner Salat.

HINWEIS

Sie können den Hackfleischteig auch mit einer Fertigmischung anrühren. Auch diesem Teig wird Tomatenmark zugefügt. Die Garzeit bleibt gleich.

Hackfleischröllchen in Weinblättern

Foto

Portionen	4	
Einstellung	Garen	Fortkochen
Gesamtzeit	7–8 Min.	10–12 Min.
Geschirr	Größeres, flaches Geschirr aus Glas, Porzellan, Keramik mit Deckel	
kcal/kJ p. P.	ca. 320/1344	

Hackfleischteig

450 g Rinderhackfleisch
25–30 g Semmelbrösel
1 Zwiebel
1 TL gemischte Kräuter
Salz
Pfeffer aus der Mühle
Paprikapulver
Muskat
½ TL scharfer Senf
Knoblauchsalz
1 TL Tomatenmark
1 Ei
12 oder 24 naturell eingelegte Weinblätter (je nach Größe)
⅛ l Brühe
⅛ l trockener Weißwein
2 EL Crème fraîche
1 EL Speisestärke
Salz
Pfeffer aus der Mühle
frischer Dill

Aus den angegebenen Zutaten einen geschmeidigen Fleischteig arbeiten. Dazu am einfachsten den elektrischen Handquirl mit Knethaken oder die Küchenmaschine einsetzen. Weinblätter abtropfen lassen, auf Küchenpapier legen (12 kleine Portionen vorbereiten) und den Hackfleischteig gleichmäßig darauf verteilen. An den Seiten einschlagen und fest aufrollen, evtl. mit Zahnstochern festhalten. Brühe und Weißwein im Geschirr mischen. Die gefüllten Weinblätter einlegen und geschlossen 7–8 Minuten garen, dann 10–12 Minuten fortkochen. Die Weinblätter auf einer vorgewärmten Platte anrichten und mit Alufolie abdecken. Crème fraîche mit Speisestärke mischen, in den Fond einrühren und 1–2 Minuten aufkochen lassen. Abschmecken und mit Dill bestreuen.
Beilagen: Butterreis, Tomatensalat.

HINWEIS

Die gefüllten Weinblätter schmecken auch als kalte Vorspeise sehr gut. Dann Knoblauchbrot dazu reichen.

VARIATION

Wer es eilig hat, kann anstelle des Hackfleischteiges auch tiefgefrorene Balkan-Röllchen verwenden. Diese werden 2–3 Minuten in der Verpackung angetaut, halbiert und auf die vorbereiteten Weinblätter gelegt. Die Zubereitungszeit verkürzt sich dann auf 5–6 Minuten Garen und 6–8 Minuten Fortkochen. Die Zutatenkombination bleibt gleich.

Frikadellen

Portionen	3
Einstellung	Garen
Gesamtzeit	10–13 Minuten
Geschirr	Bräunungsgeschirr
kcal/kJ p. P.	ca. 415/1745

350 g gemischtes Hackfleisch
20 g Semmelbrösel
1 Zwiebel, gewürfelt
1 Ei
3–4 EL Milch
Salz
Pfeffer aus der Mühle
Muskat
Majoran
etwas Zitronensaft
Paprikapulver
½ TL Senf
1 EL Öl zum Garen

Aus den angegebenen Zutaten mit dem elektrischen Handquirl mit Knethaken oder in der Küchenmaschine einen geschmeidigen Teig herstellen. Den Fleischteig in 3 Portionen teilen und mit nassen Händen daraus Frikadellen formen. Das Bräunungsgeschirr 4–5 Minuten vorheizen, Öl hineingeben, die Frikadellen auflegen und von jeder Seite 3–4 Minuten garen, dann 1–2 Minuten ruhen lassen.
Beilagen: Salzkartoffeln oder Butterreis, Vichy-Karotten.

Hase in Weinsauce

Portionen	4	
Einstellung	Garen	Fortkochen
Gesamtzeit	8–11 Min.	14–16 Min.
Geschirr	Schüssel aus Glas, Porzellan, Keramik oder Kunststoff mit Deckel	
kcal/kJ p. P.	ca. 400/1680	

600 g Hasenfleisch ohne Knochen
1 Zwiebel
2 EL Öl
1 TL Paprika edelsüß
Salz
⅛ l trockener Weißwein
2 EL Mehl
5 EL Wasser
1 TL Thymian
1 EL Zitronensaft
2 EL Milch
je 2 EL Sahne und Weißwein

Das Fleisch kalt abspülen und mit Küchenpapier trockentupfen, in größere Stücke teilen und in eine Schüssel legen. Zwiebel schälen, fein würfeln und mit Öl, Paprika und Salz zum Fleisch geben. 3–4 Minuten geschlossen garen, dann 14–16 Minuten fortkochen. Zwischendurch einmal umrühren. Weißwein zufügen. Mehl und Wasser glattrühren, mit Thymian und Zitronensaft zum Fleisch geben. 4–5 Minuten weitergaren. Milch, Sahne und Weißwein einrühren, abschmecken und 1–2 Minuten aufkochen lassen.
Beilagen: Weißbrotklöße, Rosenkohl.

Wildhasenfilet in Preiselbeercreme

Portionen	2
Einstellung	Garen
Gesamtzeit	16–21 Minuten
Geschirr	Halbhohes, hitzebeständiges Geschirr aus Glas oder Glaskeramik mit Deckel
kcal/kJ p. P.	ca. 495/2079

2 Zwiebeln
50 g durchwachsener Speck
1 Wildhasenfilet von ca. 450 g
Paprikapulver
Salz
weißer Pfeffer aus der Mühle

Preiselbeercreme
150 ml Crème fraîche
1 EL Tomatenmark
2 EL Johannisbeergelee
⅛ l trockener Rotwein

Die Zwiebeln schälen. Speck und Zwiebeln würfeln, in das Geschirr geben und offen 5–7 Minuten garen, dabei zweimal umrühren (der Speck sollte nach Ablauf der Garzeit knusprig braun sein). Das Wildhasenfilet kalt abspülen, mit Küchenpapier gut trockentupfen, kräftig würzen und auf die Speck-Zwiebel-Mischung legen. Offen 3–4 Minuten garen, dann wenden. Inzwischen alle Zutaten für die Preiselbeercreme verrühren und gleichmäßig über das Filet verteilen, 8–10 Minuten zugedeckt garen. Das Wildhasenfilet aufschneiden und in der Sauce servieren.
Beilagen: Kartoffelpüree, frische Champignons.

Lammgulasch in Weinsauce

Portionen	2	
Einstellung	Garen	Fortkochen
Gesamtzeit	11–13 Min.	8–10 Min.
Geschirr	Schüssel aus Glas, Porzellan, Keramik oder Kunststoff mit Deckel	
kcal/kJ p. P.	ca. 375/1575	

2 Zwiebeln
2–3 EL Öl
400 g Lammfleisch ohne Knochen
Salz
weißer Pfeffer aus der Mühle
Thymian
Origano
Knoblauchpulver
etwas Mehl
⅛ l Rotwein
1 EL Zitronensaft
1 gestrichener TL Speisestärke

Zwiebeln schälen und achteln. Öl mit Zwiebeln im Geschirr offen 7–8 Minuten anrösten. Dabei zwei- bis dreimal umrühren. Das gewürfelte Lammfleisch zufügen, würzen und mit Mehl bestäuben. 4–5 Minuten offen weitergaren, dabei mehrmals umrühren. Rotwein, Zitronensaft und Speisestärke mischen, zum Lammfleisch geben und zugedeckt 8–10 Minuten fortkochen.
Beilagen: Nudeln, Ratatouille.

Marinierte Lammschulter

Portionen	2	
Einstellung	Garen	Fortkochen
Gesamtzeit	8–10 Min.	18–20 Min.
Geschirr	Flaches Geschirr aus Glas, Keramik, Porzellan oder Kunststoff mit Deckel	
kcal/kJ p. P.	ca. 815/3423	

1 Zwiebel
1 Knoblauchzehe
Salz
2 EL Joghurt
1 EL Weißwein
Saft von ½ Zitrone
1 EL scharfer Senf
2–3 EL gemischte, gehackte Kräuter (frisch oder tiefgefroren)
1 EL Öl
500 g Lammschulter ohne Knochen

Zwiebel schälen und fein hacken. Knoblauchzehe mit Salz zerdrücken. Mit Joghurt, Wein, Zitronensaft, Senf, Kräutern und Öl zu einer Marinade verrühren. Das Fleisch mit der Marinade bestreichen, in Alufolie einwickeln und 3–4 Stunden durchziehen lassen. Die Lammschulter in das Geschirr geben, offen 8–10 Minuten garen und zugedeckt 18–20 Minuten fortkochen.
Beilagen: Curryreis, Bohnentopf.

Farikol
Norwegischer Lammtopf

Portionen	4
Einstellung	Garen
Gesamtzeit	40–50 Minuten
Geschirr	Größeres Geschirr aus Glas, Porzellan, Glaskeramik oder Kunststoff mit Deckel
kcal/kJ p. P.	ca. 670/2814

800 g Lammschulter ohne Knochen
1,2 kg Weißkohl
Pfefferkörner
2 EL Mehl
200 ml Brühe
weißer Pfeffer, Salz

Lammfleisch kalt abspülen, mit Küchenpapier trockentupfen und in 8 Scheiben zerteilen. Weißkohl in große Stücke schneiden, waschen, abtropfen lassen und ⅓ davon in das Geschirr geben. 1 EL Mehl darüberstreuen, einige Pfefferkörner einstreuen und 4 Lammstücke auflegen. Erneut ⅓ Weißkohl einschichten, mit Mehl bestäuben, Pfefferkörner zufügen und die restlichen Lammstücke auflegen. Mit einer Schicht Weißkohl abschließen. Gewürzte Brühe darübergießen und zugedeckt 45–50 Minuten garen.
Beilage: Salzkartoffeln.

Feines Hühnerfrikassee

Foto

Portionen	4
Einstellung	Garen
Gesamtzeit	28–35 Minuten
Geschirr	Flaches Geschirr aus Glas, Porzellan, Keramik oder Kunststoff mit Deckel
kcal/kJ p. P.	ca. 520/2180

1 Poularde von ca. 1,2 kg
1 Tasse Wasser, 1 TL Salz

Sauce
3 gehäufte EL Speisestärke
1 EL weiche Butter
¼ l Brühe
⅛ l trockener Weißwein
⅛ l Sahne
1 gestrichener TL Salz
2 TL Curry
2 TL Zucker
Saft von ½ Zitrone

1 kleine Dose Spargelabschnitte (ca. 175 g)
100 g Ananasstücke
1 Möhre
100 g Erbsen
1 Eigelb
3 EL Crème fraîche

Die Poularde waschen, mit Küchenpapier gut trockentupfen und vierteln. Mit Wasser und Salz 16–20 Minuten zugedeckt garen. In der Zwischenzeit die Sauce vorbereiten: Speisestärke, weiche Butter, Brühe, Weißwein, Sahne, Salz, Curry, Zucker und Zitronensaft verquirlen. Hierfür am einfachsten den elektrischen Handquirl mit Schlägern oder die Küchenmaschine einsetzen. Das Fleisch aus dem Geschirr nehmen, auf einem Teller abkühlen lassen und die Brühe abgießen. Nun die Sauce in das Geschirr geben und geschlossen 6–7 Minuten garen. Dabei mehrmals umrühren. Die Poularde häuten, entbeinen und das Fleisch in Würfel schneiden. Abgetropfte, in kleine Stückchen zerteilte Spargelabschnitte und Ananasstückchen mit dem Geflügelfleisch zur Sauce geben. Die Möhre schälen und würfeln. Erbsen waschen und abtropfen lassen. Beides unterrühren. Geschlossen 6–8 Minuten aufkochen lassen. Eigelb mit Crème fraîche verquirlen und das Frikassee damit legieren.
Beilagen: Reisrand, Salat.

Hähnchenkeulen italienische Art

Portionen	2	
Einstellung	Garen	Fortkochen
Gesamtzeit	12–15 Min.	8–10 Min.
Geschirr	Flaches Geschirr aus Glas, Keramik, Porzellan oder Kunststoff mit Deckel	
kcal/kJ p. P.	ca. 450/1890	

4 Hähnchenkeulen,
à 200–250 g
je 1 EL Öl und Zitronensaft
Salz
Pfeffer aus der Mühle
3 Schalotten
½ Bund Petersilie
6 Salbeiblätter
etwas Origano und
Rosmarin
1 EL Öl
1 EL Speisestärke
⅛ l Brühe
⅛ l trockener Weißwein
1 Scheibe gekochter Schinken

Hähnchenkeulen kalt abspülen, mit Küchenpapier trockentupfen und die Haut abziehen. Das Fleisch mit Öl, Zitronensaft, Salz und Pfeffer einreiben. Geschälte Schalotten, Petersilie und Gewürze fein hacken. Mit 1 EL Öl und der Speisestärke mischen, in das Geschirr geben, die vorbereiteten Hähnchenkeulen auflegen und 8–10 Minuten geschlossen garen. Zwischendurch einmal wenden. Die Hähnchenkeulen herausnehmen, Brühe und Weißwein mit einem Schneebesen unterrühren, mit Salz und Pfeffer würzen und den feingewürfelten Schinken dazugeben. Die Keulen wieder in die Sauce legen, 4–5 Minuten zugedeckt weitergaren, dann 8–10 Minuten auf der Fortkochstufe (150–240 Watt) ziehen lassen.
Beilagen: Gnocchi, gemischter Salat.

Geflügelleber-ragout

Portionen	2
Einstellung	Garen
Gesamtzeit	10–14 Minuten
Geschirr	Größeres, flaches Geschirr aus Glas, Porzellan, Keramik oder Kunststoff mit Deckel
kcal/kJ p. P.	ca. 290/1218

1 Zwiebel
1 EL Butter
250 g Hühner- oder
Putenleber
2 TL Speisestärke
Salz
weißer Pfeffer aus der Mühle
Curry
2 EL Ananasstückchen
⅛ l Ananassaft

Zwiebel schälen, fein würfeln und mit der Butter 3–4 Minuten im Geschirr offen glasig dünsten. Die gesäuberte Leber in kleinere Stücke zerteilen und in das Geschirr geben. Umrühren. 1 TL Speisestärke darüberstreuen. Geschlossen 2–3 Minuten garen, dann umrühren und erneut 1 TL Speisestärke einstreuen. 2–3 Minuten weitergaren. Mit Salz, Pfeffer und Curry kräftig abschmecken. Ananasstückchen und -saft zufügen. 3–4 Minuten zugedeckt weitergaren. Vor dem Servieren gut umrühren.
Beilagen: Reisrand, Tomatensalat.

Hähnchentopf »Marengo«

Portionen	4
Einstellung	Garen
Gesamtzeit	18–24 Minuten
Geschirr	Größere Schüssel aus Glas, Porzellan, Keramik oder Kunststoff mit Deckel
kcal/kJ p. P.	ca. 375/1575

1 Zwiebel
1 EL Butter
1 Hähnchen von ca. 1 kg
6 Tomaten
175 g frische Champignons
2 TL Tomatenmark
1 Knoblauchzehe
je ½ TL Rosmarin und
Salbei
25 g Butter in Flöckchen
⅛ l Hühnerbrühe
⅛ l Marsala
Salz
Pfeffer aus der Mühle
Paprikapulver
25 g Speisestärke
2 EL Crème fraîche

Zwiebel schälen und würfeln. Mit der Butter offen im Geschirr 1–2 Minuten glasig dünsten. Hähnchen gründlich waschen, vierteln, die Haut abziehen und in das Geschirr legen. Zugedeckt 4–6 Minuten garen. Tomaten mit heißem Wasser übergießen, abziehen und klein würfeln. Champignons putzen und blättrig schneiden. Die Gemüsezutaten mit dem Tomatenmark, der zerdrückten Knoblauchzehe, Rosmarin und Salbei mischen und auf dem Hähnchenfleisch verteilen. Butterflöckchen aufsetzen. Mit Hühnerbrühe und Marsala auffüllen, würzen und geschlossen 12–14 Minuten garen. Speisestärke und Crème fraîche mischen, einrühren und offen 1–2 Minuten zum Binden weitergaren.
Beilagen: Butterreis, gemischter Salat.

Coq au vin
Hähnchen in Rotwein

Portionen	4	
Einstellung	Garen	Fortkochen
Gesamtzeit	19–26 Min.	10–12 Min.
Geschirr	Größere Schüssel aus Glas, Porzellan, Keramik oder Kunststoff mit Deckel	
kcal/kJ p. P.	ca. 545/2289	

1 Zwiebel
100 g durchwachsener Speck
100 g frische Champignons
1 Hähnchen (Poularde) von
ca. 1–1,2 kg
⅛ l Hühnerbrühe
½ l trockener, kräftiger
Rotwein
2 Knoblauchzehen
25 g Butter
1 Bund Suppengrün
2 EL Cognac
Salz, Pfeffer aus der Mühle
Thymian
1 Lorbeerblatt
1 EL Speisestärke

Zwiebel schälen und fein hacken. Speck würfeln. Beides in das Geschirr geben und offen 4–5 Minuten anrösten. Champignons putzen und fein schneiden, zufügen und 1–2 Minuten weitergaren. Hähnchen (Poularde) waschen, achteln, die Haut abziehen und in das Geschirr legen. Offen 7–9 Minuten garen, dabei mehrmals umrühren. Brühe, Rotwein, abgezogenen und zerdrückten Knoblauch, Butter, kleingeschnittenes Suppengrün, Cognac und Gewürze zufügen. Geschlossen 6–8 Minuten weitergaren und 10–12 Minuten auf der Fortkochstufe (150–240 Watt) ziehen lassen. Umrühren. Die Speisestärke zufügen, 1–2 Minuten aufkochen lassen und evtl. abschmecken.
Beilagen: Stangenweißbrot, gemischter Salat.

Chinahuhn

Portionen	2
Einstellung	Garen
Gesamtzeit	11–13 Minuten
Geschirr	Flaches Geschirr aus Glas, Porzellan, Keramik oder Kunststoff mit Deckel
kcal/kJ p. P.	ca. 230/965

2 Hühnerbrüstchen,
à ca. 200 g
1 Zwiebel
1 Knoblauchzehe
1 EL Sojasauce
Saft von ½ Zitrone
1 EL Öl
½ TL Salz
1 Msp Sambal »Nasi Goreng«
½ Tasse Glasnudeln
300 g gemischtes,
chinesisches Gemüse
(Dosenware)

Hühnerbrüstchen in dünne Streifen schneiden. Zwiebel schälen und fein würfeln. Knoblauchzehe zerdrükken. Alles in das Geschirr geben, mit Sojasauce, Zitronensaft, Öl, Salz und Sambal mischen und 5 Minuten durchziehen lassen. Glasnudeln in kaltem Wasser einweichen. Das Geflügelfleisch offen 4–5 Minuten vorgaren, dabei zweimal umrühren. Glasnudeln abtropfen lassen und mit dem gemischten Gemüse zum Fleisch geben. Geschlossen 7–8 Minuten weitergaren. Umrühren und sofort servieren.
Beilage: Safran- oder Curryreis.

DAS BESONDERE REZEPT

Hähnchenbrust in Weinsauce

Portionen	2
Einstellung	Garen
Gesamtzeit	13–16 Minuten
Geschirr	Flache Schale aus Glas oder Porzellan mit Deckel
kcal/kJ p. P.	ca. 404/1696

2 Hähnchenbrüste, à 150 g
Salz, weißer Pfeffer aus der Mühle
etwas Curry
1 EL Butter
⅛ l trockener Weißwein
2 El Crème fraîche
2 TL Speisestärke
1 EL gehackte Petersilie

Die Hähnchenbrüste evtl. vom Knochen lösen, häuten, kalt abspülen und mit Küchenpapier trockentupfen. Würzen und in das Geschirr legen. Butterflöckchen aufsetzen. Geschlossen 6–7 Minuten garen. Weißwein hinzufügen und weitere 6–7 Minuten garen. Die Hähnchenbrü-

ste herausnehmen und, mit Alufolie abgedeckt, warm stellen. Crème fraîche und Speisestärke mischen, einrühren und nochmals 1–2 Minuten aufkochen lassen. Petersilie einrühren. Die Hähnchenbrüste aufschneiden, auf einen Teller geben und mit der Sauce übergießen.
Beilagen: Butterreis, Spargel oder frische Champignons.

Paella
Spanische Hühnerpfanne

Portionen	4
Einstellung	Garen
Gesamtzeit	27–31 Minuten
Geschirr	Flaches hitzebeständiges Pyrex-, Pyroflam- oder Arcoflamgeschirr mit Deckel
kcal/kJ p. P.	ca. 660/2772

500 g Hähnchenbrust
2 Zwiebeln
2 Knoblauchzehen
4 El Öl
250 g Langkornreis, parboiled
3 Tomaten
1 rote Paprikaschote
1 grüne Paprikaschote
100 g frische oder tiefgefrorene Erbsen
etwas Safran
Salz, Pfeffer aus der Mühle
Paprikapulver
Curry
Thymian
2 EL Zitronensaft
¼ l Brühe
¼ l Weißwein
125 g Muschelfleisch
80 g Krabbenfleisch
4 frische oder tiefgefrorene, geschälte Garnelen
frische Petersilie

Hähnchenbrust kalt abspülen, mit Küchenpapier trockentupfen und würfeln. Zwiebeln schälen und klein schneiden. Knoblauch zerdrücken. Diese Zutaten mit dem Öl in das Geschirr geben und auf der Kochplatte kurz kräftig anbraten. Von der Kochstelle nehmen. Den Langkornreis zufügen. Tomaten heiß überbrühen, abschälen und vierteln. Paprikaschoten waschen, halbieren, von den Kernen befreien und würfeln. Die Gemüsezutaten zum Fleisch geben. Frische Erbsen kurz waschen, abtropfen lassen und zufügen (tiefgefrorene Erbsen in der Packung 3–4 Minuten antauen).

Würzen, mit Zitronensaft, Brühe und Weißwein auffüllen, umrühren. Geschlossen 18–20 Minuten garen. Muschel- und Krabbenfleisch sowie gesäuberte Garnelen hinzugeben und zugedeckt 3–4 Minuten weitergaren, dann den Deckel abnehmen und offen 6–7 Minuten auf der Garstellung die restliche Flüssigkeit verdampfen lassen. Mit frischer, gehackter Petersilie bestreut servieren.
Beilage: Gemischter Salat.

Gefüllte Poularde, in Folie gegart

Portionen	2–4
Einstellung	Garen
Gesamtzeit	25–28 Minuten
Geschirr	Bratfolie
kcal/kJ p. P.	ca. 360/1512

1 küchenfertige Poularde
Salz
weißer Pfeffer aus der Mühle
½ TL Paprikapulver edelsüß
1 TL Zuckercouleur
1 EL Sojasauce

Füllung
2 altbackene Semmeln
1 Tasse Milch
125 g gekochter Schinken
1 Ei
1 EL Weinbrand
je 2 EL frische oder tiefgefrorene gemischte Kräuter und Petersilie
Salz
Pfeffer
Zahnstocher
Küchengarn

Zunächst die Semmeln mit kalter Milch übergießen und 1–2 Minuten im Mikrowellengerät erwärmen, dann ca. 5 Minuten ziehen lassen. Die Poularde waschen und mit Küchenpapier trockentupfen. Innen gut mit Salz, Pfeffer und Paprika würzen.

Für die Füllung die Semmeln ausdrücken und in eine separate Schüssel geben. Schinken fein würfeln, mit Ei, Weinbrand, den gemischten Kräutern und der gehackten Petersilie gut vermischen. Dazu am einfachsten den elektrischen Handquirl mit Knetern oder die Küchenmaschine einsetzen. Mit Salz und Pfeffer pikant abschmecken. Die Poularde mit der Masse füllen, mit Zahnstochern zustecken oder mit Küchengarn zubinden. Nun das Geflügel von außen mit Salz, Pfeffer und Paprika gut einreiben. Zuckercouleur und Sojasauce mischen und die Poularde damit bestreichen. Mit der Brust nach oben in ein ausreichend großes Stück Bratfolie geben. Die Enden mit Küchengarn verschließen und im Mikrowellengerät 24–26 Minuten garen. Dann ca. 5 Minuten ruhen lassen, die Folie auftrennen, die Poularde entnehmen und die Zahnstocher (Küchengarn) entfernen. In Portionsstücke schneiden, auf einer vorgewärmten Platte anrichten und servieren.
Beilagen: Reis oder Kräuterkartoffeln, Sommergemüse.

HINWEIS

Die Poularde erhält auch im Mikrowellengerät eine schöne, gleichmäßige Bräunung. Wünschen Sie eine dunklere Färbung, so geben Sie das Geflügel in der Folie nach 10–15 Minuten auf den Rost in den auf ca. 230 °C vorgeheizten Backofen.

Hähnchenkeulen mit Sherry-Mandel-Sauce
Foto

Portionen	1–2
Einstellung	Garen
Gesamtzeit	13–18 Minuten
Geschirr	Suppenteller, Bräunungsgeschirr mit Deckel
kcal/kJ p. P.	ca. 432/1814

2 EL süße, gehobelte Mandeln
1 TL Butter
2 Hähnchenkeulen, à 200–250 g
1 EL Öl
je ⅛ l Sherry und Weißwein
1 EL Zitronensaft
Ingwer
Salz
Pfeffer aus der Mühle
2 EL Mehl
4 EL süße Sahne

Mandelblättchen mit Butter auf einem Suppenteller 3–4 Minuten rösten, dabei zweimal umrühren. Beiseite stellen. Die Hähnchenkeulen rasch waschen und mit Küchenpapier trockentupfen. Würzen. Das Bräunungsgeschirr ca. 4 Minuten vorheizen, Öl hineingeben und die Keulen mit der Hautseite nach unten 3–4 Minuten anbraten, wenden und 5–7 Minuten weitergaren. Sherry, Weißwein, Zitronensaft, Ingwer, Salz, Pfeffer, Mehl und Sahne mischen. Die Hähnchenkeulen aus dem Geschirr nehmen, auf eine vorgewärmte Platte geben und mit Alufolie abdecken. Die Sauce in das Bräunungsgeschirr füllen und abgedeckt 2–3 Minuten aufkochen lassen. Über die Hähnchenkeulen gießen und mit den gerösteten Mandelblättchen bestreuen.
Beilagen: Spinatnudeln, gedünstete Pfirsiche und ganze Champignons.

DAS BESONDERE REZEPT

Geflügelrisotto

Portionen	3–4	
Einstellung	Garen	Fortkochen
Gesamtzeit	9–12 Min.	18–29 Min.
Geschirr	Größere Schüssel aus Glas, Porzellan, Keramik oder Kunststoff mit Deckel	
kcal/kJ p.P.	ca. 465/1953	

1 Zwiebel
2 EL Butter
1 Tasse roher Langkornreis, parboiled
1½ Tassen Brühe
½ TL Salz
¼ TL Pfeffer aus der Mühle
½ TL Curry
1 kleine rote Paprikaschote
1 kleine grüne Paprikaschote
100 g frischer oder tiefgefrorener Brokkoli
2 EL Maiskörner (Dosenware)
200 g Geflügelfleisch (Hähnchenbrust- oder -schnitzel bzw. Putenbrust)
Salz, Pfeffer aus der Mühle

Zwiebel schälen, würfeln und mit der Butter offen 1–2 Minuten glasig dünsten. Reis, Brühe, Salz, Pfeffer und Curry dazugeben. Paprikaschoten waschen, halbieren, von den Kernen befreien und in Streifen schneiden. Brokkoli putzen und etwas zerteilen (gefrorenen Brokkoli 5–6 Minuten auf der Garstufe auftauen lassen). Gemüse und Maiskörner in das Geschirr geben. Geflügelfleisch in Stücke schneiden, würzen und zufügen. Alle Zutaten gut mischen, geschlossen 8–10 Minuten garen und 18–20 Minuten fortkochen.
Beilage: Frischer Salat.

VARIATION

Gemüsesorten und Fleischart können Sie ganz nach Belieben austauschen. Orientieren Sie sich nach der generellen Zubereitung des Rezepts und nehmen bei Bedarf die Gartabelle (Buchdeckel hinten) zu Hilfe.

Schneller Geflügeltopf

Portionen	2
Einstellung	Garen
Gesamtzeit	10–13 Minuten
Geschirr	Schüssel aus Glas, Porzellan, Keramik oder Kunststoff mit Deckel
kcal/kJ p.P.	ca. 610/2562

250 g Putenbrust
1 Paket tiefgefrorenes Suppengemüse mit Brühe (ca. 450 g)
¼ l Weißwein
2 Tassen vorgegarter Reis
weißer Pfeffer aus der Mühle
Salz
Petersilie

Putenbrust kalt abspülen, mit Küchenpapier trockentupfen und würfeln. In das Geschirr geben. Tiefgefrorenes Gemüse und Weißwein zufügen. Zugedeckt 8–10 Minuten garen. Zwischendurch einmal umrühren. Reis zufügen, unterrühren und 2–3 Minuten geschlossen weitergaren. Abschmecken. Mit frischer, gehackter Petersilie bestreut servieren.
Beilagen: Stangenweißbrot und französischer Landwein.

HINWEIS

Mit etwas Phantasie ist der Geflügeltopf auch mit frischem Gemüse schnell zubereitet. Verwenden Sie hierfür je 1 rote, gelbe und grüne Paprikaschote (ca. 300 g) und ca. 250 g frische Champignons. Geben Sie zur Putenbrust das geputzte, kleingeschnittene Gemüse und den Weißwein. Verfahren Sie nun weiter, wie im Rezept beschrieben. Reis als Beigabe zum Gemüse schmeckt gut, aber auch ca. 200 g vorgegarte Kartoffeln passen bestens.

Putenröllchen in Sahnesauce

Portionen	2
Einstellung	Garen
Gesamtzeit	11–16½ Minuten
Geschirr	Flache Schale aus Glas, Porzellan, Keramik oder Kunststoff mit Deckel
kcal/kJ p. P.	ca. 200/840

4 getrocknete Morcheln
etwas Weißwein
2 Putenschnitzel, à 200 g
weißer Pfeffer aus der Mühle
Curry
Paprikapulver
2 Scheiben gekochter
Schinken
⅛ l Weißwein
2 EL süße Sahne
1½ TL Speisestärke
frischer Schnittlauch

Die Morcheln mit etwas Weißwein in einer Suppentasse mischen. 1–2 Minuten offen aufkochen und 5 Minuten ziehen lassen. Die Putenschnitzel von beiden Seiten würzen, je eine Scheibe Schinken auflegen, mit den abgetropften Morcheln belegen und aufrollen. Mit Zahnstochern feststecken, 4–5½ Minuten offen vorgaren. Weißwein zufügen und zugedeckt 5–7 Minuten weitergaren. Die Röllchen herausnehmen, Zahnstocher entfernen und in 3 Stücke schneiden. Sahne und Speisestärke mischen, zur Sauce geben und 1–2 Minuten offen andicken lassen. Die Röllchen in die Sauce geben und, mit frischem, gehackten Schnittlauch bestreut, servieren.
Beilagen: Kartoffelpüree, Erbsen.

Putenbrust im Speckmantel

Portionen	3–4
Einstellung	Garen
Gesamtzeit	14–17 Minuten
Geschirr	Flache Schale aus Glas, Keramik, Porzellan oder Kunststoff
kcal/kJ p. P.	ca. 485/2037

500 g Putenbrust
Salz
Pfeffer aus der Mühle
etwas Curry
1 EL Sojasauce
2 EL Orangensaft
8–10 Scheiben
feingeschnittener,
durchwachsener Speck
⅛ l Rotwein
1 TL Speisestärke

Putenbrust kalt abspülen, mit Küchenpapier trockentupfen und würzen. Sojasauce und Orangensaft mischen und das Fleisch damit einreiben. Mit Speckscheiben umwickeln, in das Geschirr legen und offen 12–14 Minuten garen. Das Fleisch aus dem Geschirr nehmen, auf eine vorgewärmte Servierplatte legen und mit Alufolie abdecken. Den Fond mit etwas Rotwein lösen. Den restlichen Rotwein mit Speisestärke mischen, einrühren und 2–3 Minuten aufkochen lassen. Einmal umrühren. Die Putenbrust mit einem scharfen Messer tranchieren und in der Sauce servieren.
Beilage: Spinattomaten.

Putenrollbraten in Weinsauce

Portionen	4	
Einstellung	Garen	Fortkochen
Gesamtzeit	12–15 Min.	12–14 Min.
Geschirr	Halbhohes, hitzebeständiges Geschirr aus Pyrex, Pyroflam oder Arcoflam	
kcal/kJ p. P.	ca. 435/1827	

1 Putenrollbraten von
800–1000 g
Salz
weißer Pfeffer aus der Mühle
Paprikapulver
2 EL Bratenfett
2 Zwiebeln
150 g frische Champignons
5 EL Weinbrand
¼ l trockener Weißwein
5 EL Orangensaft
½ TL Curry
etwas Ingwerpulver und
Sojasauce
3 EL Crème fraîche
1 EL Speisestärke

Den Putenrollbraten kalt abspülen, mit Küchenpapier trockentupfen und würzen. Bratenfett im Geschirr auf der Kochplatte auslassen. Zwiebeln schälen und fein würfeln, in das Geschirr geben. Den Braten rundum kräftig anbraten. Von der Kochstelle nehmen und 8–10 Minuten offen im Mikrowellengerät garen. In der Zwischenzeit die Champignons putzen und blättrig schneiden. Zum Braten geben, Weinbrand zufügen und abgedeckt 12–14 Minuten fortkochen. Den Braten aus dem Geschirr nehmen, auf eine vorgewärmte Platte legen und mit Alufolie abdecken. Weißwein, Orangensaft, Salz Pfeffer Curry, Ingwer und Sojasauce zum Fond geben. Crème fraîche mit Speisestärke mischen und einrühren. Geschlossen 4–5 Minuten weitergaren. Inzwischen den Braten tranchieren, kurz im Gerät erwärmen und, mit der Sauce übergossen, servieren.
Beilagen: Bandnudeln, Zucchinipfanne.

Putenschnitzel mit gerösteten Mandeln

Portionen	2
Einstellung	Garen
Gesamtzeit	7–10 Minuten
Geschirr	Suppenteller, Porzellanplatte
kcal/kJ p. P.	ca. 375/1575

2 EL gehobelte Mandeln
1 TL Butter
2 Putenschnitzel,
à 100–120 g
Salz
Curry
etwas Cayennepfeffer
Paprikapulver
1 Apfel oder
2 Scheiben Ananas

Mandelblättchen mit Butter in einem Suppenteller offen 3–4 Minuten anrösten. Dabei mehrmals umrühren. Beiseite stellen, Putenschnitzel würzen, auf die Servierplatte legen und mit Klarsichtfolie abdecken. 2–3 Minuten garen. Die Folie vorsichtig anheben. Den Apfel schälen, das Kerngehäuse ausstechen, in Scheiben schneiden. Apfelscheiben (oder Ananas) auf die Putenschnitzel legen und abgedeckt 2–3 Minuten weitergaren. Mit Mandelblättchen garniert servieren.
Beilagen: Käse-Kartoffelpüree, Lauch in Sahnesauce.

Wildgulasch

Portionen	4	
Einstellung	Garen	Fortkochen
Gesamtzeit	9–12 Min.	20–25 Min.
Geschirr	Schüssel aus Glas, Porzellan, Keramik oder Kunststoff mit Deckel	
kcal/kJ p. P.	ca. 360/1510	

600 g Wildfleisch ohne
Knochen
1 Zwiebel
1 Apfel
200 g frische Champignons
30 g Butter
1 Lorbeerblatt
½ TL Basilikum
2 Nelken
Salz
Pfeffer aus der Mühle
⅛ l Rotwein (Burgunder)
1 EL Preiselbeeren
1 TL Zitronensaft
1 EL Crème fraîche
1 Prise Zucker

Das Fleisch abspülen, mit Küchenpapier trockentupfen und würfeln. Zwiebel und Apfel schälen und würfeln. Champignons waschen, putzen und halbieren. Butter in einer Schüssel 1–2 Minuten zerlassen, Fleisch, Zwiebel- und Apfelwürfel und Champignons zufügen, würzen und Rotwein zugießen. Umrühren. Zugedeckt 8–10 Minuten garen und 20–25 Minuten fortkochen. Preiselbeeren, Zitronensaft, Crème fraîche und Zucker mischen, zum Wildgulasch geben, umrühren und 1–2 Minuten offen miterhitzen.
Beilagen: Kartoffelpüree, Apfelrotkohl.

Wildentenbrust in Orangensauce

Portionen	4
Einstellung	Garen
Gesamtzeit	16–20 Minuten
Geschirr	Bräunungsgeschirr mit Deckel
kcal/kJ p. P.	ca. 635/2690

2 Wildentenbrüste
40 g Butter
¼ TL Ingwerpulver
Salz
weißer Pfeffer aus der Mühle
¼ l Wildfond
½ filetierte Orange
⅛ l frisch gepreßter
Orangensaft
2 EL Crème fraîche
2 EL Speisestärke

Die Wildentenbrüste kurz kalt abspülen und mit Küchenpapier gut trockentupfen. Die Hautseite karoförmig, jedoch nicht zu tief einschneiden. 20 g Butter mit dem Ingwerpulver verkneten, die Entenbrust damit einreiben, mit Salz und Pfeffer würzen und ca. 10 Minuten ruhen lassen. Das Bräunungsgeschirr 6–7 Minuten leer vorheizen, die Entenbrüste mit der fetten Seite nach unten in das Geschirr geben, etwas andrücken und sofort den Deckel auflegen. 3–4 Minuten garen, wenden und 4–5 Minuten weitergaren. Vor der Entnahme aus dem Geschirr noch 1–2 Minuten nachziehen lassen. Die Wildentenbrüste dann auf eine Servierplatte geben und, mit Alufolie abgedeckt, warm halten. Die restliche Butter in das Geschirr geben. Wildfond und Orangenfilets hinzufügen. Orangensaft, Crème fraîche und Speisestärke verrühren, zum Fond geben und geschlossen 3–4 Minuten aufkochen lassen, dabei zweimal umrühren. Die Sauce separat zur fein tranchierten Wildentenbrust servieren.
Beilagen: Weißbrot-»Klöße«, Brokkoli-Kartoffel-Medaillons.

Gefüllter Fasan

Portionen	2	
Einstellung	Garen	Fortkochen
Gesamtzeit	12–14 Min.	14–16 Min.
Geschirr	Bräunungsgeschirr mit Deckel	
kcal/kJ p. P.	ca. 365/1547	

1 küchenfertiger Fasan von
600–700 g
Salz
weißer Pfeffer aus der Mühle
3 Wacholderbeeren
80 g kernlose Weintrauben
1 Apfel
40 g Butter
¼ l Rotwein
1 EL Speisestärke
3 EL süße Sahne

Den Fasan kalt abspülen, restliche Federkiele entfernen und mit Küchenpapier gut trockentupfen. Mit Salz, Pfeffer und den zerdrückten Wacholderbeeren innen und außen kräftig würzen. Das Bräunungsgeschirr leer ca. 7 Minuten vorheizen. Die Trauben waschen und halbieren. Den Apfel schälen, vom Kernhaus befreien und sehr fein würfeln. Mit den Weintrauben in den Fasan füllen. Mit Zahnstochern zustecken. Butter in das heiße Bräunungsgeschirr geben, den Fasan hineinlegen und offen von beiden Seiten anbraten. Den Deckel auflegen und 4–5 Minuten garen, dann wenden und auf der niedrigen Stufe 14–16 Minuten fortkochen. Den Fasan aus dem Geschirr nehmen, auf eine vorgewärmte Servierplatte legen und, mit Alufolie abgedeckt, warm halten. Den Fond mit Rotwein auffüllen. Speisestärke mit Sahne verrühren, zur Sauce geben und offen 1–2 Minuten aufkochen. Abschmecken. Die Sauce separat zum Fasan servieren.
Beilagen: Salzkartoffeln, Rosenkohl.

Wachteln mit Speck

Portionen	2
Einstellung	Garen
Gesamtzeit	7–9 Minuten
Geschirr	Bräunungsgeschirr
kcal/kJ p. P.	ca. 215/903

4 Wachteln
Salz
weißer Pfeffer aus der Mühle
Salbei
4 dünne Scheiben roher
geräucherter Speck
2 EL Öl

Die Wachteln innen und außen kalt abspülen und mit Küchenpapier gut trockentupfen. Würzen und gut mit Speck umwickeln (evtl. mit Küchengarn festbinden). Das Bräunungsgeschirr 5–6 Minuten vorheizen, Öl zufügen und die Wachteln 7–9 Minuten braten. Dabei mehrmals wenden.
Beilagen: Stangenweißbrot, Feldsalat.

Fische, Schalen- und Krustentiere

Entdecken Sie Fisch als gesunde Feinschmeckerkost! Mit Ihrem Mikrowellengerät haben Sie viele neue Möglichkeiten, leckere Fischgerichte in kurzer Zeit zuzubereiten. Die Qualität und der Geschmack sind hervorragend. In wenig oder gar keiner Flüssigkeit gegart, behält der Fisch seinen typischen Eigengeschmack. Trotzdem ist er zart und saftig. Frisch oder tiefgefroren – Fisch im Mikrowellengerät zubereitet ist eine Delikatesse!

Praktische Hinweise

»4-S-System«

1. *Säubern* Frischer Fisch ist fast immer bereits vom Händler küchenfertig vorbereitet. Er muß nur noch unter kaltem Wasser gut abgespült werden. Lassen Sie den Fisch nicht im Wasser liegen, sonst werden wichtige Vitamine und Mineralstoffe ausgelaugt.

2. *Säuern* Ganze Fische oder Filets von allen Seiten mit Zitronensaft oder Essig beträufeln. Die Säure dient der Geschmacksverbesserung und macht das Fischfleisch fester und heller. Auch der Fischgeruch vermindert sich.

3. *Stehen lassen* Anschließend muß der Fisch ca. 5–10 Minuten abgedeckt »ziehen«. Unter Einwirkung der Säure erhalten die äußeren Fischfleischschichten eine festere Struktur, so daß der Fisch beim Garen nicht zerfällt.

4. *Salzen* Gesalzen wird der Fisch erst kurz vor der Zubereitung, da Salz dem Fisch Feuchtigkeit entzieht und er so zu trocken wird. Wie bei allen anderen Gerichten können Sie bei der Zubereitung im Mikrowellengerät auf starkes Salzen verzichten. Kräutermischungen und Gemüsezutaten sowie Käse intensivieren eher den Geschmack.

Offen/geschlossen garen

Fischfilet immer gut geschlossen garen. Geben Sie stets nur wenig Flüssigkeit ins Geschirr.

Größere, ganze Fische werden, mit einigen Speckstreifen belegt, offen gegart und zwischendurch einmal gewendet. Besonders gleichmäßig ist das Ergebnis, wenn Sie die dünneren Teile, z. B. das Schwanzstück, anfangs mit etwas Alufolie abdecken. Dickere Partien benötigen immer eine etwas längere Zeit! Nach dem Wenden entfernen Sie die Alufolie.

TK-Fisch

Tiefgefrorenen Fisch bis 600 g Gewicht bereiten Sie ohne vorheriges Auftauen zu. Der Fisch läßt sich besser aus der Packung nehmen, wenn Sie ihn 2–3 Minuten kurz mit der Auftaustufe antauen lassen. Größere Mengen oder ganze Fische gemäß den Angaben in der Auftautabelle (Buchdeckel vorn) auftauen.

Leistungsstufe

Die meisten Fischgerichte wie auch Schalen- und Krustentiere gelingen am besten mit der *Garstufe*. Nur große, ganze Fische, wie z.B. Karpfen, mit einem Gewicht von mehr als 800 g garen Sie nacheinander, zuerst auf der Garstufe, um sie dann auf der *Fortkochstellung* schonend garziehen zu lassen.

Fisch »blau«

»Blaue« Fische benötigen nur wenig konzentrierten Sud. ½ cm Flüssigkeit im Gefäß ist ausreichend. Achten Sie bei der Vorbereitung darauf, daß der auf der Haut sitzende Schleim, der eigentlich die Blaufärbung bewirkt, nicht beschädigt wird. Frische Fische dürfen daher nicht geschuppt werden.

Nachgarzeit

Bei den meisten Fischgerichten empfiehlt es sich, eine Nachgarzeit von 2–5 Minuten einzuplanen. In dieser Zeit verteilt sich Wärme gleichmäßig, und es kann nicht passieren, daß der Fisch übergart.

Panierter Fisch

Panierter Fisch ist für die Zubereitung im Mikrowellengerät nicht geeignet, da die Panade zu schnell aufweicht und nicht knusprig wird. Tiefgefrorene, panierte Fischfilets oder Fischstäbchen können Sie jedoch im vorgeheizten Bräunungsgeschirr problemlos zubereiten.

Frische Muscheln

Möchten Sie frische Muscheln zubereiten, so müssen die Schalen stets verschlossen und unbeschädigt sein. Während des Garens öffnen sie sich von selbst. Sind dann noch geschlossene Muscheln vorhanden, sortieren Sie diese unbedingt aus. Sie sind nicht zum Verzehr geeignet!

Seelachs in Kräutersauce

Foto

Portionen	2
Einstellung	Garen
Gesamtzeit	12–15 Minuten
Geschirr	Flaches Geschirr aus Glas, Keramik, Porzellan oder Kunststoff
kcal/kJ p. P.	ca. 380/1596

400 g frisches oder 1 Paket
tiefgefrorenes Seelachsfilet
6 EL trockener Weißwein
Salz
weißer Pfeffer aus der Mühle
30 g Butter

Sauce
2 EL Speisestärke
½ EL Mehl
⅛ l Milch
⅛ l Brühe
Salz
3 gehäufte EL Kräuter der
Provence
1 EL Crème fraîche
1 Eigelb

Frischen Fisch unter kaltem Wasser abspülen und mit Küchenpapier trockentupfen (tiefgefrorenes Seelachsfilet in der Verpackung 4–5 Minuten antauen lassen). In das Geschirr legen, mit Weißwein beträufeln und würzen. Butterflöckchen aufsetzen. Zugedeckt 9–11 Minuten garen. Den Fisch aus dem Geschirr nehmen und auf eine vorgewärmte Platte geben. Für die Sauce Speisestärke und Mehl mit Milch und Brühe verrühren. Zum Fischsud geben und würzen. 3–4 Minuten aufkochen lassen. Crème fraîche und Eigelb unterziehen. Über den Seelachs geben und sofort servieren.
Beilagen: Salzkartoffeln, grüner Salat.

Heilbutt in Senfsauce

Portionen	2
Einstellung	Garen
Gesamtzeit	10–13 Minuten
Geschirr	Flaches Geschirr aus Glas, Keramik oder Kunststoff mit Deckel, 1 kleines Geschirr
kcal/kJ p. P.	ca. 465/1953

400 g Heilbutt, frisch oder
tiefgefroren und aufgetaut
2–3 EL Weißwein
Salz
Pfeffer aus der Mühle
1 EL Butter
1 EL gehackte Petersilie

Sauce
⅛ l Brühe
2 EL Senf
⅛ l süße Sahne
2 EL Speisestärke
Salz
Pfeffer aus der Mühle

Den Heilbutt kalt abspülen und mit Küchenpapier trockentupfen. In das Geschirr legen, mit Weißwein beträufeln, würzen und Butterflöckchen aufsetzen. Zugedeckt 6–7 Minuten garen. Beiseite stellen.
In einem zweiten, kleinen Gefäß die Brühe 2–3 Minuten abgedeckt erhitzen. Senf und die Hälfte der Sahne zufügen, umrühren. Die restliche Sahne mit der Speisestärke mischen, zur Sauce geben und 2–3 Minuten zum Binden aufkochen lassen. Zwischendurch einmal umrühren. Abschmecken und über den Fisch geben. Mit Petersilie bestreut servieren.
Beilagen: Salzkartoffeln, gemischter Salat.

Fischauflauf mit Brokkoli

Portionen	2–3
Einstellung	Garen
Gesamtzeit	20–25 Minuten
Geschirr	1 kleines Geschirr mit Deckel, 1 Auflaufform aus Keramik, Porzellan, Klarsichtfolie
kcal/kJ p. P.	ca. 525/2205

400 g Kaubeljaufilet oder
1 Paket
tiefgefrorenes Fischfilet
1 TL Senf
2 TL Worcestersauce
1 EL Öl
300 g Brokkoli, frisch oder
tiefgefroren
½ Tasse Wasser
200 g Tomaten
1 Ei
7 EL süße Sahne
Salz
Muskat
weißer Pfeffer
etwas Butter zum Ausfetten
der Form
1 EL Semmelbrösel
5 EL geriebener Emmentaler

Frischen Fisch kalt abspülen und mit Küchenpapier trockentupfen (tiefgefrorenes Fischfilet aus der Pakkung nehmen, auf einen Eßteller legen und 6–7 Minuten offen antauen lassen). Senf, Worcestersauce und Öl mischen, über den Fisch geben und 5–10 Minuten ziehen lassen. Inzwischen frischen Brokkoli waschen und abtropfen lassen (tiefgefrorenen Brokkoli aus der Packung nehmen), mit dem Wasser in ein separates Geschirr geben und zugedeckt 7–9 Minuten garen. Auf einem Sieb abtropfen lassen und etwas zerteilen. Tomaten waschen, häuten und in dicke Scheiben schneiden. Ei mit Sahne und den Gewürzen verquirlen. Die Auflaufform ausfetten. Den Fisch in größere Stücke zerteilen. Zuerst den Fisch, dann die Tomaten und zuletzt den Brokkoli einschichten. Mit der Eiersahne übergießen, mit Klarsichtfolie abdecken und 9–11 Minuten garen. Semmelbrösel mit Käse mischen und darüberstreuen. Offen 4–5 Minuten weitergaren, bis der Käse geschmolzen ist. Vor dem Servieren noch 2 Minuten nachziehen lassen.
Beilage: Kräuterkartoffeln.

Fischrisotto

Portionen	4
Einstellung	Garen
Gesamtzeit	31–37 Minuten
Geschirr	2 Geschirre aus Glas, Porzellan, Keramik oder Kunststoff, jedes mit Deckel
kcal/kJ p. P.	ca. 315/1323

50 g Butter
1 Zwiebel
1 kleine grüne Paprikaschote
1 kleine rote Paprikaschote
1 Knoblauchzehe
50 g frische Champignons
2 TL Tomatenmark
1 TL frische oder
tiefgefrorene
gemischte Kräuter
350 g Langkornreis,
parboiled
¾ l Brühe
1 TL Öl
600 g Kabeljaufilet, frisch
oder tiefgefroren und
aufgetaut
2 EL Zitronensaft
Salz
weißer Pfeffer aus der Mühle

Butter mit geschälter und feingewürfelter Zwiebel offen in einem Geschirr 1–2 Minuten glasig dünsten. Paprikaschoten waschen, halbieren, von den Kernen befreien und würfeln. Knoblauchzehe schälen und zerdrücken. Champignons putzen und blättrig schneiden. Die Gemüsezutaten mit dem Tomatenmark und den Kräutern in das Geschirr geben und umrühren. Zugedeckt 4–5 Minuten garen. Zwischendurch einmal umrühren. Reis, Brühe und Öl zugeben. Zugedeckt 18–20 Minuten weitergaren. Das Kabeljaufilet würfeln und, mit Zitronensaft beträufelt, 10 Minuten ziehen lassen. In einem zweiten Geschirr geschlossen 7–8 Minuten garen. Einmal umrühren. Den Saft abgießen und den Fisch vorsichtig in die Reis Gemüse-Mischung einrühren. Salzen, pfeffern, und nochmals 1–2 Minuten erhitzen.
Beilage: Gemischter Salat.

Kräuterfisch mit Spinat-Tomaten   Foto

Portionen	2
Einstellung	Garen
Gesamtzeit	18–23 Minuten
Geschirr	1 mittelgroßes und 1 flaches Geschirr aus Glas, Porzellan oder Kunststoff mit Deckel
kcal/kJ p. P.	ca. 880/3696

450 g frischer Spinat
4 EL süße Sahne
Salz
Pfeffer aus der Mühle
Muskat
1½ TL Speisestärke
(oder 1 Paket tiefgefrorener
Rahmspinat, 150 g)
400 g frisches oder
tiefgefrorenes
Rotbarschfilet
Salz
Pfeffer aus der Mühle
6 EL süße Sahne
6 EL trockener Weißwein
4 feste Tomaten
2 unbehandelte Zitronen
3 EL frische, gemischte
Kräuter (Petersilie, Dill,
Kresse und Schnittlauch)
1 Zweig frischer Estragon
Salz

Frischen Spinat verlesen und gründlich waschen. Tropfnaß in ein mittelgroßes Geschirr geben und 5–6 Minuten zugedeckt dünsten. Abtropfen lassen und im Mixer oder mit dem Handquirl (Pürierstab) fein pürieren. In das Geschirr zurückgeben. Sahne, Gewürze und Speisestärke zufügen und nochmals 2–3 Minuten zum Binden aufkochen lassen. Beiseite stellen (tiefgefrorenen Rahmspinat im Geschirr zugedeckt 5–6 Minten garen). Frischen Fisch kalt abspülen und mit Küchenpapier trockentupfen (tiefgefrorenes Fischfilet in der Pakkung 2–3 Minuten antauen lassen). Den Fisch in das flache Geschirr geben, würzen. Sahne und Weißwein darübergießen. Zugedeckt 8–10 Minuten garen. Die Tomaten waschen, kleine Deckel abschneiden und aushöhlen. Nach Ablauf der Garzeit den Fisch wenden und die Tomaten dazugeben. 3–4 Minuten zugedeckt mitdünsten lassen. In der Zwischenzeit eine der Zitronen abreiben, dann auspressen. Den Saft und die Schale mit den Kräutern mischen, gehackten Estragon und Salz zufügen, gut verrühren. Die zweite Zitrone in Scheiben schneiden. Das gegarte Fischfilet auf vorgewärmten Tellern anrichten. Den vorbereiteten Rahmspinat, falls notwendig, kurz erwärmen. Den Fisch mit der Gewürzmasse bestreichen und Zitronenscheiben auflegen. Die Tomaten mit Rahmspinat füllen, den Deckel aufsetzen und mit dem Fisch servieren.
Beilage: Salzkartoffeln.

Gefüllte Schollenröllchen

Portionen	2–3
Einstellung	Garen
Gesamtzeit	7–9 Minuten
Geschirr	Flache Schale aus Glas, Keramik oder Porzellan, Klarsichtfolie
kcal/kJ p. P.	ca. 475/1995

500 g frische oder 2 Pakete
tiefgefrorene Schollenfilets
Salz
Saft von ½ Zitrone
2 größere Tomaten
etwas Butter zum Ausfetten
der Form
60 g Schmelzkäse
2–4 EL Milch
1 EL frische, gehackte
Petersilie

Füllung
125 g Krabbenfleisch
1 EL Zitronensaft
1 EL frische oder
tiefgefrorene
gemischte Kräuter
Salz
weißer Pfeffer aus der Mühle
1 EL Crème fraîche
30 g Frischkäse
Zahnstocher

Frisches Schollenfilet kalt abspülen (gefrorenes Filet aus der Verpackung nehmen und auf einem Teller 5–6 Minuten auftauen). Größere Schollenfilets der Länge nach halbieren. Den Fisch salzen und mit Zitronensaft beträufeln. Ca. 5 Minuten durchziehen lassen. In der Zwischenzeit die Füllung herstellen: Krabben etwas zerkleinern, mit Zitronensaft beträufeln. Kräuter, Gewürze, Crème fraîche und Frischkäse zufügen und gut verrühren. Die Schollenfilets mit dieser Masse bestreichen, aufrollen und mit je einem Zahnstocher zustecken. Die Tomaten waschen, kreuzweise einschneiden und in die mit Butter ausgestrichene Schale setzen. Die

Schollenfilets dicht nebeneinander dazugeben. Mit Klarsichtfolie abdecken und 4–5 Minuten garen. Die Folie abheben, Schmelzkäse in kleinen Stücken auf die Röllchen legen und Milch zufügen. Offen 3–4 Minuten weitergaren. 1–2 Minuten stehen lassen, dann die Zahnstocher entfernen und, mit Petersilie bestreut, servieren.
Beilagen: Salzkartoffeln, gedünsteter Blumenkohl.

Schollenfilet in Sherrycreme

Portionen	2
Einstellung	Garen
Gesamtzeit	12–14 Minuten
Geschirr	Flaches, hitzebeständiges Geschirr aus Keramik, Pyrex oder Pyroflam
kcal/kJ p. P.	ca. 435/1827

500 g frisches oder 2 Pakete
tiefgefrorenes Schollenfilet
1 EL Zitronensaft
1 Becher Crème fraîche
(200 g)
½ TL Salz, ¼ TL Pfeffer
1 Prise Zucker
4 EL Sherry
2 EL frisch gehackter
Schnittlauch

Frisches Schollenfilet kalt abspülen und mit Küchenpapier trockentupfen (tiefgefrorene Schollenfilets in der Verpackung 2–3 Minuten antauen lassen). Den Fisch in das Geschirr legen und mit Zitronensaft beträufeln. 5 Minuten ziehen lassen. Crème fraîche, Gewürze, Zucker und Sherry gut verrühren. Die Sauce über den Fisch gießen. 12–14 Minuten zugedeckt garen. Mit gehacktem Schnittlauch bestreut servieren.
Beilagen: Salzkartoffeln oder Butterreis mit etwas Wildreis, Blattspinat.

Schollenfilet in Krabbensauce

Portionen	1–2
Einstellung	Garen
Gesamtzeit	11–15 Minuten
Geschirr	Flache Auflaufform aus Keramik, Pyrex, Pyroflam oder Arcoflam
kcal/kJ p. P.	ca. 415/1743

100 g geräucherter Speck
250 g frisches oder 1 Paket
tiefgefrorenes Schollenfilet
1 EL Zitronensaft oder
2–3 EL trockener Weißwein
Salz
Pfeffer aus der Mühle
2 Tomaten
100 g Krabbenfleisch
⅛ l süße Sahne
Pfeffer
Paprikapulver
1 TL Kapern
1½ EL Speisestärke

Speck fein würfeln, in die Form geben und offen 2–3 Minuten auslassen. Frisches Schollenfilet kalt abspülen und mit Küchenpapier trockentupfen (tiefgefrorenen Fisch in der Verpackung 1–2 Minuten antauen lassen). Den Fisch auf den Speck legen, mit Zitronensaft beträufeln oder mit dem Weißwein übergießen und würzen. Tomaten waschen und in Scheiben schneiden, gleichmäßig auf dem Fisch verteilen. Krabben kalt abspülen, mit Küchenpapier trockentupfen und auf die Tomaten streuen. Sahne, frisch gemahlenen Pfeffer, Paprika, Kapern und Speisestärke mischen. Die Sauce in die Form gießen. Zugedeckt 9–12 Minuten garen.
Beilagen: Curryreis oder Salzkartoffeln, grüner Salat.

Seelachsfilet »Gärtnerin«

Portionen	2
Einstellung	Garen
Gesamtzeit	17–21 Minuten
Geschirr	Größeres, flaches Geschirr aus Glas, Porzellan, Kunststoff oder Keramik mit Deckel
kcal/kJ p. P.	ca. 260/1090

1 Zwiebel
2 Möhren
¼ Sellerieknolle
1 Stange Lauch
⅛ l trockener Weißwein
400 g frisches oder
1 Paket tiefgefrorenes
Seelachsfilet
⅛ l Milch
Salz
weißer Pfeffer aus der Mühle
3 TL Speisestärke
50 ml Brühe
1 EL gehackte Petersilie

Zwiebel schälen und würfeln. Möhren und Sellerie putzen und raspeln. Lauch säubern und in Ringe schneiden. Alle Gemüsezutaten im Gefäß mischen und mit 3 EL Wein zugedeckt 5–6 Minuten garen. Frischen Fisch kalt abspülen und mit Küchenpapier trockentupfen (tiefgefrorenes Filet 2–3 Minuten in der Packung antauen lassen). Den Fisch auf das Gemüse legen und 7–9 Minuten zugedeckt garen. Den restlichen Wein, Milch, Gewürze, Speisestärke und Brühe gut verquirlen, über den Fisch in die Form gießen und 5–6 Minuten weitergaren. Mit Petersilie bestreut servieren.
Beilage: Butter-Petersilien-Kartoffeln.

Bulgarischer Joghurtfisch
Foto

Portionen	2	
Einstellung	Garen	
Gesamtzeit	9–11 Minuten	
Geschirr	Flaches Geschirr aus Glas, Porzellan oder Kunstoff mit Deckel	
kcal/kJ p. P.	ca. 360/1512	

400 g frisches oder 1 Paket
tiefgefrorenes Kabeljaufilet
1 EL Zitronensaft
Salz, Pfeffer
Butterflöckchen
2 Knoblauchzehen
1 Becher Sahnejoghurt
4 EL Crème fraîche
1 EL Paprikapulver edelsüß
2 EL frisch gehackte Kräuter

Frischen Fisch kalt abspülen und mit Küchenpapier trockentupfen (tiefgefrorenes Fischfilet in der Verpackung 2–3 Minuten antauen lassen). In das Geschirr legen und mit Zitronensaft beträufeln. 5–10 Minuten durchziehen lassen. Würzen und Butterflöckchen aufsetzen. 4–5 Minuten zugedeckt garen. Wenden und den in feine Scheiben geschnittenen Knoblauch auflegen. 5–6 Minuten weitergaren. Johurt mit Crème fraîche ganz glatt und cremig verrühren und über den Fisch geben. Paprikapulver und Kräuter drüberstreuen. Sofort servieren.
Beilagen: Butterreis oder Salzkartoffeln, Salat.

Fisch im Ganzen »blau«

Portionen	4	
Einstellung	Garen	Fortkochen
Gesamtzeit	9–11 Min.	8–10 Min.
Geschirr	Flaches Geschirr aus Glas, Porzellan oder Kunststoff mit Deckel	
kcal/kJ p. P.	ca. 240/1008	

1,2 kg küchenfertiger Fisch
(z. B. Kabeljau, Forellen,
Schellfisch, Dorsch,
Seehecht)
6 EL Essig
12 EL Wasser
Salz
Pfeffer aus der Mühle
gehackte Petersilie
einige Zitronenscheiben

Den Fisch säubern, kalt abspülen und mit Küchenpapier von innen und sehr vorsichtig auch von außen trockentupfen. Essig, Wasser, Gewürze und Petersilie im Geschirr mischen, den Fisch einlegen und zugedeckt 9–11 Minuten garen. Wenden und 8–10 Minuten fortkochen. Mit Zitronenscheiben und Petersilie garniert servieren.
Beilagen: Salzkartoffeln, Salat.

VARIATION

Geben Sie 2–3 geviertelte Tomaten und Zwiebeln zum Fisch. Die Garzeit verlängert sich dann um ca. 3–4 Minuten.

DAS BESONDERE REZEPT

Rotbarsch mit Orangen

Portionen	2
Einstellung	Garen
Gesamtzeit	13½–16½ Minuten
Geschirr	Flaches Geschirr aus Glas, Keramik, Porzellan oder Kunststoff mit Deckel
kcal/kJ p. P.	ca. 990/4158

50 g durchwachsener Speck
20 g Butter
300 g frisches oder 1 Paket tiefgefrorenes Rotbarschfilet
1 EL Sojasauce
1 EL Weinbrand
Salz, weißer Pfeffer aus der Mühle
Curry
2 Zwiebeln
350 g Lauch
100 g frische Pfifferlinge
2 Orangen

Den Speck fein würfeln und mit der Butter im Geschirr offen 1½–2½ Minuten auslassen. Frisches Fischfilet kalt abspülen, mit Küchenpapier trockentupfen (gefrorenen Fisch in der Verpackung 2–3 Minuten antauen lassen) und auf den Speck in das Geschirr legen. Sojasauce, Weinbrand und Gewürze mischen, über den Fisch geben und ca. 5 Minuten ziehen lassen. Zwiebeln schälen, Lauch putzen und beides in Ringe schneiden. Pfifferlinge säubern, gut waschen und evtl. klein schneiden, mit den Gemüsezutaten mischen und auf dem Fisch verteilen. Die Orangen schälen, filetieren und dabei den Saft auffangen. Orangenfilets obenauf in das Geschirr geben, den Saft darüberträufeln und zugedeckt 12–14 Minuten garen.
Beilagen: Reis, grüner Salat.

Kabeljaufilet italienische Art

Portionen	2
Einstellung	Garen
Gesamtzeit	8–10 Minuten
Geschirr	Flaches Geschirr aus Glas, Keramik, Porzellan oder Kunststoff mit Deckel
kcal/kJ p. P.	ca. 300/1250

400 g frisches oder
1 Paket tiefgefrorenes
Kabeljaufilet
6 EL trockener Weißwein
Salz
Pfeffer aus der Mühle
2 Zwiebeln
100 g Champignons
2 feste Tomaten
20 g Butter
10 Oliven

Frischen Fisch unter kaltem Wasser abspülen und mit Küchenpapier trockentupfen (tiefgefrorenes Kabeljaufilet in der Verpackung 4–5 Minuten antauen lassen). In das Geschirr legen, mit Weißwein beträufeln und würzen. Zugedeckt 2–3 Minuten garen, dann wenden. In der Zwischenzeit Zwiebeln schälen und fein würfeln. Champignons putzen und blättrig schneiden. Tomaten waschen, nach Belieben häuten und würfeln. Die Gemüsezutaten mischen und über den Fisch in das Gefäß geben. Butterflöckchen aufsetzen und zugedeckt 6–7 Minuten weitergaren. Mit gehackten Oliven bestreuen und sofort servieren.
Beilagen: Salzkartoffeln oder Risotto, Zigeunersalat.

Feines Krabbenragout

Portionen	4
Einstellung	Garen
Gesamtzeit	11–14 Minuten
Geschirr	Geschirr aus Glas, Porzellan, Keramik oder Kunststoff mit Deckel
kcal/kJ p. P.	ca. 155/650

200 g frische Champignons
1 EL Zitronensaft
Pfeffer aus der Mühle
250 g Krabbenfleisch
½ TL Salz
¼ l Brühe
2 EL Mehl
1 EL weiche Butter
3 EL süße Sahne
1 TL Tomatenmark
1 TL Kapern
½ TL Curry
¼ TL Paprikapulver edelsüß

Champignons putzen und blättrig schneiden. Mit Zitronensaft und Pfeffer 2–3 Minuten zugedeckt garen. Krabben waschen und mit Küchenpapier trockentupfen. Auf die Champignons geben. Die restlichen Zutaten gut verquirlen und zufügen. 5–6 Minuten geschlossen, dann weitere 4–5 Minuten offen garen. Dabei mehrmals vorsichtig umrühren.
Beilagen: Reisrand, grüner Salat.

Krabben in Knoblauchsauce

Portionen	2
Einstellung	Garen
Gesamtzeit	8–10 Minuten
Geschir	Halbhohes Geschirr aus Glas, Porzellan, Keramik oder Kunststoff mit Deckel
kcal/kJ p. P.	ca. 225/945

1 Zwiebel
1 EL Butter
250 g Krabbenfleisch
2 Tomaten
2 Knoblauchzehen
1 TL Tomatenmark
Muskat
Salz
weißer Pfeffer aus der Mühle
2 EL Crème fraîche
1 EL gehackte Petersilie

Zwiebel schälen und fein würfeln. Mit der Butter im Geschirr offen 2–3 Minuten andünsten. Krabben kalt abspülen und mit Küchenpapier trockentupfen. Mit den abgezogenen, kleingeschnittenen Tomaten und dem durchgepreßten Knoblauch zu den Zwiebeln geben. Mit Tomatenmark, Muskat, Salz und Pfeffer würzen. Umrühren. Zugedeckt 6–7 Minuten garen. Zwischendurch einmal umrühren. Crème fraîche unterziehen und, mit Petersilie bestreut, sofort servieren.
Beilagen: Toast mit Butter, grüner Salat.

DAS BESONDERE REZEPT

Rotbarsch in Knoblauch-Olivensauce

Portionen	2
Einstellung	Garen
Gesamtzeit	14–16 Minuten
Geschirr	Schüssel aus Porzellan oder Keramik mit Deckel
kcal/kJ p. P.	ca. 380/1596

1 grüne Paprikaschote
1 Zwiebel
1 Knoblauchzehe
2 Tomaten
10 grüne Oliven
1 EL Paprikapulver edelsüß
3 EL frische, gehackte Kräuter
Salz, weißer Pfeffer aus der Mühle
125 ml Rotwein
2 EL Mehl
2 EL Butter
300 g frisches oder tiefgefrorenes Rotbarschfilet
1 EL Zitronensaft

Die Paprikaschote waschen, halbieren, von den Kernen und Rippen befreien und würfeln. Zwiebel und Knoblauch schälen und fein hacken. Die Tomaten heiß überbrühen, häuten und würfeln. Die Oliven in Scheiben schneiden. Die Gemüsezutaten in das Geschirr geben, würzen und den Rotwein hinzufügen. Mehl und Butter verkneten, zum Gemüse geben.
Frischen Fisch kalt abspülen und mit Küchenpapier trockentupfen (tiefgefrorenes Filet in der Packung 4–5 Minuten auftauen lassen). Den Fisch in größere Würfel schneiden, mit Zitronensaft beträufeln, zum Gemüse in das Geschirr geben und umrühren. 14–16 Minuten zugedeckt garen. Vor dem Servieren umrühren und nochmals abschmecken.
Beilage: Reis.

Aal grün mit Kräutersauce

Portionen	4
Einstellung	Garen
Gesamtzeit	14–19 Minuten
Geschirr	Größeres, flaches Geschirr aus Glas, Keramik, Porzellan mit Deckel
kcal/kJ p. P.	ca. 495/2090

1 Zwiebel
3 El Kräuterbutter
Salz
Pfeffer aus der Mühle
800 g küchenfertiger Aal
¼ l trockener Weißwein
¼ EL Thymian
2 EL frische, gehackte Kräuter
(Petersilie, Dill, Kresse und Schnittlauch)
2 EL Zitronensaft
3 EL Crème fraîche
1½ EL Speisestärke

Zwiebel schälen und fein würfeln. Mit der Kräuterbutter in das Geschirr geben und offen 2½–3½ Minuten glasig dünsten. Salz und Pfeffer zugeben, umrühren. Den gehäuteten Aal kalt abspülen, mit Küchenpapier trockentupfen und in ca. 3–4 cm lange Stücke schneiden. In die Butter legen, mit Weißwein auffüllen und zugedeckt 9–11 Minuten garen. Die Fischstücke herausnehmen, abtropfen lassen und auf einen Teller legen. Thymian, Kräuter und Zitronensaft zur Sauce geben. Crème fraîche mit Speisestärke mischen und einrühren. 1½–2½ Minuten offen zum Binden garen lassen. Die Aalstücke wieder in die Sauce legen und 1–2 Minuten miterhitzen.
Beilagen: Reis, gemischter Salat.

Lachsscheiben »Stockholm«

Portionen	2
Einstellung	Garen
Gesamtzeit	8–10 Minuten
Geschirr	Flaches Geschirr aus Glas, Porzellan, Keramik oder Kunststoff mit Deckel
kcal/kJ p. P.	ca. 380/1596

2 Tomaten
2 Scheiben frischer Lachs, à 200 g
1 Apfel
1 Gewürzgurke
1 Zwiebel
1 TL Kapern
Salz
Pfeffer aus der Mühle
1 Prise Cayennepfeffer
4 EL trockener Weißwein
1 EL Cognac
1 EL Butter
2 EL gehackte Petersilie

Tomaten waschen, in Scheiben schneiden und den Boden des Geschirrs damit gleichmäßig auslegen. Den Lachs kalt abspülen, mit Küchenpapier trockentupfen und auf die Tomaten legen. Den Apfel schälen, vierteln, vom Kerngehäuse befreien und fein raspeln. Gewürzgurke klein schneiden. Zwiebeln schälen und würfeln. Diese Zutaten mit Kapern und Gewürzen mischen, dann gleichmäßig auf dem Lachs verteilen. Weißwein und Cognac darüberträufeln. Butterflöckchen aufsetzen und geschlossen 8–10 Minuten garen. Mit gehackter Petersilie bestreut servieren.
Beilage: Kartoffeln oder Reis.

Forelle mit Mandeln

Portionen	2
Einstellung	Garen
Gesamtzeit	9½–13 Minuten
Geschirr	Suppenteller; flaches Geschirr aus Glas, Porzellan oder Keramik
kcal/kJ p. P.	ca. 540/2268

40 g blättrig geschnittene Mandeln
20 g Butter
2 Forellen, à 300–400 g, frisch oder tiefgefroren und aufgetaut
Saft von ½ Zitrone
Salz
weißer Pfeffer aus der Mühle
40 g Butter

Mandeln mit Butter in einem Suppenteller offen 3–4 Minuten rösten. Dabei zweimal umrühren. Die Forelle kalt abspülen und mit Küchenpapier trockentupfen. Mit Zitronensaft beträufeln und ca. 5 Minuten ziehen lassen. Pfeffern, salzen und Butterflöckchen aufsetzen. Offen 5–7 Minuten garen. Die gerösteten Mandeln darübergeben und 1½–2 Minuten weitergaren.
Beilagen: Salzkartoffeln, grüner Salat.

Fante-Fante   Foto
Fischgulasch afrikanisch

Portionen	2
Einstellung	Garen
Gesamtzeit	10–11 Minuten
Geschirr	Halbhohes Geschirr aus Glas, Keramik oder Porzellan mit Deckel
kcal/kJ p. P.	ca. 682/2887

400 g frisches oder 1 Paket tiefgefrorenes Rotbarschfilet
1 El Zitronensaft
Salz
Cayennepfeffer
125 g Tomaten
1 kleine Aubergine
2 Zwiebeln
5 EL Brühe
4 EL Olivenöl
35 g gefüllte Oliven
1 mittelgroße Orange
25 g Kokosraspel

Frisches Fischfilet kalt abspülen und mit Küchenpapier trockentupfen (tiefgefrorenen Fisch aus der Verpackung nehmen, auf einen Teller geben und 4–5 Minuten offen antauen lassen). Den Fisch in Würfel schneiden, mit Zitronensaft beträufeln und würzen. Tomaten mit heißem Wasser überbrühen, kurz stehen lassen, häuten, halbieren und entkernen. Das Tomatenfleisch grob würfeln. Gut gewaschene Aubergine würfeln. Geschälte, halbierte Zwiebeln in dünne Scheiben schneiden. Fischwürfel und Gemüsezutaten in das Geschirr geben. Brühe und Olivenöl zufügen. Abgetropfte, halbierte Oliven und geschälte, filetierte Orange darauf verteilen. Zugedeckt 9–10 Minuten garen, dabei einmal vorsichtig umrühren. Mit Kokosraspeln bestreuen und nochmals 1 Minute offen erhitzen. Sofort servieren.
Beilage: Reis, mit einigen feingeschnittenen Orangenschalenstreifen gemischt.

Raffinierte Fischschnitte

Foto

Portionen	2
Einstellung	Garen
Gesamtzeit	8–10 Minuten
Geschirr	Flaches, größeres Geschirr aus Glas, Porzellan oder Keramik mit Deckel
kcal/kJ p. P.	ca. 295/1239

1 Paket tiefgefrorenes
Kabeljaufilet
(400 g = 4 Filets)
1 EL Zitronensaft
Salz
Pfeffer aus der Mühle
2 EL Butter
1 Zwiebel
2 Tomaten
2 Scheiben Emmentaler
2 kleine Zweige Estragon

Das Fischfilet in der Verpakkung 4–5 Minuten antauen lassen, herausnehmen und die Filets nebeneinander in das Geschirr legen. Mit Zitronensaft beträufeln, würzen und Butterflöckchen aufsetzen. 8–10 Minuten zugedeckt garen und einmal wenden. In der Zwischenzeit Zwiebel schälen und in Ringe schneiden. Tomaten mit heißem Wasser übergießen, kurz ziehen lassen und häuten, in gleichmäßig dicke Scheiben schneiden. Zwei gegarte Fischfilets aus dem Geschirr nehmen, jedes auf einen vorgewärmten Servierteller legen, mit Zwiebelringen, Tomatenscheiben und einer Scheibe Käse belegen. Die zwei restlichen Fischfilets darauflegen und, mit gewaschenen, abgetropften Estragonzweigen garniert, servieren.
Beilagen: Kartoffelpüree, Blattspinat oder Brokkoli.

Feines Muschelragout

Portionen	4
Einstellung	Garen
Gesamtzeit	9–12 Minuten
Geschirr	Halbhohes Geschirr aus Glas, Keramik, Porzellan oder Kunststoff mit Deckel
kcal/kJ p. P.	ca. 350/1480

500 g Jakobsmuscheln
1 Zwiebel
2 EL Butter
250 g frische Champignons
2 Möhren
2 Knoblauchzehen
Salz
weißer Pfeffer aus der Mühle
⅛ l trockener Weißwein
2 EL Crème fraîche
40 g geriebener Emmentaler

Jakobsmuscheln kalt abspülen und gut abtropfen lassen. Zwiebeln schälen, fein würfeln und mit der Butter im Geschirr offen 1–2 Minuten glasig dünsten. Champignons putzen und blättrig schneiden. Möhren putzen und in feine Streifen schneiden. Knoblauchzehe zerdrücken und mit den Gemüsezutaten in das Geschirr geben. Umrühren und abschmekken. 2–3 Minuten zugedeckt dünsten. Jakobsmuscheln in Scheiben schneiden und zufügen. Mit Weißwein auffüllen. 4–5 Minuten weitergaren. Crème fraîche und geriebenen Käse zufügen. 2 Minuten offen erhitzen, umrühren und nochmals abschmecken.
Beilage: Toast mit Butter.

DAS BESONDERE REZEPT

Miesmuscheln in Knoblauch-Weinsauce

Portionen	2–4
Einstellung	Garen
Gesamtzeit	18–21 Minuten
Geschirr	Größere Schüssel aus Glas, Porzellan oder Kunststoff mit Deckel
kcal/kJ p. P.	ca. 225/945

1,2 kg Miesmuscheln, 2 Zwiebeln
3 EL Butter, 2 Knoblauchzehen
½ l trockener Weißwein
Salz, weißer Pfeffer aus der Mühle
1 Lorbeerblatt, etwas Thymian

Die Miesmuscheln sehr gut waschen. Beschädigte oder geöffnete Muscheln aussortieren. Die Zwiebeln schälen, fein würfeln und mit der Butter in das Geschirr geben. Offen 2–3 Minuten glasig dünsten. Die Knoblauchzehen schälen und durchpressen. Mit dem Weißwein und den Gewürzen zu den Zwiebeln geben. Die Muscheln hinzugeben und umrühren. 16–18 Minuten geschlossen garen, dabei zweimal umrühren.
Beilage: Weißbrot.

93

Fischklößchen in Dillsauce

Portionen	2
Einstellung	Garen
Gesamtzeit	9–12 Minuten
Geschirr	2 Geschirre aus Glas, Porzellan, Keramik oder Kunststoff, jedes mit Deckel
kcal/kJ p. P.	ca. 560/2350

1 altbackenes Brötchen
½ Tasse Milch
200 g Rotbarschfilet, frisch oder tiefgefroren und aufgetaut
1 kleine Zwiebel
2 Sardellenfilets
1 TL Kapern
1 Ei
Muskat
Salz
Pfeffer aus der Mühle
1 TL Zitronensaft

Sauce
⅛ l süße Sahne
⅛ l Brühe
Salz
1 TL Zitronensaft
2 Scheiben Schmelzkäse
2 TL Speisestärke
2 EL Milch
3 EL frischer, gehackter Dill

Das Brötchen in Milch einweichen. Den Fisch kalt abspülen und mit Küchenpapier trockentupfen. Zwiebel schälen. Fisch, Zwiebel, Sardellenfilets und Kapern klein schneiden. Mit der Küchenmaschine (Mixer) nach und nach fein pürieren. Die Fischmasse mit dem gut ausgedrückten Brötchen, Ei, Gewürzen und Zitronensaft zu einem glatten Teig vermengen. Mit zwei Eßlöffeln Klößchen abstechen. In eines der Geschirre 2 cm hoch Wasser geben, die Klößchen darin zugedeckt 4–5 Minuten garen und beiseite stellen. Für die Sauce Sahne, Brühe, Salz, Zitronensaft und zerpflückten Schmelzkäse mischen und offen 3–4 Minuten aufkochen lassen. Speisestärke mit Milch glattrühren, zur Sauce geben und 1–2 Minuten zum Binden aufkochen lassen. Dill zufügen und umrühren. Die Klößchen vorsichtig abgießen, die Sauce darübergeben und nochmals 1 Minute erhitzen.

Beilagen: Salzkartoffeln oder Reisrand, gemischter Salat.

Güvecte Balik
Türkischer Fischtopf

Portionen	4
Einstellung	Garen
Gesamtzeit	15–18 Minuten
Geschirr	Mittelgroßer Römertopf oder ein Geschirr aus Glas bzw. Porzellan mit Deckel
kcal/kJ p. P.	ca. 525/2205

400 g frisches oder
1 Paket tiefgefrorenes Rotbarschfilet
Salz
weißer Pfeffer aus der Mühle
Saft von ½ Zitrone
200 g Miesmuscheln
200 g Nordseegarnelen (Shrimps)
1 TL Öl
2 Zwiebeln
3 Knoblauchzehen
2 große Fleischtomaten
1 Lorbeerblatt
⅛ l trockener Weißwein
3 EL Raki (Anisschnaps)
frische Petersilie zum Bestreuen

Den Römertopf 10–15 Minuten wässern. Frisches Rotbarschfilet kalt abspülen und mit Küchenpapier trockentupfen (tiefgefrorenes Fischfilet 2–3 Minuten in der Packung antauen lassen). Den Fisch in das Geschirr geben, würzen und mit Zitronensaft beträufeln. Zugedeckt 6–7 Minuten garen. Die Miesmuscheln sehr gut waschen. Beschädigte oder geöffnete Muscheln aussortieren. Garnelen waschen und mit Küchenpapier trockentupfen. Beides zum Fisch geben, Öl darüberträufeln und 2–3 Minuten geschlossen weitergaren. In der Zwischenzeit die Zwiebeln schälen und fein würfeln. Knoblauchzehen zerdrücken. Fleischtomaten waschen und fein schneiden. Die Gemüsezutaten mischen und zum Fisch in das Geschirr geben. Lorbeerblatt zufügen und mit Salz und Pfeffer würzen. Mit Weißwein auffüllen und 7–8 Minuten zugedeckt weitergaren. Lorbeerblatt herausnehmen. Raki über das Gericht träufeln, umrühren und, mit gehackter Petersilie bestreut, servieren.

Beilagen: Stangenweißbrot, Salat.

Gemüse und Gemüsegerichte

Das Gemüseangebot ist so vielfältig, daß – ob frisch oder tiefgefroren – heute fast alle Sorten jahreszeitlich unabhängig verfügbar sind. Gemüse eignet sich vorzüglich für die Zubereitung im Mikrowellengerät. Dafür sprechen das appetitliche Aussehen, der intensive Eigengeschmack und die frische Farbe. In nur wenig Flüssigkeit gedünstet, bleiben Struktur und Nährstoffe bestens erhalten. Lange Warmhaltezeiten entfallen gänzlich. Gemüse, mit Mikrowelle zubereitet, ist daher immer eine neue Art, Gemüse zu essen und zu genießen.

Praktische Hinweise

Geschirr

Damit das Gemüse stets gleichmäßig gart, ist es von Vorteil, ein *weites, halbhohes Geschirr* auszuwählen. Der Grund: Die große Oberfläche ermöglicht ein gutes Eindringen und somit Einwirken der Mikrowellen. In hohen, engen Gefäßen ist die Garzeit etwas länger.

1 Tiefgefrorenes Gemüse wird aus der Packung direkt in ein Gefäß gegeben. Etwas Wasser oder Brühe reichen aus, um es gleichmäßig zu garen.
2 Ovale, längliche Gefäße sind besonders gut für die Zubereitung geeignet.
3 Gemüse immer gut zugedeckt garen und einmal umrühren.

Frisches Gemüse

Frisches Gemüse kurz in kaltem Wasser waschen, zerteilen und sofort weiterverarbeiten. Am schnellsten ist faserarmes, wasserhaltiges Gemüse im Mikrowellengerät zubereitet. Dazu zählen z.B. Erbsen, Pilze, Spinat, Rosenkohl, Zucchini, Paprika und Kohlrabi. Diese Sorten benötigen nur eine sehr geringe Flüssigkeitszugabe. Andere, faserhaltige Gemüsesorten, wie z.B. Bohnen, einige Kohlarten, Spargel oder Möhren, werden, knapp mit Flüssigkeit bedeckt, gegart. Je kleiner das Gemüse geschnitten ist, desto kürzer ist die Garzeit. Teilen Sie daher Blumenkohl in Röschen oder schneiden Sie Möhren in feine Scheiben.

TK-Gemüse

Behandeln Sie tiefgefrorenes Gemüse grundsätzlich wie frisches Gemüse. Es ist immer erntefrisch eingefroren und von bester Qualität. Vor dem Tiefgefrieren wird es kurz blanchiert, eine wichtige Vorarbeit, die das Garen im Mikrowellengerät wesentlich erleichtert. Aus der Packung gleich in das Serviergeschirr gefüllt, wird tiefgefrorenes Gemüse in einem Arbeitsgang schnell aufgetaut und gegart.

Konserven

Konserviertes Gemüse in Dosen oder Gläsern ist vorgekocht und wird daher im Mikrowellengerät nur kurz erhitzt.

Garen

In der Regel wird die *Garstufe* (600–750 Watt) für die Zubereitung von Gemüse gewählt. In einigen Rezepten ist auch eine Kombination mit der Fortkochstufe zum schonenden Fertiggaren angegeben.

Gemüse grundsätzlich gut *zugedeckt* garen. So bleibt ausreichend Feuchtigkeit erhalten, die sich unter der Abdeckung bildende Dampfschicht gart das Gericht zudem schneller.

Ein zweimaliges *Umrühren* während des Garvorgangs ist sinnvoll, damit sich die Wärme gleichmäßig verteilt.

Garzeit

Lassen Sie Gemüsegerichte *nicht zu weich garen.* Gemüse schmeckt noch besser, wenn es knackig ist und einen etwas festen Biß hat. Durch Zugabe von mehr Flüssigkeit, als in den Übersichten oder Rezepten angegeben, und längere Zeitwahl bei niedrigerer Einstellung ist das Gericht, sofern erwünscht, weich gegart.

Anordnen im Geschirr

Bei *ungleichmäßig geformtem Gemüse* garen dünnere Teile schneller als dickere. Legen Sie, z.B. bei frischem Brokkoli, die Röschen nach außen, die Stengel in die Mitte des Geschirres.

Anstechen

Ganzes *Gemüse mit festen Schalen,* z.B. Tomaten, Auberginen und Paprikaschoten, vor dem Garen anstechen, damit die Schale nicht platzt.

Salzen

Geben Sie Salz stets in die Kochflüssigkeit und nicht auf das Gemüse, sonst entstehen ausgetrocknete Partien, da Salz dem Gemüse Feuchtigkeit entzieht.

Stehen lassen

Ein kurzes Stehenlassen vor dem Servieren läßt die Temperatur noch ansteigen, die Wärme verteilt sich gleichmäßiger und beendet so den Garvorgang.

Aufwärmen

Für das schnelle Aufwärmen von Gemüse und Gemüsegerichten wählen Sie stets die *Garstufe.*

Erhitzen von Gemüse aus Dosen und Gläsern
Dem Gemüse 3–4 EL Gemüsesaft zufügen, würzen und zugedeckt garen. Zwischendurch 1–2mal umrühren.

Gemüsesorte	Menge	Zeit in Minuten für verschiedene Leistungsstufen			
		700 Watt	650 Watt	600 Watt	500 Watt
Bohnen	300 g	2½	3	4	4½
Erbsen	300 g	2½	3	4	4½
Mais	300 g	3½	4	5	5½
Mischgemüse	500 g	5	5½	6	6½
Möhren	300 g	2½	3	4	4½
Pilze	200 g	2	2¼	2½	3
Rotkohl	400 g	7	7½	8	9
Sauerkraut	300 g	8	9	10	12
Spargel	300 g	2½	3	4	4½
Tomaten	450 g	6	6½	7	8

Hinweis Bei den angegebenen Werten handelt es sich um Richtwerte, die je nach Beschaffenheit des Lebensmittels variieren können.

Garen von tiefgefrorenem Gemüse

Gemüsesorte	Menge	Garzeit in Minuten für verschiedene Leistungsstufen				Anmerkungen
		700 Watt	650 Watt	600 Watt	500 Watt	
Apfelrotkohl	450 g 600 g	9 14	9½ 15	10 16	12 17½	Ohne Flüsigkeitszugabe zugedeckt garen, dabei 1–2mal umrühren.
Balkangemüse	300 g	8	8½	9	11	Mit 3 EL Wasser zugedeckt garen, 1–2mal umrühren.
Blattspinat	300 g	6	6½	7	8½	Ohne Flüssigkeitszugabe zugedeckt garen, dabei 1–2mal umrühren.
Blattspinat, grob geschnitten	450 g	11½	12	13	14½	Ohne Flüssgkeitszugabe zugedeckt garen, dabei 2mal umrühren.
Brechbohnen	300 g	13	14	15½	17	Mit 100 ml Wasser zugedeckt garen, dabei 1–2mal umrühren.
Brokkoli	300 g	9	9½	10	12	Mit 5 EL Wasser zugedeckt garen, 1mal umrühren.
Buttergemüse	300 g	7	7½	8	9½	Mit 2 EL Wasser zugedeckt garen, 2mal umrühren.
Butter-Möhrchen	300 g	9	9½	10	12	Mit 100 ml Wasser zugedeckt garen, dabei 2mal umrühren.
Dicke Bohnen	300 g	13	14	15½	17	Mit 150 ml Wasser zugedeckt garen, dabei 2mal umrühren.
Erbsen	300 g 450 g	3½ 6	3¾ 6½	4 7	4½ 8½	Mit 2–3 EL Wasser zugedeckt garen, dabei 1–2mal umrühren.
Erbsen und Karotten	450 g	11	12	12½	14	Mit 4 EL Wasser zugedeckt garen, dabei 1–2mal umrühren.
Gemüse-Terrinen	450 g	17	18	20	22	Mit ½ l kochendem Wasser zugedeckt garen, dabei mehrmals umrühren.
Kohlrabi	300 g	12	13	14½	16	Mit 4 EL Wasser zugedeckt garen, dabei 1–2mal umrühren.
Leipziger Allerlei	300 g	10½	11	12	13½	Mit 5 EL Wasser zugedeckt garen, dabei 2mal umrühren.
Rahm-Blumenkohl	300 g	10½	11	12	13½	Mit 150 ml Wasser zugedeckt garen.
Rahm-Dicke Bohnen	300 g	9	9½	10	12	Mit 100 ml Wasser zugedeckt garen.
Rahm-Erbsen und Karotten	300 g	9	9½	10	12	Mit 5 EL Wasser zugedeckt garen, dabei 2mal umrühren.
Rahm-Kohlrabi	300 g	10	11	11½	13	Mit 100 ml Wasser zugedeckt garen, dabei 2mal umrühren.
Rahm-Porree	300 g	9	9½	10	12	Mit 2 EL Wasser zugedeckt garen.
Rahm-Rosenkohl	300 g	7	7½	8	9½	Mit 3–4 EL Wasser zugedeckt garen, dabei 2mal umrühren.
Rahm-Spinat Spinat	150 g 300 g 450 g 600 g	5 7 10 14	5½ 7½ 11 15	6 8 11½ 16½	7 9½ 13 18	Ohne Flüssigkeitszugabe gut zugedeckt garen, dabei 2–3mal umrühren.
Rosenkohl	300 g	8	8½	9	11	Mit 6 EL Wasser zugedeckt garen, dabei 1–2mal umrühren.
Sommergemüse	300 g	12	13	14½	16	Mit 100 ml Wasser zugedeckt garen, dabei 1–2mal umrühren.
Suppengemüse ohne Brühe	300 g 450 g	17 22	18 23½	20 25	22 28	Mit 1,5 l heißer Fleischbrühe versetzt zugedeckt garen und mehrmals umrühren.
Würzspinat	450 g	9	9½	10	12	Mit 2 EL Wasser zugedeckt garen, dabei 2mal umrühren.

Hinweis Bei den angegebenen Werten handelt es sich um Richtwerte, die je nach Beschaffenheit des Lebensmittels variieren können.

Gemüse und Gemüsegerichte

Garen von frischem Gemüse

Gemüsesorte	Menge	1. Schritt +	2. Schritt	Anmerkungen
		Garzeit in Minuten für 750–600 Watt	Fortkochen in Minuten für 240–150 Watt	
Artischocken	400 g	10–14	–	Ca. ⅛ l Wasser zugeben.
Auberginen	500 g	9–12	–	In Scheiben schneiden und mit Zitrone beträufeln.
Blattspinat	500 g	8–11	–	Gut abgetropft ohne Flüssigkeitszugabe garen.
Bleichsellerie	500 g	5–6½	5–7	Ca. ⅛ l Wasser zugeben, einmal umrühren.
Blumenkohl	500 g	10–15	–	In Röschen teilen, 8 EL Wasser zugeben, mehrmals umrühren.
Brokkoli	250 g	5½–7	–	Stengel nach innen, Röschen nach außen ins Geschirr legen, 5–6 EL Wasser zugeben.
Chinakohl	500 g	6–8	4–5	In Streifen schneiden und gut zugedeckt garen.
Gemüsezwiebeln	250 g	8–10	–	Mit 4 EL Wasser gut zugedeckt garen.
Grünkohl	500 g	8–10	10–15	Tropfnaß in das Geschirr geben, 2–3mal umrühren.
Kohlrabi	400 g	10–13	–	In Scheiben schneiden, ½ Tasse Milch zugeben und zugedeckt garen.
Lauch	500 g	8–11	–	In Ringe schneiden, mit 6 EL Wasser garen.
Möhren	500 g	5–6	7–9	Vierteln und mit 6–8 EL Wasser gut zugedeckt garen.
Paprikaschoten	500 g	9–11	–	In feine Streifen schneiden und mit 4–5 EL Wasser garen.
Pilze	500 g	7–9	–	Mit 2 EL Zitronensaft garen.
Rosenkohl	500 g	10–12	–	Mit 4–5 EL Wasser garen, 2–3mal umrühren.
Rotkohl	500 g	8–10	15–18	In feine Streifen schneiden und mit ⅛ l Brühe gut zugedeckt garen.
Spargel	600 g	8–10	5–7	Mit Wasser bedeckt garen.
Tomaten	500 g	7–8	–	Kreuzweise einschneiden und ohne Flüssigkeit zugedeckt garen.

Hinweis Bei den angegebenen Werten handelt es sich um Richtwerte, die je nach Beschaffenheit des Lebensmittels variieren können.

Kohlrabi mit Schinken

Foto

Portionen	2
Einstellung	Garen
Gesamtzeit	12–16 Minuten
Geschirr	Schüssel aus Glas, Porzellan, Keramik oder Kunststoff mit Deckel
kcal/kJ p. P.	ca. 375/1575

450 g frischer oder 1 Paket tiefgefrorener Kohlrabi (300 g)
6–7 EL lauwarmes Wasser
1 Ecke Schmelzkäse (62 g)
wenig Salz
weißer Pfeffer aus der Mühle
Muskat
80 g gekochter Schinken
2 kleine Tomaten
1 EL Crème fraîche
2 TL Speisestärke
1 EL gehackte Petersilie

Frischen Kohlrabi putzen, schälen und in feine Stifte schneiden (tiefgefrorenen Kohlrabi aus der Packung nehmen). Das Gemüse mit dem Wasser 9–11 Minuten zugedeckt garen, dabei einmal umrühren. Abgießen. In kleine Stückchen geschnittenen Schmelzkäse darüber verteilen und würzen. Schinken in Streifen schneiden und zugeben.

Umrühren und 1–2 Minuten weitergaren. Abgezogene, geviertelte Tomaten zufügen. Crème fraîche mit Speisestärke glattrühren, über das Gemüse geben und alles vorsichtig mischen. Zugedeckt 2–3 Minuten weitergaren. Mit gehackter Petersilie bestreuen und sofort servieren.
Beilage: Reis oder Kartoffelpüree

Gefüllte Gemüsezwiebeln

Portionen	4
Einstellung	Garen
Gesamtzeit	17–21 Minuten
Geschirr	Halbhohe Schüssel aus Glas, Pozellan, Keramik mit Deckel
kcal/kJ p. P.	ca. 590/2505

4–8 größere
Gemüsezwiebeln
(insgesamt 1 kg)
½–1 Tasse Wasser

Füllung
125 g Schinkenspeck
125 g gemischtes Hackfleisch
1 Ei
2 EL süße Sahne
Salz
weißer Pfeffer aus der Mühle
Paprikapulver, Muskat

Sauce
20 g Speisestärke
1 EL Crème fraîche
Salz
weißer Pfeffer aus der Mühle
1 Eigelb

Die Zwiebeln schälen und so viel vom Inneren herauslösen, daß 2–3 cm Schalen übrig bleiben. In das Geschirr geben, Wasser zufügen und zugedeckt 5–6 Minuten vorgaren.
Für die Füllung in kleine Würfel geschnittenen Schinkenspeck, Hackfleisch, Ei, Sahne und Gewürze mischen. Die Zwiebeln damit füllen, in das Geschirr zurückgeben und zugedeckt 10–12 Minuten weitergaren. Die Zwiebeln aus dem Geschirr auf eine vorgewärmte Servierplatte geben und mit Alufolie zum Warmhalten abdecken. Für die Sauce Speisestärke mit etwas Wasser glattrühren, zur Gemüsebrühe geben, Crème fraîche zugeben, würzen und 2–3 Minuten aufkochen lassen. Mit Eigelb legieren und zu den Zwiebeln servieren.

Zucchini »Toskana«

Portionen	2–3
Einstellung	Garen
Gesamtzeit	18–22 Minuten
Geschirr	Längliche, flache Auflaufform aus Glas, Keramik oder Porzellan
kcal/kJ p. P.	ca. 550/2310

1 Zwiebel
100 g Speck
2 EL Olivenöl
600 g Zucchini
Pfeffer
Knoblauchsalz
Origano
3 Scheiben Schmelzkäse

Zwiebel schälen und fein würfeln. Speck in kleine Stückchen schneiden. Beides in das Geschirr geben, Öl zufügen und offen 7–8 Minuten anbraten, dabei einmal umrühren. Zucchini waschen und in ½ cm dicke Scheiben schneiden. Mit der Speck-Zwiebel-Masse mischen, würzen und 10–12 Minuten offen weiterdünsten, zwischendurch umrühren. Den Käse darüber verteilen und zum Schmelzen 1–2 Minuten weitergaren.

Staudensellerie in heller Sauce

Portionen	2–3
Einstellung	Garen
Gesamtzeit	21½–25 Minuten
Geschirr	1 größere, 1 mittelgroße Schüssel aus Glas, Porzellan, Keramik mit Deckel
kcal/kJ p. P.	ca. 284/1192

600 g Staudensellerie
1½ Tassen Wasser

Sauce
40 g Butter
30 g Speisestärke
¼ l lauwarmes Wasser
1 gehäufter TL gekörnte
Brühe
⅛ l Milch
1 EL Crème fraîche
Salz
weißer Pfeffer aus der Mühle
Muskat

Den Sellerie putzen, waschen und in 2 cm dicke Streifen schneiden. Mit dem Wasser im größeren Geschirr zugedeckt 16–18 Minuten garen. Beiseite stellen.
Die Butter in die mittlere Schüssel geben und offen 1½–2 Minuten schmelzen. Speisestärke unterrühren. Mit lauwarmem Wasser auffüllen, mit einem Schneebesen kräftig verrühren. Gekörnte Brühe, Milch und Crème fraîche zufügen, erneut gut verrühren. Würzen und zugedeckt 4–5 Minuten aufkochen lassen, dabei zweimal kräftig durchrühren. Den Sellerie abgießen, die Sauce darübergeben und sofort servieren.

Gedünsteter Fenchel

Portionen	4	
Einstellung	Garen	Fortkochen
Gesamtzeit	9–11 Min.	6–8 Min.
Geschirr	Flache Schüssel aus Glas, Porzellan oder Keramik mit Deckel	
kcal/kJ p. P.	ca. 285/1155	

3–4 mittelgroße
Fenchelknollen, ca. 800 g
Saft von 1 Zitrone
6–8 EL Wasser
Salz
3 EL Crème fraîche
weißer Pfeffer aus der Mühle
2 EL gehackte Petersilie

Von den Fenchelknollen die grünen Stengel abschneiden. Die Knollen säubern, in dünne Scheiben schneiden und zusammen mit dem Zitronensaft, Wasser und Salz in die Schüssel geben. Zugedeckt 9–11 Minuten garen und 6–8 Minuten fortkochen. Crème fraîche unterrühren, würzen und, mit gehackter Petersilie bestreut, servieren.

Ratatouille

Portionen	4
Einstellung	Garen
Gesamtzeit	17–21 Minuten
Geschirr	Größere Schüssel aus Glas, Keramik, Porzellan oder Kunststoff mit Deckel
kcal/kJ p. P.	ca. 245/1029

2 Auberginen, à 150 g
2 Zucchini, à 150 g
Salz
2 EL Zitronensaft
400 g Tomaten
3 Zwiebeln
4 EL Olivenöl
1 grüne Paprikaschote
1 gelbe Paprikaschote
3 EL Wasser
Salz
weißer Pfeffer aus der Mühle
3 TL Kräuter der Provence
1 Knoblauchzehe
1 Prise Zucker

Auberginen und Zucchini waschen, die Stielenden entfernen und das Gemüse in Scheiben schneiden. Auf einem großen Teller ausbreiten, mit Salz bestreuen und mit Zitronensaft beträufeln, 5–10 Minuten ziehen lassen. Tomaten mit heißem Wasser übergießen, häuten und vierteln. Zwiebeln schälen, in Ringe schneiden und mit dem Öl in die Schüssel geben. Offen 4–5 Minuten glasig dünsten. Paprikaschoten waschen, halbieren, die Kerne entfernen und in feine Streifen schneiden. Zu den Zwiebeln geben und 3–4 Minuten zugedeckt garen. Auberginen, Zucchini und Tomaten dazugeben. Wasser, Gewürze, zerdrückten Knoblauch und Zucker zufügen, umrühren und 10–12 Minuten zugedeckt weitergaren. Zwischendurch einmal umrühren.

DAS BESONDERE REZEPT

Brokkoliparfait

Portionen	4	
Einstellung	Garen	Fortkochen
Gesamtzeit	12–14 Min.	18–20 Min.
Geschirr	Größere Schüssel aus Glas, Porzellan oder Kunststoff; 8 Parfaitförmchen aus Porzellan, Mikrowellenfolie	
kcal/kJ p. P.	ca. 340/1428	

500–600 g frischer oder tiefgefrorener Brokkoli
8–10 EL Wasser
125 ml Hühnerbrühe
5 EL süße Sahne
2 Eiweiß
Salz
weißer Pfeffer aus der Mühle
etwas frisch geriebene Muskatnuß
Butter für die Förmchen

Frischen Brokkoli kalt abspülen, große Stauden halbieren oder vierteln (tiefgefrorenen Brokkoli aus der Packung nehmen). Das Gemüse mit dem Wasser in die Schüssel geben. 12–14 Minuten zugedeckt garen. Anschließend gut abtropfen lassen, von Hand das restliche Wasser kräftig ausdrücken und das Gemüse in der Küchenmaschine fein pürieren. Hühnerbrühe, Sahne und Eiweiß unterrühren. Kräftig würzen. Die Förmchen mit Butter ausfetten, die Masse einfüllen, glattstreichen und jedes Förmchen mit etwas Mikrowellenfolie abdecken. Mit der Fortkochstufe in 18–20 Minuten fertig zubereiten.
Beigabe: Zum Brokkoliparfait paßt eine Knoblauchsauce. Als Beilage paßt dieses Parfait besonders gut zu jeder Art von gegrilltem Fleisch.

Brokkoli mit Käsesauce

Portionen	2
Einstellung	Garen
Gesamtzeit	12–16 Minuten
Geschirr	1 mittelgroße, 1 kleinere Schüssel aus Glas oder Porzellan mit Deckel
kcal/kJ p. P.	ca. 340/1428

*300 g frischer oder
tiefgefrorener Brokkoli
6–8 EL lauwarmes Wasser*

*Sauce
1 EL Butter
1 kleine Zwiebel
80 ml Milch
80 ml süße Sahne
5 EL geriebener Emmentaler
¼ TL Salz
weißer Pfeffer aus der Mühle
Muskat
½ TL Senf nach Belieben
2 gehäufte TL Speisestärke*

Zunächst in der kleineren Schüssel Butter und geschälte, feingewürfelte Zwiebel 2–3 Minuten offen garen. Inzwischen den frischen Brokkoli kalt abspülen. Große Stauden halbieren oder vierteln (tiefgefrorenen Brokkoli aus der Packung nehmen). Das Gemüse mit dem Wasser in die größere Schüssel geben und zugedeckt 8–10 Minuten garen. Dabei einmal umrühren. Milch, Sahne, Käse, Gewürze und Speisestärke mischen und zu den gedünsteten Zwiebeln geben, umrühren und zugedeckt 2–3 Minuten aufkochen lassen. Den Brokkoli abschütten und, mit der Sauce übergossen, servieren.

Gedünsteter Spargel

Portionen	2	
Einstellung	Garen	Fortkochen
Gesamtzeit	9½–11 Min.	5–6 Min.
Geschirr	Längliches Geschirr aus Porzellan, Keramik oder Kunststoff mit Deckel	
kcal/kJ p. P.	ca. 165/693	

*500 g frischer Spargel
knapp ⅛ l Wasser
Salz
Zucker
30 g Butter
1–2 EL frische, gehackte
Petersilie*

Den Spargel schälen, holzige Enden abschneiden, kalt abspülen. Wasser, Salz und etwas Zucker im Geschirr mischen, den Spargel einlegen. Zugedeckt 9–10 Minuten garen und 5–6 Minuten fortkochen. Zwischendurch einmal vorsichtig wenden. Den Spargel aus dem Geschirr auf eine vorgewärmte Platte legen. Butter ½–1 Minute erhitzen und über den Spargel gießen. Mit Petersilie bestreut servieren.

Moussaka »Kreta«

Portionen	4
Einstellung	Garen
Gesamtzeit	16–18 Minuten
Geschirr	Größere, halbhohe Auflaufform aus Pyrex, Pyroflam oder Arcoflam
kcal/kJ p. P.	ca. 675/2835

*500 g Auberginen
etwas Butter zum Ausfetten
der Form
100 g geriebener
Emmentaler
3 Tomaten*

*Fleischfüllung
300 g gemischtes Hackfleisch
1 Zwiebel
2 cl Weinbrand
1 TL Salz
1 TL Zucker
½ TL schwarzer Pfeffer
1 Prise Muskat
½ EL Origano
2 EL Semmelbrösel
2 Knoblauchzehen
125 ml Crème fraîche*

*Guß
3 Eier
150 ml süße Sahne
1 Messerpitze Backpulver
2 TL Speisestärke
Salz
Muskat
weißer Pfeffer aus der Mühle*

Die Auberginen waschen, schälen und in dicke Scheiben schneiden. Die Auflaufform ausfetten, mit den Auberginenscheiben auslegen und mit 50 g geriebenem Käse bestreuen. Für die Fleischfüllung das Hackfleisch mit feingewürfelter Zwiebel, Weinbrand, Gewürzen, Semmelbröseln, zerdrücktem Knoblauch und Crème fraîche gut mischen und gleichmäßig über die Auberginen verteilen. Erneut mit dem restlichen Käse bestreuen. Tomaten waschen, häuten und in Scheiben schneiden. Tomatenscheiben auflegen.

Für den Guß alle Zutaten gut verrühren und über die Tomaten in die Form gießen. Offen 16–18 Minuten garen.
Beilage: Griechischer Bauernsalat.

Bohnentopf

Portionen	2–3
Einstellung	Garen
Gesamtzeit	18–22 Minuten
Geschirr	2 mittelgroße Schüsseln aus Glas, Porzellan oder Kunststoff mit Deckel
kcal/kJ p. P.	ca. 260/1092

*300 g frische oder
tiefgefrorene Bohnen
⅛ l Wasser
1 Zwiebel
50 g durchwachsener Speck
1 Knoblauchzehe
Salz
weißer Pfeffer aus der Mühle
Bohnenkraut
100 g frische Champignons
2 kleine Tomaten*

Frische Bohnen kalt abspülen und die Stielenden entfernen, in kleinere Stücke schneiden (tiefgefrorene Bohnen aus der Packung nehmen). Gemüse in das Geschirr geben, Wasser zufügen und 11–13 Minuten zugedeckt garen, zwischendurch einmal umrühren. Zwiebel schälen, Speck und Knoblauch fein würfeln. Im zweiten Geschirr offen 2–3 Minuten auslassen, die abgetropften Bohnen zufügen, würzen und umrühren. Geputzte Champignons und abgezogene, geviertelte Tomaten zugeben. Alles vorsichtig mischen und 5–6 Minuten zugedeckt weitergaren.

Balkangemüse

Portionen	4
Einstellung	Garen
Gesamtzeit	17½–21 Minuten
Geschirr	Schüssel aus Glas, Porzellan, Keramik oder Kunststoff mit Deckel
kcal/kJ p.P.	ca. 110/462

500 g Auberginen
1 TL Salz
2 EL Öl
300 g grüne und gelbe
Paprikaschoten
250 g Tomaten
1 Knoblauchzehe
Salz
weißer Pfeffer aus der Mühle
Origano
Paprikapulver edelsüß
2 Tropfen Tabasco
2 EL saure Sahne
1 EL Mehl

Die Auberginen waschen und in ½ cm dicke Scheiben schneiden. Mit Salz und 1 EL Öl 7–8 Minuten zugedeckt vorgaren. Paprikaschoten waschen, halbieren, von den Kernen befreien und in Streifen schneiden. Auf die Auberginenscheiben geben und 6–7 Minuten weitergaren. Tomaten waschen, vierteln und zu den anderen Gemüsen geben. Zerdrückten Knoblauch mit 1 EL Öl und den Gewürzen (Menge nach Geschmack) mischen, gleichmäßig über die Tomaten verteilen und zugedeckt 3–4 Minuten weitergaren. Sahne mit Mehl verrühren, zum Gemüse geben und 1½–2 Minuten offen zum Binden weitergaren. Umrühren und nach Belieben abschmecken.

DAS BESONDERE REZEPT

Rosenkohl mit Schinken-Sahne-Sauce

Portionen	2
Einstellung	Garen
Gesamtzeit	13½–17 Minuten
Geschirr	1 mittelgroße und 1 kleine Schüssel aus Glas, Porzellan oder Keramik mit Deckel
kcal/kJ p.P.	ca. 430/1720

300 g frischer oder tiefgefrorener
Rosenkohl
6–7 EL Wasser

Sauce
20 g Butter
1 EL Mehl
200 ml Hühnerbrühe
4 EL süße Sahne
80 g gekochter Schinken
50 g geriebener Emmentaler
weißer Pfeffer aus der Mühle

Frischen Rosenkohl waschen und putzen (tiefgefrorenes Gemüse aus der Packung nehmen). In die mittelgroße Schüssel geben und mit dem Wasser zugedeckt 8–10 Minuten garen. Zwischendurch ein- bis zweimal umrühren. Butter in ein kleineres Gefäß geben und offen ½ Minute zerlassen. Nacheinander Mehl, Brühe und Sahne unterrühren. Offen 4–5 Minuten weitergaren, dabei zweimal umrühren. Inzwischen den Schinken fein würfeln, mit dem Käse zur Sauce geben und 1–1½ Minuten erhitzen. Umrühren, würzen. Den Rosenkohl abgießen, etwas Sauce darübergeben, Rest separat servieren.

Gemüsegericht chinesische Art

Foto

Portionen	2	
Einstellung	Auftauen	Garen
Gesamtzeit	2–3 Min.	10–12 Min.
Geschirr	Bräunungsgeschirr	
kcal/kJ p. P.	ca. 345/1449	

1 Paket tiefgefrorenes
Pfannengemüse »chinesische
Art« (300 g)
1 EL trockener Sherry
1 TL Sojasauce
100 g Shrimps
weißer Pfeffer aus der Mühle

Das Pfannengemüse in der Packung 2–3 Minuten antauen. Das Bräunungsgeschirr leer 3–4 Minuten im Gerät vorheizen, dann das Gemüse hineingeben und unter mehrmaligem Umrühren 8–10 Minuten garen. Die Shrimps zufügen, umrühren und weitere 2 Minuten garen. Mit Sherry, Sojasauce und Pfeffer abschmecken und sofort servieren.

Blumenkohl in Sahnesauce

Portionen	3–4	
Einstellung	Garen	Fortkochen
Gesamtzeit	10–12½ Min.	8–10 Min.
Geschirr	Schüssel aus Glas, Porzellan, Keramik oder Kunststoff mit Deckel	
kcal/kJ p. P.	ca. 235/990	

40 g Butter
⅛ l Brühe
1 Blumenkohl von ca. 500 g
¼ l süße Sahne
Salz
weißer Pfeffer aus der Mühle
frisch geriebene Muskatnuß
2–3 EL Mehl

Die Butter in der Schüssel offen 1–1½ Minuten auslassen. Brühe zugießen und umrühren. Den Blumenkohl putzen, waschen und in Röschen zerteilen. In das Geschirr geben und umrühren. Zugedeckt 6–7 Minuten garen und 8–10 Minuten fortkochen. Zwischendurch einmal vorsichtig wenden. Die restlichen Zutaten mischen, über das Gemüse gießen und zum Binden 3–4 Minuten offen weitergaren. Umrühren und sofort servieren.

Lauch in Sahnesauce

Portionen	4
Einstellung	Garen
Gesamtzeit	16–19 Minuten
Geschirr	Schüssel aus Glas, Porzellan, Keramik oder Kunststoff mit Deckel
kcal/kJ p. P.	ca. 345/1449

600 g Lauch
⅛ l Brühe
⅛ l Milch
50 g Butter
weißer Pfeffer aus der Mühle
Muskat
30 g Mehl
⅛ l süße Sahne
Salz

Lauch der Länge nach halbieren, waschen und in Streifen schneiden. Mit Brühe, Milch, Butter und Gewürzen in die Schüssel geben. Zugedeckt 11–13 Minuten garen. Mehl mit Sahne und Salz mischen, zum Gemüse geben, umrühren und 5–6 Minuten zugedeckt weitergaren.

Champignons in Sahnesauce

Portionen	2
Einstellung	Garen
Gesamtzeit	9–11 Minuten
Geschirr	Schüssel aus Glas, Porzellan, Keramik, oder Kunststoff mit Deckel
kcal/kJ p. P.	ca. 430/1805

600 g frische Champignons
2 TL Zitronensaft
1 TL Butter
100 ml süße Sahne
Salz
weißer Pfeffer aus der Mühle
2 EL Mehl
2 EL trockener Weißwein
2 EL frische, gehackte
Petersilie

Champignons waschen, putzen, große Köpfe halbieren und in das Geschirr geben. Mit Zitronensaft beträufeln und Butterflöckchen aufsetzen. Zugedeckt 6–7 Minuten garen. Inzwischen Sahne, Gewürze, Mehl und Weißwein verrühren, zu den Champignons geben und 3–4 Minuten offen weitergaren, dabei zweimal gut umrühren. Mit frischer Petersilie bestreut servieren.

Champignonragout

Portionen	2
Einstellung	Garen
Gesamtzeit	14–17 Minuten
Geschirr	Schüssel aus Glas, Porzellan, Keramik oder Kunststoff mit Deckel
kcal/kJ p. P.	ca. 235/990

1 Zwiebel
1 Möhre
¼ Sellerieknolle
1 EL Butter
500 g frische Champignons
Salz
weißer Pfeffer aus der Mühle
2 EL Zitronensaft
⅛ l Brühe
1 gehäufter EL Mehl
2 EL gehackte Petersilie

Zwiebel schälen, Möhre und Sellerie putzen. Alles in kleine Stückchen schneiden, mit der Butter in die Schüssel geben und zugedeckt 4–5 Minuten garen. Inzwischen die Champignons putzen und blättrig schneiden. Zu dem Gemüse geben, würzen, mit Zitronensaft beträufeln und 5–6 Minuten geschlossen garen. Mit Brühe auffüllen. Mehl mit etwas Wasser mischen und unterrühren. 5–6 Minuten zugedeckt weitergaren. Mit gehackter Petersilie bestreut servieren.

HINWEIS

Das Champignonragout ist auch eine gute Füllung für Blätterteigpasteten.

DAS BESONDERE REZEPT

Schneller Spinatauflauf

Portionen	2
Einstellung	Garen
Gesamtzeit	6–8 Minuten
Geschirr	Auflaufform aus Glas, Porzellan oder Keramik
kcal/kJ p. P.	ca. 315/1323

300 g Blattspinat, frisch oder tiefgefroren
250 g Tomaten
50 g durchwachsener Speck
etwas Butter zum Ausfetten der Form
Salz, Muskat
weißer Pfeffer aus der Mühle
¼ TL Origano
4 Sardellenfilets
20 g geriebener Parmesan

Frischen Spinat verlesen, waschen und gut abtropfen lassen (tiefgefrorenen Spinat aus der Packung nehmen, in ein separates Geschirr geben, 4–5 EL Wasser zufügen und 5–7 Minuten zugedeckt vorgaren). Tomaten waschen, häuten und halbieren. Den Speck in feine, die Tomaten in grobe Würfel schneiden. Die Auflaufform ausfetten. Zuerst den abgetropften Spinat einfüllen und würzen. Darauf die Speckwürfel geben, dann die Tomaten einfüllen und mit Origano würzen. Sardellenfilets auflegen und alles mit Parmesan bestreuen. Offen 6–8 Minuten garen.
Beilage: Reis.

Blattspinat mit Tomaten

Portionen	2
Einstellung	Garen
Gesamtzeit	14–18 Minuten
Geschirr	2 Schüsseln aus Glas, Porzellan, Keramik oder Kunststoff
kcal/kJ p. P.	ca. 340/1438

300 g frischer oder
tiefgefrorener Blattspinat
75 g durchwachsener,
geräucherter Speck
250 g Tomaten
Salz
Pfeffer aus der Mühle
¼ TL Origano
40 g geriebener Emmentaler

Frischen Spinat verlesen, gründlich waschen und auf ein Sieb geben (tiefgefrorenen Spinat aus der Packung nehmen). Den Spinat in eine Schüssel geben und zugedeckt 7–9 Minuten garen, dabei ein- bis zweimal umrühren. Beiseite stellen. Den Speck in feine Würfel schneiden und in einer zweiten Schüssel offen 2–3 Minuten auslassen. Gewaschene, halbierte und von den Stielansätzen befreite Tomaten mit der Schnittfläche auf den Speck legen. Offen 3–4 Minuten garen. Die Haut mit einer Gabel von den Tomaten abheben. Das Tomatenfleisch mit Salz, Pfeffer und Origano würzen. 2 Minuten offen weitergaren und umrühren. Inzwischen den mit Salz und Pfeffer gewürzten Spinat auf 2 Tellern anrichten. Die Tomaten daraufgeben, mit Käse bestreuen und jeden Teller kurz erhitzen, bis der Käse geschmolzen ist.

Tomaten mit bunter Füllung

Portionen	2–3
Einstellung	Garen
Gesamtzeit	4–6 Minuten
Geschirr	Mittelgroße, halbhohe Schüssel aus Glas, Porzellan oder Keramik
kcal/kJ p. P.	ca. 135/567

3 mittelgroße Fleischtomaten
Salz
weißer Pfeffer aus der Mühle

Füllung
80 g gekochter Schinken
je 40 g Erbsen, Möhren und
Mais aus der Dose (oder
½ Paket tiefgefrorenes,
aufgetautes Balkangemüse)
40 g vorgekochter Reis
1 Ei
4 EL süße Sahne
1 EL Semmelbrösel
40 g geriebener Emmentaler
Salz
weißer Pfeffer aus der Mühle
Paprikapulver
Curry

Die Tomaten waschen, einen Deckel abschneiden, mit einem Teelöffel vorsichtig aushöhlen, innen mit Salz und etwas Pfeffer würzen. Den Schinken sehr fein würfeln, mit den Erbsen, kleingeschnittene Möhren, Mais und Reis mischen. Ei, Sahne, Semmelbrösel und Käse zufügen und alles gut verrühren, würzen. Die Tomaten damit füllen, die Deckel wieder aufsetzen und offen 4–6 Minuten garen.

DAS BESONDERE REZEPT

Spinattomaten

Portionen	4
Einstellung	Garen
Gesamtzeit	16–20 Minuten
Geschirr	1 mittelgroßes Geschirr mit Deckel, 1 Auflaufform, Klarsichtfolie
kcal/kJ p. P.	ca. 375/1575

60 g geräucherter, durchwachsener Speck
1 Zwiebel, 1 EL Butter
1 Paket tiefgefrorener Blattspinat (300 g)
8–10 kleinere Tomaten
Salz, weißer Pfeffer aus der Mühle
Saft von 1 Zitrone
Butter für die Form
80–100 g geriebener Emmentaler

Den Speck würfeln. Die Zwiebel schälen, halbieren und fein hacken. Speck und Zwiebel mit der Butter in das mittelgroße Geschirr geben und offen 4–5 Minuten anbraten. Den Blattspinat aus der Packung nehmen, in das Geschirr geben und zugedeckt 6–7 Minuten garen. Umrühren. Inzwischen die Tomaten waschen, Deckel abschneiden, mit einem Teelöffel vorsichtig aushöhlen. Mit Salz, Pfeffer und Zitronensaft innen würzen. Die Tomaten mit der Spinatmasse füllen und nebeneinander in die ausgefettete Auflaufform setzen. Mit Klarsichtfolie abdecken und 5–6 Minuten garen. Die Folie abnehmen, den Käse aufstreuen und das Gericht nochmals 1–2 Minuten garen, bis der Käse geschmolzen ist.

Vichy-Karotten

Portionen	3–4	
Einstellung	Garen	Fortkochen
Gesamtzeit	7–9 Min.	7–9 Min.
Geschirr	1 mittelgroße Schüssel aus Glas, Keramik, Porzellan mit Deckel	
kcal/kJ p. P.	ca. 120/495	

1 Zwiebel
2 EL Butter
600 g Karotten
5 TL Wasser
1 EL Zucker
1 EL Hühnerbrühe
Salz
weißer Pfeffer aus der Mühle

Die Zwiebel schälen, halbieren, fein würfeln und mit der Butter im Geschirr offen 2–3 Minuten glasig dünsten. Inzwischen die Karotten putzen, waschen und in sehr dünne Scheiben schneiden. In die Schüssel geben, Wasser, Zucker, Hühnerbrühe und Gewürze zufügen. Zugedeckt 5–6 Minuten garen und 7–9 Minuten fortkochen. Zwischendurch einmal umrühren.

Weißkraut naturell

Portionen	3–4
Einstellung	Garen
Gesamtzeit	25–28 Minuten
Geschirr	Schüssel aus Glas, Porzellan, Keramik oder Kunststoff mit Deckel
kcal/kJ p. P.	ca. 180/775

500 g junges Weißkraut
⅛ l warmes Wasser
⅛ l trockener Weißwein
1 TL Salz
50 g Butter
weißer Pfeffer aus der Mühle
Muskat
gemahlener Kümmel
½ TL Zucker

Den Weißkrautkopf putzen, die äußeren Blätter entfernen, vierteln, den Strunk entfernen und feinstreifig schneiden. Mit Wasser, Wein und Salz in die Schüssel geben und zugedeckt 21–23 Minuten garen, dabei zwei- bis dreimal umrühren. Butter und Gewürze darübergeben, umrühren und 4–5 Minuten zugedeckt weitergaren.

Wirsinggemüse

Portionen	2–3
Einstellung	Garen
Gesamtzeit	20–24 Minuten
Geschirr	Größere Schüssel aus Glas, Porzellan, Keramik, Kunststoff mit Deckel
kcal/kJ p. P.	ca. 250/1050

2 Zwiebeln
40 g Butter
500–600 g Wirsing
Salz
weißer Pfeffer aus der Mühle
Muskat
2–3 Wacholderbeeren
⅛ l Brühe
⅛ l süße Sahne

Die Zwiebel schälen, halbieren und fein würfeln. Mit der Butter im Geschirr offen 3–4 Minuten glasig dünsten. Den Wirsing waschen, in sehr feine Streifen schneiden, mit den Gewürzen und der Brühe zu den Zwiebeln in das Geschirr geben, umrühren und zugedeckt 15–17 Minuten garen. Die Sahne darübergeben, umrühren und 2–3 Minuten weitergaren.

Frische Pfifferlinge

Portionen	2
Einstellung	Garen
Gesamtzeit	7–9 Minuten
Geschirr	Kleinere Schüssel aus Glas, Porzellan, Keramik, Kunststoff mit Deckel
kcal/kJ p. P.	ca. 180/756

1 Zwiebel
1 TL Butter
300 g frische Pfifferlinge
1 TL Zitronensaft
Salz
weißer Pfeffer aus der Mühle
1 EL frische, gehackte
Petersilie

Die Zwiebel schälen, halbieren und fein würfeln. Mit der Butter im Geschirr offen 2–3 Minuten glasig dünsten. Pfifferlinge waschen, putzen und große Pilze halbieren. Zur Zwiebel in das Geschirr geben, mit Zitronensaft beträufeln, würzen, umrühren und zugedeckt 5–6 Minuten garen. Mit gehackter Petersilie bestreut servieren.

Kartoffeln, Reis und Teigwaren

Die Beilagen – scheinbar eine Nebensache. Für viele Feinschmecker zählen sie heute jedoch schon zur Hauptsache. Insbesondere aus Kartoffeln und Reis lassen sich im Mikrowellengerät vielfältige Variationen zubereiten, denen man ihre einfache Herkunft nicht mehr anmerkt.

Bei den *Kartoffeln* gibt es unterschiedliche Sorten, die man nach ihrer Kocheigenschaft (z.B. mehlig kochend, festkochend) und nach der Erntezeit (z.B. Früh- oder Spätkartoffeln) unterscheidet. Daraus ergibt sich die Garzeit.

Reis und *Nudeln* müssen quellen, daher benötigen sie fast eine mit dem herkömmlichen Kochen vergleichbare Garzeit. Der Vorteil aber, Reis ohne Anbrennen und Überkochen gleich im Serviergeschirr zuzubereiten, spricht für das Mikrowellengerät. In Variationen, z.B. als Risotto, eröffnen sich viele neue Möglichkeiten der Kombination verschiedener Zutaten.

Überraschen Sie Ihre Familie doch einmal mit *Weißbrotklößen,* einem Gericht, das bisher im Wasserbad lange garen mußte. Mit Mikrowelle zubereitet, sind die Klöße schnell und in attraktiverer Form servierfertig.

Praktische Hinweise

Kartoffeln

Beim Garen von Kartoffeln achten Sie bitte darauf, daß die Kartoffeln entweder möglichst *gleich groß* sind oder in einheitlich große Stücke zerteilt werden.

Stechen Sie die Schale von *Pell-*

Salzkartoffeln gelingen gleichmäßig, wenn sie in gleich große Stücke geschnitten werden.

kartoffeln vor der Zubereitung stets mehrfach an, damit sie nicht platzt.

Geben Sie das *Salz* zuerst in die Kochflüssigkeit und fügen Sie dann die Kartoffeln hinzu. Wenn Sie zwischendurch einmal umrühren, so werden die Kartoffeln stets gleichmäßig gar.

Lassen Sie die Kartoffeln nach der Entnahme aus dem Gerät stets für 1–2 Minuten *nachziehen.* In dieser Zeit verteilt sich die Wärme gleichmäßig und sie garen vollständig durch.

Zugedeckt garen

Kartoffeln, Reis und Nudeln stets gut zugedeckt garen. Man rechnet je Menge Reis die 1½–2fache Menge Wasser oder Brühe als Flüssigkeitszugabe.

Ankochen/Fortkochen

Reis und Nudeln werden stets auf der Garstufe angekocht und müssen dann auf der niedrigeren Fortkochstufe ausquellen.

Salzkartoffeln

Portionen	1
Einstellung	Garen
Gesamtzeit	5–7 Minuten
Geschirr	Kleinere Schüssel aus Glas, Porzellan, Keramik oder Kunststoff mit Deckel
kcal/kJ p. P.	ca. 170/717

250 g Kartoffeln
¼ TL Salz
Wasser

Kartoffeln schälen, halbieren oder vierteln und gut waschen. Wasser – ca. 1½–2 cm hoch im Geschirr – mit Salz mischen, die Kartoffeln dazugeben und zugedeckt 5–7 Minuten garen. Zwischendurch einmal umrühren. Vor dem Servieren ca. 2 Minuten nachziehen lassen.

HINWEIS

Garzeiten für andere Mengen:
▷ 500 g = 10½–13 Minuten
▷ 750 g = 15 –18 Minuten
▷ 1 kg = 20 –23 Minuten

VARIATIONEN

Butter-Petersilien-Kartoffeln: 30 g Butter in einem kleineren Geschirr auslassen, 1–2 Eßlöffel frische, gehackte Petersilie zugeben und über die gegarten, abgetropften Salzkartoffeln geben, vorsichtig im Geschirr wenden und sofort servieren.
Speckkartoffeln: 30 g Speck mit 1 geschälten, feingewürfelten Zwiebel und etwas Öl offen 3–4 Minuten ausbraten. Mit dem ausgelassenen Fett über die gegarten, abgegossenen Salzkartoffeln geben, vorsichtig wenden und sofort servieren.
Gebackene Kartoffeln: Ganze, möglichst gleich große Kartoffeln sehr gut

waschen. Mit einer Gabel mehrmals einstechen, auf einen Porzellanteller legen und mit gut angefeuchtetem Küchenpapier rundum abdecken, dann je nach Menge garen, Zeiten siehe Hinweis links.

Kartoffelpüree

Portionen	4
Einstellung	Garen
Gesamtzeit	14–17 Minuten
Geschirr	2 mittelgroße Schüsseln aus Glas, Keramik, Porzellan mit Deckel
kcal/kJ p. P.	ca. 245/1030

500 g mehligkochende
Kartoffeln
Wasser
Salz
⅛ l Milch
20–30 g Butter
Salz
Muskat
weißer Pfeffer aus der Mühle

Die Kartoffeln schälen, vierteln und gut waschen. Wasser – ca. 1½–2 cm hoch im Geschirr – mit Salz mischen, die Kartoffeln dazugeben und zugedeckt 12–14 Minuten garen. Zwischendurch einmal umrühren. Milch und Butter im zweiten Gefäß 2–3 Minuten zugedeckt erhitzen. Inzwischen die Kartoffeln abgießen. Mit dem elektrischen Handrührgerät mit Schlägern pürieren und würzen. Mit der heißen Milch übergießen und zu einem lockeren Püree verarbeiten.

VARIATION

Käse-Kartoffelpüree: 80–100 g geriebenen Emmentaler zur Milch geben, miterhitzen und mit den Kartoffeln zu Püree verarbeiten.

Kräuterkartoffeln

Portionen	2	
Einstellung	Garen	Fortkochen
Gesamtzeit	6–8 Min.	8–10 Min.
Geschirr	Mittelgroße Schüssel aus Glas, Porzellan, Keramik oder Kunststoff mit Deckel	
kcal/kJ p. P.	ca. 335/1407	

500 g Kartoffeln
⅛ l süße Sahne
3 EL gemischte frische oder tiefgefrorene Kräuter (Dill, Kresse, Schnittlauch, Sauerampfer, Petersilie)
Salz
weißer Pfeffer aus der Mühle

Die Kartoffeln schälen, waschen, in dicke Scheiben schneiden und in das Geschirr legen. Sahne mit Kräutern und Gewürzen verrühren und über die Kartoffeln gießen. Zugedeckt 6–8 Minuten garen und 8–10 Minuten fortkochen. Zwischendurch einmal umrühren.

Bouillonkartoffeln

Portionen	2
Einstellung	Garen
Gesamtzeit	15–18 Minuten
Geschirr	Mittelgroße Schüssel aus Glas, Porzellan, Keramik oder Kunststoff mit Deckel
kcal/kJ p. P.	ca. 195/819

¼ l Fleischbrühe
Salz
weißer Pfeffer aus der Mühle
¼ TL Majoran
½ Bund Suppengrün
500 g Kartoffeln
2 EL frische, gehackte Petersilie

Brühe, Gewürze und geputztes, kleingeschnittenes Suppengrün in das Geschirr geben und zugedeckt

5–6 Minuten erhitzen. Inzwischen die Kartoffeln schälen, waschen, in möglichst gleich große Würfel schneiden und zur Brühe geben. 10–12 Minuten weitergaren. Mit Petersilie bestreut servieren.

Bratkartoffeln

Portionen	3–4
Einstellung	Garen
Gesamtzeit	16–19 Minuten
Geschirr	Schüssel aus Glas, Keramik, Pyrex, Pyroflam oder Arcoflam mit Deckel
kcal/kJ p. P.	ca. 285/1197

2 Zwiebeln
2 EL Öl
500 g Kartoffeln
Salz
weißer Pfeffer aus der Mühle
gemahlener Kümmel
40 g durchwachsener Speck

Zwiebeln schälen, halbieren und in feine Scheiben schneiden. Mit dem Öl im Geschirr offen 5–6 Minuten andünsten. Inzwischen die Kartoffeln schälen, waschen und in Scheiben schneiden. Mit den Gewürzen in das Gefäß einschichten. Kleingewürfelten Speck darüber verteilen und 11–13 Minuten zugedeckt garen, dabei einmal vorsichtig wenden.

DAS BESONDERE REZEPT

Brokkoli-Kartoffel-Medaillons

Portionen	2	
Einstellung	Garen	Fortkochen
Gesamtzeit	9–12 Min.	4–8 Min.
Geschirr	Schüssel aus Glas, Keramik, Porzellan mit Deckel, Bräunungsgeschirr	
kcal/kJ p.P.	ca. 295/1239	

300 g frischer oder tiefgefrorener
Brokkoli, 5 EL Wasser
250 g vorgekochte Pellkartoffeln
125 g Mehl, 1 Ei
Salz, Muskat
weißer Pfeffer aus der Mühle
2–3 EL Öl
150 g Gouda in Scheiben

Frischen Brokkoli kalt abspülen, große Stauden halbieren oder vierteln (tiefgefrorenen Brokkoli aus der Packung nehmen). Das Gemüse in eine Schüssel geben, mit Wasser 8–10 Minuten zugedeckt garen, beiseite stellen. Die Kartoffeln schälen und reiben. Mit Mehl, Ei und Gewürzen zu einem geschmeidigen Kartoffelteig verarbeiten. Dazu am einfachsten das elektrische Handrührgerät mit Knetern einsetzen. Inzwischen das Bräunungsgeschirr für ca. 6 Minuten vorheizen. Aus dem Teig 4–6 gleich große Medaillons formen und flachdrücken. Das Öl im heißen Bräunungsgeschirr verteilen, die Medaillons einlegen und von jeder Seite 2–4 Minuten unter Zuschaltung der Fortkochstufe bräunen lassen. Inzwischen den Brokkoli abgießen. Auf die Medaillons geben, mit Käse belegen und 1–2 Minuten offen garen, bis der Käse geschmolzen ist. Sofort servieren.

HINWEIS

Möchten Sie ein Fix-Produkt für die Kartoffel-Medaillons verwenden, so bereiten Sie es nach Packungsanweisung vor und verfahren weiter, wie im Rezept beschrieben.

Weißbrot-»Klöße« im Ring

Portionen	2–3
Einstellung	Garen
Gesamtzeit	7–9 Minuten
Geschirr	Kleine Schüssel, Gugelhupf- oder Kranzform, Ø 24 cm, aus Glas oder Kunststoff
kcal/kJ p.P.	ca. 380/1596

4 altbackene Semmeln
¼ l süße Sahne
2–3 EL frisch gehackte
Petersilie
¼ TL Salz
Muskat
weißer Peffer aus der Mühle
5 Eier
etwas Butter für die Form
und 2 EL Semmelbrösel

Die Semmeln dünn aufschneiden und nach Belieben unter dem Grill oder in der Pfanne goldbraun rösten. Die Sahne in einer kleinen Schüssel 1–2 Minuten erhitzen, über die Semmelbrösel geben. Petersilie, Gewürze und Eier zufügen. Mit dem elektrischen Handquirl mit Knetern gut vermischen, dann ca. 5 Minuten zum Quellen stehen lassen. Die Form gut einfetten, mit Semmelbröseln gleichmäßig ausstreuen, die Masse einfüllen und, mit Klarsichtfolie abgedeckt, 6–7 Minuten garen. Vor dem Stürzen 1–2 Minuten stehen lassen.

Nudeln   Foto

Portionen	2	
Einstellung	Garen	Fortkochen
Gesamtzeit	7–9 Min.	10–12 Min.
Geschirr	Schüssel aus Glas, Porzellan, Keramik oder Kunststoff mit Deckel	
kcal/kJ p. P.	ca. 250/1050	

1 l lauwarmes Wasser
1 TL Salz
1 TL Öl
250 g Nudeln (Hörnchen, Spaghetti, Makkaroni, Bandnudeln)

Wasser mit Salz und Öl im Geschirr mischen und geschlossen 5–6 Minuten erhitzen. Die Nudeln zugeben, umrühren und 2–3 Minuten mit der Garstufe zugedeckt aufkochen. Anschließend 10–12 Minuten auf der Fortkochstufe ausquellen lassen. Die Nudeln auf ein Sieb geben, mit heißem Wasser kurz überbrausen, abtropfen lassen und als Beilage oder mit Tomatensauce servieren.

VARIATIONEN

Schinken-Käse-Nudeln: 2 EL Butter in das noch warme Geschirr geben. 125 g gekochten, gewürfelten Schinken und die abgetropften Nudeln zufügen. 100 g geriebenen Käse (Parmesan oder Emmentaler) darübergeben und alles gut vermischen. Nochmals 4–5 Minuten offen unter mehrmaligem Umrühren garen.
Spinatnudeln: 150 g tiefgefrorenen Rahmspinat in das noch warme Geschirr geben und zugedeckt 5–6 Minuten garen. Die abgetropften Nudeln und 1 EL Butter zufügen, umrühren und zugedeckt 2–3 Minuten erhitzen. Mit weißem Pfeffer aus der Mühle und frisch gemahlener Muskatnuß gewürzt servieren.

DAS BESONDERE REZEPT

Gnocchi

Portionen	4
Einstellung	Garen
Gesamtzeit	21–26 Minuten
Geschirr	Größere Schüssel aus Glas, Porzellan oder Keramik mit Deckel, 4 kleine Auflaufförmchen
kcal/kJ p. P.	ca. 675/2835

½ l Milch, 80–100 g Grieß
½ TL Salz, 2 EL Butter
2 EL Parmesan
weißer Pfeffer aus der Mühle
Muskat, 2 Eigelb
Butter zum Ausfetten der Förmchen
80–100 g geriebener Emmentaler

Die Milch in eine größere Schüssel geben und zugedeckt in 6–7 Minuten aufkochen lassen. Grieß und Salz einrühren, 1–2 Minuten offen aufkochen, dann 13–15 Minuten auf der Fortkochstufe langsam ziehen lassen. Butter, Parmesan und Gewürze zufügen, dann den heißen, dicken Brei unter mehrmaligem Rühren etwas abkühlen lassen. Die Masse mit einem Messerrücken ca. 1 cm dick auf ein nasses Holzbrett streichen. Mit einem angefeuchteten Glas ca. 20 runde Gnocchi ausstechen. Diese in die 4 gefetteten Auflaufförmchen verteilen, mit geriebenem Emmentaler bestreuen und nochmals 1–2 Minuten erwärmen.

VARIATION

Gnocchi verde: Fügen Sie der Grießmasse noch ca. 150 g gedünsteten, fein pürierten Spinat oder Rahmspinat hinzu. Mit zwei nassen Teelöffeln Klößchen abstechen, auf ein Serviergeschirr legen, mit Klarsichtfolie abdecken und kurz erhitzen. Sofort servieren.

Reis

Portionen	1–2	
Einstellung	Garen	Fortkochen
Gesamtzeit	4–5 Min.	18–20 Min.
Geschirr	Schüssel aus Glas, Keramik, Porzellan oder Kunststoff mit Deckel	
kcal/kJ p.P.	ca. 235/987	

125 g Langkornreis
¼ l Wasser, Salz

Reis, Wasser und Salz im Geschirr verrühren, zugedeckt 4–5 Minuten garen und 18–20 Minuten fortkochen. Dabei keinesfalls mehr umrühren. Vor dem Servieren den Reis mit einer Gabel lockern.

HINWEIS

Garzeiten für andere Mengen:
▷ 250 g Reis mit ½ l Wasser: 7–8 Minuten garen und 19–21 Minuten fortkochen. Diese Menge ist ausreichend für 4 Portionen.
▷ 375 g Reis mit ¾ l Wasser: 9–12 Minuten garen und 20–22 Minuten fortkochen. Diese Menge ist ausreichend für 6 Portionen.

VARIATIONEN

Reisrand: Möchten Sie den Reis als Reisrand servieren, so garen Sie ihn in einer Ringform aus Glas, Porzellan, Kunststoff oder Keramik, die Sie mit Klarsichtfolie abdecken.
Butterreis: 30–50 g Butter zum gegarten Reis geben. Zugedeckt ½–1 Minute schmelzen lassen, gut unterrühren und sofort servieren.
Safranreis: Einige Safranfädchen oder -pulver in wenigen Tropfen heißem Wasser auflösen, zum gekochten Reis geben, umrühren und sofort servieren.

Brühreis: Anstelle Wasser mit Salz gut abgeschmeckte Fleisch- oder Hühnerbrühe gleicher Menge zum Reis geben. Die Garzeiten bleiben gleich.
Curryreis: Dem gekochten Reis je 1 TL Curry und Butter zufügen, umrühren und sofort servieren.
Krabbenreis: 5 Minuten vor Ende der Garzeit 100 g Krabbenfleisch, 2 TL gehackte Kräuter und 1 TL Curry auf den Reis legen und mitgaren. Ca. 5 Minuten ziehen lassen, umrühren und sofort servieren.
Gemüsereis: Frühlingszwiebel, Pilze und 1 kleine rote Paprikaschote in Würfeln dem Reis zufügen und mitgaren lassen.

Djuvec-Reis

Portionen	4	
Einstellung	Garen	Fortkochen
Gesamtzeit	9–11 Min.	20–22 Min.
Geschirr	Schüssel aus Glas, Keramik, Porzellan oder Kunststoff mit Deckel	
kcal/kJ p.P.	ca. 310/1302	

50 g durchwachsener Speck
2 Zwiebeln
1 rote Paprikaschote
1 grüne Paprikaschote
4 Tomaten
250 g Langkornreis
weißer Pfeffer aus der Mühle
½ l Brühe

Speck und geschälte Zwiebeln würfeln, offen im Geschirr 3–4 Minuten anbraten. Die Paprikaschoten waschen, halbieren, die Kerne entfernen. Paprika und Tomaten fein würfeln. Die Gemüsezutaten mit dem Reis zum Speck geben, würzen, mit Brühe auffüllen und gut durchrühren. Zugedeckt 6–7 Minuten garen und 20–22 Minuten auf der Fortkochstufe langsam ziehen lassen.

Tomatenreis

Portionen	1–2	
Einstellung	Garen	Fortkochen
Gesamtzeit	6–8 Min.	18–20 Min.
Geschirr	Schüssel aus Glas, Keramik, Porzellan oder Kunststoff mit Deckel	
kcal/kJ p.P.	ca. 330/1386	

1 Zwiebel
1 EL Butter
1 EL Tomatenmark
½ EL Tomatenketchup
¼ l Brühe
125 g Langkornreis

Zwiebel schälen, würfeln und mit der Butter in der Schüssel offen 2–3 Minuten glasig dünsten. Tomatenmark, Ketchup, Brühe und Reis zufügen. Zugedeckt 4–5 Minuten garen und 18–20 Minuten auf der Fortkochstufe ausquellen lassen.

Risotto

Portionen	2–3	
Einstellung	Garen	Fortkochen
Gesamtzeit	5–7 Min.	18–20 Min.
Geschirr	Schüssel aus Glas, Keramik, Porzellan oder Kunststoff mit Deckel	
kcal/kJ p.P.	ca. 610/2562	

125 g Rundkornreis
¼ l Brühe
Salz
weißer Pfeffer aus der Mühle
Curry
einige Tropfen Sojasauce
2 EL frische, gehackte Petersilie

Reis mit Brühe und den Gewürzen in das Geschirr geben und gut umrühren. Zugedeckt 5–7 Minuten garen und 18–20 Minuten auf der Fortkochstufe ausquellen lassen. Risotto mit einer Gabel lockern und, mit Petersilie bestreut, servieren.

VARIATION

Gemüserisotto: 300 g tiefgefrorenes Sommergemüse aus der Packung nehmen, ins Geschirr geben und mit 4–5 EL Wasser zugedeckt 4–5 Minuten vorgaren. Den Reis mit der Brühe und den Gewürzen zufügen, gut umrühren und weitergaren, wie beschrieben.

Polenta nach Bauernart

Portionen	2
Einstellung	Garen
Gesamtzeit	12–15 Minuten
Geschirr	Schüssel aus Glas, Porzellan, Keramik oder Kunststoff mit Deckel
kcal/kJ p.P.	ca. 405/1701

40 g durchwachsener Speck
1 Zwiebel
½ l lauwarmes Wasser
1–2 EL Hühnerbrühe
125 g Maisgrieß
25 g geriebener Emmentaler
weißer Pfeffer aus der Mühle
Paprika

Den Speck und die geschälte, halbierte Zwiebel fein würfeln. Offen im Geschirr 2–3 Minuten anrösten. Wasser und Hühnerbrühe hinzugeben. Zugedeckt 5–6 Minuten aufkochen lassen. Den Grieß einrühren und zugedeckt 5–6 Minuten weitergaren. Den Käse darüberstreuen, würzen und kräftig umrühren.

Feinkostsalate

Dieses Kapitel erscheint ungewöhnlich in Verbindung mit der Mikrowelle. Es gibt jedoch eine Reihe von Salaten aus rohen, tiefgefrorenen bzw. vorgekochten Zutaten, für die es einfach ideal ist, sie gleich in der Servierschüssel nacheinander mit der Mikrowelle zu einem schmackhaften Salat zu verarbeiten. Dabei können Sie sowohl frische als auch tiefgefrorene, im Mikrowellengerät aufgetaute Gemüsezutaten verwenden.

Praktische Hinweise

Zugedeckt garen

Salate stets in ausreichend großen Geschirren gut zugedeckt garen. Haben Sie für Ihr Gefäß keinen passenden Deckel oder spezielle Mikrowellenfolie zur Hand, so verwenden Sie *Klarsichtfolie* zum Abdecken. Stechen Sie die Folie an der Oberseite stets mehrmals ein, damit der sich bildende Dampf entweichen kann.

Nicht zu weich garen

Lassen Sie die Salatzutaten nicht zu weich garen. Der Salat schmeckt besser, wenn das Gemüse knackig ist und einen etwas festen Biß hat.

Werden angerührte Salatsaucen zugedeckt kurz ins Gerät gestellt, so entfalten sie ein besseres Aroma. Ist kein passender Deckel zur Hand, verwendet man zum Abdecken die Mikrowellen-Spezialfolie.

TK-Gemüse

Gefrorenes Gemüse aus der Packung gleich in der Salatschüssel antauen und weiterverarbeiten oder mit den anderen Zutaten garen.

Warme Salate

Bei warmen Salaten wird die *Marinade* zu den noch warmen Zutaten gegeben. So entfaltet der Salat beim Abkühlen sein volles Aroma.

Kalte Salate

Bereits *angemachte* kalte Salate, z.B. Tomaten-, Möhren- oder Gurkensalat, ziehen schneller durch, wenn sie kurz im Mikrowellengerät erwärmt werden.

Salatsaucen

Geben Sie Salatsaucen, zubereitet mit gefrorenen oder getrockneten Kräutern, stets kurz ins Mikrowellengerät. So entfalten die Gewürze ein noch besseres, intensiveres Aroma.

Bayerischer Kartoffelsalat

Portionen	2
Einstellung	Garen
Gesamtzeit	13–17 Minuten
Geschirr	2 mittelgroße Schüsseln aus Glas, Keramik, Porzellan oder Kunststoff mit Deckel
kcal/kJ p. P.	ca. 555/2331

500 g Salatkartoffeln
100 g geräucherter, durchwachsener Speck
1 Zwiebel
4 EL Wein- oder Obstessig
4 EL Brühe
Salz
weißer Pfeffer aus der Mühle
gemahlener Kümmel
2 EL frische, gehackte Petersilie

Die Kartoffeln waschen, schälen und in ½ cm dicke Scheiben schneiden. Mit ca. ½ Tasse Wasser im zugedeckten Geschirr 8–10 Minuten garen, beiseite stellen. In einem zweiten Geschirr gewürfelten Speck und geschälte, feingehackte Zwiebel offen 4–5 Minuten dünsten. Essig, Brühe, Salz, Pfeffer und Kümmel dazugeben. 1–2 Minuten erhitzen. Die Kartoffeln abgießen, zur Sauce geben, vorsichtig unterheben und, mit Petersilie bestreut, noch warm servieren.

Selleriesalat à la Waldorf

Portionen	2
Einstellung	Garen
Gesamtzeit	10–12 Minuten
Geschirr	Schüssel aus Glas, Porzellan, Keramik oder Kunststoff mit Deckel
kcal/kJ p. P.	ca. 240/1020

1 Sellerieknolle von ca. 400 g
⅛ l Wasser
3 EL Zitronensaft
½ TL Salz
1 Prise Zucker
1 EL Öl
3 EL saure Sahne
3 kleine Äpfel
4 Scheiben Ananas
gehackte oder gemahlene Haselnüsse

Die Sellerieknolle schälen und würfeln oder in Stifte schneiden. Mit dem Wasser in das Geschirr geben und zugedeckt 10–12 Minuten garen. Inzwischen Zitronensaft, Salz, Zucker, Öl und saure Sahne verrühren. Die Äpfel schälen, das Kernhaus entfernen, würfeln und gleich zur Marinade geben, damit sie nicht dunkel werden. Gewürfelte Ananas zufügen. Sellerie abgießen, die Marinade dazugeben, gut mischen und mit Haselnüssen bestreuen. Abkühlen und dabei durchziehen lassen.

Bunter Fischsalat

Foto

Portionen	4
Einstellung	Garen
Gesamtzeit	13½–16 Minuten
Geschirr	1 kleinere Schüssel, 1 größere, flache Schale aus Glas oder Porzellan mit Deckel
kcal/kJ p. P.	ca. 435/1827

300 g frische oder tiefgefrorene Erbsen
400 g tiefgefrorenes Rotbarschfilet
1 EL Zitronensaft
⅛ l trockener Weißwein
Salz
150 g Staudensellerie
2 mittelgroße Gewürzgurken
1 Kopfsalat
2 hartgekochte Eier
2 EL frisch gehackte Petersilie

Salatsauce
50 g Mayonnaise
½ Becher Joghurt
⅛ l saure Sahne
3 EL Fischsud
Salz
Cayennepfeffer
2 Tropfen Tabasco

Frische Erbsen waschen und gut abtropfen lassen (gefrorene Erbsen aus der Packung nehmen). Mit 4–6 EL Wasser in einem kleineren Geschirr 3½–4 Minuten zugedeckt vorgaren, beiseite stellen. Inzwischen das Fischfilet aus der Packung in ein zweites Geschirr geben, mit Zitronensaft und Weißwein übergießen und salzen. Zugedeckt 10–12 Minuten garen. Im Sud bei geöffnetem Deckel abkühlen lassen. Gewaschenen, abgetropften Staudensellerie und Gewürzgurken in feine Stifte schneiden. Den Kopfsalat putzen, waschen und abtropfen lassen. Den Fisch in mundgerechte Stücke teilen. Eine flache Schale mit Salatblättern auslegen. Abgetropfte Erbsen, Fischstük-ke, Sellerie- und Gurkenstifte darauf anrichten. Aus Mayonnaise, Joghurt, saurer Sahne, Fischsud, Salz, Cayennepfeffer und Tabasco eine Sauce anrühren und über die angerichteten Zutaten geben. Mit Eischeiben belegen und mit gehackter Petersilie bestreuen.

Krautsalat

Portionen	4
Einstellung	Garen
Gesamtzeit	15–18 Minuten
Geschirr	Größere Schüssel aus Glas, Porzellan, Keramik oder Kunststoff mit Deckel
kcal/kJ p. P.	ca. 245/1029

50 g durchwachsener, geräucherter Speck
500 g Weißkohl
5–7 Wacholderbeeren
¼ l Wasser
5–6 EL Wein- oder Obstessig
1 TL Salz
1 Prise Zucker
1 gewürfelte Zwiebel
½ TL Kümmel, ganz oder gemahlen
2 EL Öl

Den Speck würfeln, in das Geschirr geben und offen 2–3 Minuten auslassen. Den Weißkohl sehr fein schneiden, mit den Wacholderbeeren zum Speck geben, mit Wasser auffüllen und 13–15 Minuten zugedeckt garen. Zwischendurch einmal umrühren. Alle anderen Zutaten dazugeben und gut untermischen. Abkühlen und dabei durchziehen lassen.

DAS BESONDERE REZEPT

Spanischer Muschelsalat

Portionen	4	
Einstellung	Garen	Fortkochen
Gesamtzeit	13–17 Min.	8–10 Min.
Geschirr	1 größere, 1 mittelgroße Schüssel aus Glas, Keramik oder Porzellan mit Deckel	
kcal/kJ p. P.	ca. 575/2415	

½ l lauwarmes Wasser, Salz
½ EL Öl, 125 g Muschelnudeln
450 g frische oder tiefgefrorene Erbsen
250 g frische Champignons
1 Glas spanische Muscheln im eigenen
Saft (ca. 250 g Einwaage)
200 g Fleischwurst

Marinade
4 EL Wein- oder Obstessig, 5 EL Öl
2–3 EL gemischte Kräuter (Dill, Kresse,
Kerbel, Schnittlauch, Petersilie,
Sauerampfer)
Salz, weißer Pfeffer aus der Mühle
Knoblauchpulver, Cayennepfeffer

Wasser mit Salz und Öl in einem größeren Geschirr zugedeckt 4–5 Minuten erhitzen. Die Nudeln zugeben, umrühren und 2–3 Minuten auf der Garstufe geschlossen aufkochen. Anschließend 8–10 Minuten auf der Fortkochstufe ausquellen lassen. Beiseite stellen. Frische Erbsen waschen und abtropfen lassen (gefrorene Erbsen aus der Packung nehmen). Das Gemüse mit den geputzten, geviertelten Champignons und 5–6 EL Wasser 7–9 Minuten in einer mittelgroßen Schüssel zugedeckt garen. Die Nudeln und das Gemüse abgießen und kalt abbrausen, in eine Schüssel geben. Unter mehrmaligem Umrühren weiter abkühlen lassen. Die Muscheln abgießen und mit der in Scheiben geschnittenen Fleischwurst zu den Nudeln geben.
Für die Marinade Essig, Öl, Kräuter und Gewürze verrühren. Sorgfältig unterheben und den so vorbereiteten Salat im Kühlschrank ca. 30 Minuten durchziehen lassen.

Italienischer Gemüsesalat
Foto rechts

Portionen	4
Einstellung	Auftauen
Gesamtzeit	12–14 Minuten
Geschirr	Größere Schüssel aus Glas, Porzellan, Keramik oder Kunststoff mit Deckel
kcal/kJ p. P.	ca. 342/1436

600 g tiefgerorenes
Balkangemüse
75 g Silberzwiebeln
80 g Salami in dünnen
Scheiben
2 EL Wein- oder Obstessig
1 Knoblauchzehe
Salz
1 Prise Zucker
2 EL Chilisauce
4 EL Olivenöl
1 Kopfsalat
2–4 EL Kresse

Das Balkangemüse in eine größere Schüssel geben und zugedeckt 12–14 Minuten auftauen. Zwischendurch zwei- bis dreimal umrühren. Das aufgetaute Gemüse mit abgetropften Silberzwiebeln und halbierten Salamischeiben mischen. Mit einer Sauce aus Weinessig, zerdrücktem Knoblauch, Salz, Zucker, Chilisauce und Olivenöl marinieren. Etwas durchziehen lassen. Inzwischen die Blätter des Kopfsalates abtrennen, waschen und gut abtropfen lassen. 4 Glasschälchen damit auslegen, den Gemüsesalat einfüllen und, mit Kresse garniert, servieren.

Zigeunersalat

Portionen	2
Einstellung	Garen
Gesamtzeit	13–15 Minuten
Geschirr	Schüssel aus Glas, Porzellan, Keramik oder Kunststoff mit Deckel
kcal/kJ p. P.	ca. 365/1533

500 g rote, grüne und gelbe
Paprikaschoten
⅛ l Wasser
½ TL Salz
1 Zwiebel
4–5 EL Wein- oder Obstessig
1 Prise Zucker
weißer Pfeffer aus der Mühle
Paprikapulver edelsüß
½ TL Senf
2 EL Öl
2 Tomaten
175 g Salami
1 Peperoni

Die Paprikaschoten waschen, halbieren und von den Kernen befreien, in feine Streifen schneiden. Mit Wasser und Salz in das Geschirr geben. Zugedeckt 13–15 Minuten garen, abgießen. Die Zwiebel schälen und fein hacken. Mit Essig, Zucker, Gewürzen, Senf und Öl zu den Paprikastreifen geben. Tomaten waschen, kurz überbrühen, häuten und achteln. Salami und Peperoni in Streifen bzw. dünne Scheiben schneiden und zum Salat geben. Gut durchmischen und abkühlen lassen.

VARIATION

Zucchinisalat: Anstelle der Paprikaschoten ca. 700 g Zucchini waschen und das äußere Ende abschneiden. Mit etwas Öl und Wasser beträufeln und zugedeckt 13–15 Minuten garen. Abkühlen lassen und in Scheiben schneiden. Mit den anderen Zutaten des Rezepts als Salat anrichten.

Geflügel-Reis-Salat

Portionen	4	
Einstellung	Garen	Fortkochen
Gesamtzeit	8–10 Min.	20–22 Min.
Geschirr	Größere Schüssel aus Glas, Porzellan, Keramik oder Kunststoff mit Deckel	
kcal/kJ p. P.	ca. 355/1490	

250 g frische oder
tiefgefrorene Erbsen
200 g Geflügelfleisch
(Putenschnitzel oder
Hähnchenbrust)
Salz
Curry
weißer Pfeffer aus der Mühle
einige Tropfen Sojasauce
Cayennepfeffer
125 g Langkornreis
¼ l Hühnerbrühe
200 g frische Champignons

Marinade
je 4–5 EL Öl und Weinessig
Salz
1 Prise Zucker
Curry
Paprikapulver edelsüß
½ TL Senf
2 EL Dosenmilch

Frische Erbsen waschen und abtropfen lassen (gefrorene Erbsen aus der Packung nehmen). Die Erbsen mit dem gewürfelten, gut gewürzten Geflügelfleisch in das Geschirr geben. Reis und Brühe zufügen. Umrühren und zugedeckt 8–10 Minuten garen. Geputzte, geviertelte Champignons zufügen und 20–22 Minuten fortkochen. Anschließend unter mehrmaligem Umrühren abkühlen lassen.
Für die Marinade alle Zutaten verrühren, zum Salat geben und vorsichtig unterheben. Nochmals abschmecken und ca. 20 Minuten durchziehen lassen.

VARIATION

Fruchtig-pikanter Geflügelsalat: Anstelle der Gemüsebeigaben (Champignons, Erbsen) können Sie den Salat auch mit gedünstetem Obst, z. B. Pfirsichen, Mandarinen oder Mangos, zubereiten.

Terrinen und Fondues

Terrinen

Terrinen zählen zum Feinsten der »nouvelle cuisine«. Während Pasteten mit einem dekorativen Teigmantel umhüllt sind, zeigen Terrinen erst beim Anschneiden ihr optisch schönes Bild. Sie müssen im Wasserbad bei konstanter Temperatur gegart werden. Mit Mikrowelle ist die Zeit auf ca. ¼ reduziert.

Ob Fisch oder Fleisch, Gemüse oder Innereien, für Terrinen gibt es vielfältige Kombinationen und Formen. Sie müssen daher nicht unbedingt in rechteckigen Formen zubereitet werden. Runde, halbhohe Gefäße, z.B. Ringformen aus Glas oder Kunststoff und Schüsseln bzw. ovale Terrinenformen aus Porzellan, sind ebenfalls bestens geeignet. In eingefetteten oder mit Klarsichtfolie ausgelegten Geschirren bzw. Formen lassen sie sich gut stürzen. Terrinen werden kalt oder warm, als Vorspeise oder Hauptgericht serviert.

Praktische Hinweise für Terrinen

Luftblasen

Stoßen Sie die Terrine während des Einfüllens stets einige Male auf die Arbeitsfläche auf, damit eventuelle Luftblasen entweichen können.

Vorgaren

Garen Sie die Zutaten für *Gemüsefüllungen* stets mit der Mikrowelle vor. So erhalten Sie ihre typische Farbe und Struktur.

Richtig gewürzt?

Möchten Sie testen, ob die Farce ausreichend gewürzt ist, garen Sie ca. ½ TL der Masse auf einem Porzellanteller vor, probieren Sie.

Garen

Terrinen werden grundsätzlich *gut abgedeckt* auf der hohen Stufe angegart und dann auf der Fortkochstufe langsam fertiggegart.

Innentemperatur

Sollten Sie einmal die Rezeptur verändern oder ein anderes Geschirr einsetzen wollen, können Sie mit einem *Fleisch- oder Mikrowellenthermometer* schnell die Innentemperatur überprüfen. Stechen Sie das Thermometer in die Mitte ein und warten 1–2 Minuten. Bei 60–70 °C ist die Terrine ausreichend gegart.

Ruhen lassen

Nach der Zubereitung sollen Terrinen stets 5–10 Minuten ruhen, bevor sie gestürzt werden. Ein klarer Fleischsaft zeigt an, daß die Terrine durch und durch gar ist.

Fondues

Ob für zwei oder mehr Personen – ein Fondue erlaubt stets ein gemütliches, ruhiges Beisammensein.

Die Bezeichnung Fondue stammt von »fondre« (franz. = schmelzen), und das ist bei allen Fondues gleich:

Verschiedene Zutaten – Käse, Brühe oder Schokolade – werden in einem hitzebeständigen, mikrowellengeeigneten Geschirr aus Keramik, Glaskeramik oder Porzellan geschmolzen und erhitzt. Damit das vorbereitete Fondue gleichmäßig warm bleibt, stellt man es im Anschluß an das Schmelzen und Erhitzen im Mikrowellengerät auf ein *Rechaud.*

Diverse Beigaben wie Fleischstücke, Stangenweißbrot, kleine Partywürstchen, Schinkenwürfel und Gemüsestücke für pikante Fondues bzw. Früchte, Löffelbiskuits oder Kekse für süße Fondues werden auf spezielle *Fonduegabeln* aufgespießt und in die heiße Flüssigkeit eingetaucht. Käse- oder Schokoladenfondues dürfen *nicht zu stark kochen,* sonst setzen sie am Boden an. Jeder, der seine Gabel eintaucht, sollte das Fondue umrühren.

Feine Lachsterrine

Foto

Portionen	4–6	
Einstellung	Garen	Fortkochen
Gesamtzeit	8–10 Min.	18–20 Min.
Geschirr	Suppentasse, rechteckige Form, ca. 25 × 10 cm, aus Glas, Porzellan oder Kunststoff, Klarsichtfolie	
kcal/kJ p. P.	ca. 645/2709	

1 Zwiebel
1 TL Butter
800 g frisches Lachsfilet
Salz
weißer Pfeffer aus der Mühle
1–2 TL Zitronensaft
100 g Toastbrot oder Rinde
1 Ei
Muskat
300 ml süße Sahne
2 Eiweiß
50 g gewürfelte Trüffeln
Butter zum Einfetten der Form
2 EL frisch gehackter Dill
1 gekochtes Ei

Die Zwiebel schälen, halbieren und fein würfeln. Mit der Butter in einer Suppentasse 2–3 Minuten glasig dünsten. Abkühlen lassen. Inzwischen das Lachsfilet häuten und vollständig entgräten. Ein längliches Stück für die Füllung auf einen Teller legen, salzen, pfeffern und mit Zitronensaft beträufeln. Das restliche Fischfilet fein würfeln und in eine Schüssel geben. Die gedünstete Zwiebel, kleingeschnittenes Toastbrot, Ei, Salz, Pfeffer, Muskat und Sahne zufügen. Gut verrühren. Anschließend im Mixer oder in der elektrischen Küchenmaschine sehr fein pürieren. Steifgeschlagenen Eischnee vorsichtig unterheben. Die gefettete Form mit der Hälfte der Farce ausstreichen und zwei- bis dreimal auf der Arbeitsfläche aufstoßen. Das längliche Stück Lachsfilet in die Mitte geben, dabei einen Rand von ca. 1 cm freilassen. Mit der restlichen Farce bestreichen. Die Form nochmals aufstoßen. Mit Klarsichtfolie abgedeckt 6–7 Minuten garen und 18–20 Minuten fortkochen. Die Terrine noch ca. 10 Minuten in der Form ruhen lassen. Den Sud abgießen und die Terrine auf eine längliche, vorgewärmte Platte stürzen. Mit Dill bestreuen und mit Eischeiben belegen.
Beilagen: Reis, gemischter Salat oder Blattspinat.

VARIATIONEN

▷ Zum Füllen der Terrine eignen sich neben den Lachsstreifen auch Krabben oder Muscheln.
▷ Besonders dekorativ kann auch eine *Gemüsefüllung* aus ca. 300 g gedünsteten Erbsen sein. Die Erbsen mit dem Mixer (Pürierstab) oder in der Küchenmaschine fein pürieren. Mit Salz und Pfeffer abschmecken und 1 Ei unterrühren. In die gefettete Form zunächst die Hälfte der Lachsmasse einfüllen, die Erbsen-Mousse gleichmäßig darauf verstreichen und mit der restlichen Lachsmasse bedecken. Die Form auf der Arbeitsplatte mehrmals aufstoßen, dann mit Klarsichtfolie abgedeckt garen.

Einfache Geflügelterrine

Portionen	2–3	
Einstellung	Garen	Fortkochen
Gesamtzeit	3–4 Min.	8–10 Min.
Geschirr	Kleinere Ring- oder Napfkuchenform aus Glas oder Kunststoff, Klarsichtfolie	
kcal/kJ p. P.	ca. 245/1029	

1 altbackene Semmel
5 EL Milch
2 EL trockener Weißwein
180 g weißes Geflügelfleisch (Hähnchen- oder Putenbrust)
1 kleine Zwiebel
1 TL Butter
2 Eigelb
1 EL frische, gehackte Petersilie
½ TL Salz
weißer Pfeffer aus der Mühle
Curry
2 Eiweiß
Butter und Semmelbrösel für die Form

Die Semmel in feine Scheiben schneiden. Mit Weißwein und Milch einweichen. Das gewürfelte Geflügelfleisch mit der Zwiebel zweimal durch die feinste Scheibe des Fleischwolfs drehen oder in der elektrischen Küchenmaschine fein zerkleinern. Die ausgedrückte Semmel, Butter, Eigelb, Petersilie und Gewürze zufügen und zu einer glatten Masse verarbeiten. Steifgeschlagenes Eiweiß vorsichtig unterziehen. Die Masse in eine gefettete, mit Semmelbröseln ausgestreute Form füllen. 3–4 Minuten abgedeckt garen und 8–10 Minuten fortkochen. Auf eine vorgewärmte Platte stürzen, aufschneiden und sofort servieren.
Beilagen: Stangenweißbrot, Burgundersauce, Feldsalat.

VARIATION

Geflügelterrine mit bunter Gemüsefüllung: Bereiten Sie alle Zutaten, wie im Rezept beschrieben, vor. Stellen Sie zusätzlich ca. 100 g Zucchini in gleich dicke Scheiben von ½ cm und ca. 250 g gestiftelte Möhren bereit. Beide Gemüsebeigaben müssen ca. 5 Minuten abgedeckt angedünstet werden. Nun legen Sie die gefettete Form zunächst mit Zucchinischeiben aus. Dann erst wird ca. ⅓ der Farce vorsichtig aufgetragen. Die Hälfte der Brokkoliröschen in die Mitte geben und eng daneben einige gestiftelte Möhren legen. Achten Sie dabei darauf, daß ein Rand von ca. ½ cm frei bleibt. Nun die Form zwei- bis dreimal aufstoßen. Erneut Farce und Gemüse einfüllen, mit einer Schicht Farce abschließen. Nochmals gut aufstoßen und, mit Klarsichtfolie abgedeckt, 8–9 Minuten garen und 19–21 Minuten fortkochen. Die Terrine in der Form noch 10 Minuten ruhen lassen. Danach den Fleischsaft abgießen, die Terrine stürzen und eventuell mit Küchenpapier trockentupfen, dann erst in Scheiben schneiden. Kalt als Vorspeise oder warm als Hauptgericht servieren.

Pikante Fischterrine nach Art des Hauses

Portionen	6–8	
Einstellung	Garen	Fortkochen
Gesamtzeit	9½–12 Min.	24–26 Min.
Geschirr	Ringform – ca. 1,5–2 l Inhalt – aus Glas oder Kunststoff, Klarsichtfolie	
kcal/kJ p. P.	ca. 680/2856	

400 g Seelachsfilet, frisch
oder tiefgefroren und
aufgetaut
2–3 EL Zitronensaft
Salz
weißer Pfeffer aus der Mühle
200 ml süße Sahne
2 Eiweiß
je 4 EL frische, gehackte
Petersilie und Dill
1 kleine rote Paprikaschote
Cayennepfeffer
Paprikapulver
Butter zum Einfetten der
Form
12–14 große Schollenfilets,
frisch oder aufgetaut

Das Seelachsfilet kalt abspülen und mit Küchenpapier sehr gut trockentupfen, würfeln und für ca. 10 Minuten im Gefrierfach durchkühlen. Anschließend mit 1 EL Zitronensaft, Salz und Pfeffer würzen. Im Mixer oder in der Küchenmaschine sehr fein pürieren. Süße Sahne zufügen und umrühren. Steifgeschlagenes Eiweiß und die Trüffelwürfel vorsichtig unterheben. Die Masse teilen. Die eine Hälfte mit feingehackter Petersilie und Dill mischen. Die Paprikaschote waschen, halbieren, von den Kernen befreien und sehr fein würfeln. Auf einen Teller geben, mit Klarsichtfolie abdecken und 1½–2 Minuten andünsten. Abkühlen lassen. Mit Cayennepfeffer und Paprikapulver zur zweiten Hälfte der Fischmasse geben und gut verrühren. Die Ringform einfetten und mit

Schollenfilets so auslegen, daß die Filetenden über den Formrand hinaushängen. Mit 1–2 EL Zitronensaft bestreichen. Abwechselnd die grüne und rote Fischfarce einfüllen. Die Oberfläche glattstreichen, die überstehenden Fischenden umschlagen und leicht andrücken. Mit Klarsichtfolie abgedeckt 8–10 Minuten garen und 24–26 Minuten fortkochen, dann ca. 10 Minuten ruhen lassen. Den Fischsud abgießen, die Terrine auf eine vorgewärmte Platte stürzen und in Scheiben schneiden.
Beilagen: Reis, Kapernsauce, grüner Salat.

Fiskepudding
Raffinierte Fischterrine auf norwegische Art

Portionen	4	
Einstellung	Garen	Fortkochen
Gesamtzeit	2–3 Min.	10–12 Min.
Geschirr	Runde, halbhohe Schüssel aus Glas, Keramik, Porzellan oder Kunststoff mit Deckel	
kcal/kJ p. P.	ca. 590/2470	

250 g Kabeljaufilet, frisch
oder tiefgefroren und
aufgetaut
1 TL Salz
½ TL Ingwer
½ TL geriebene Muskatnuß
¼ TL frisch gemahlener
weißer Pfeffer
1 gestrichener EL
Speisestärke
300 ml süße Sahne
1 Eiweiß
Butter zum Einfetten
1 EL frischer, gehackter Dill

Das Kabeljaufilet kalt abspülen und mit dem Küchenpapier sehr gut trockentupfen. In Würfel schneiden und mit dem Salz im Mixer oder in der elektrischen Küchenmaschine sehr fein pürieren.

Die restlichen Gewürze, Speisestärke und Sahne dazugeben, umrühren und steifgeschlagenen Eischnee unterziehen. In eine leicht eingefettete Schüssel geben. Mit Klarsichtfolie abgedeckt 2–3 Minuten garen und 10–12 Minuten fortkochen. 5 Minuten ruhen lassen. Den Fischsud abgießen und die Terrine auf eine vorgewärmte Platte stürzen. Mit gehacktem Dill bestreuen und sofort servieren.
Beilagen: Salzkartoffeln, Senf- oder Tomatensauce, grüner Salat.

Leberterrine mit Gemüsefüllung
Foto

Portionen	2–3	
Einstellung	Garen	Fortkochen
Gesamtzeit	14–17 Min.	15–18 Min.
Geschirr	1 kleinere Schüssel, 1 Suppentasse, 1 runde Schüssel, Ø ca. 16 cm, aus Glas oder Porzellan mit Deckel	
kcal/kJ p. P.	ca. 610/2562	

80–100 g frische oder
tiefgefrorene grüne Bohnen
80–100 g frische oder
tiefgefrorene Kohlrabi
1 Zwiebel
1 TL Butter
200 g Kalbsleber
200 g Putenfleisch
150 ml süße Sahne
Salz
Pfeffer
Majoran
Thymian
1 cl Cognac
2 Eiweiß
150 g Speck
1 Lorbeerblatt
1 Rosmarinzweig

Frische Bohnen waschen und die Stielenden entfernen (tiefgefrorene Bohnen aus der Packung nehmen). Kohlrabi waschen, schälen und in Stifte schneiden (tiefgefrorene Kohlrabi aus

der Packung nehmen). Bohnen und Kohlrabi in eine kleine Schüssel geben und mit 1 Tasse Wasser zugedeckt 9–11 Minuten vorgaren. Auf ein Sieb geben, abtropfen und abkühlen lassen. Die Zwiebel schälen, halbieren und fein würfeln. Mit der Butter in einer Suppentasse 3–4 Minuten glasig dünsten. Die Leber häuten, kalt abspülen und mit Küchenpapier gut trockentupfen. Zwiebelwürfel, kleingeschnittene Leber und Putenfleisch zweimal durch die feinste Scheibe des Fleischwolfs drehen oder in der elektrischen Küchenmaschine zerkleinern. Sahne unterrühren. Mit Salz, Gewürzen und Cognac pikant abschmecken. Eiweiß zu steifem Schnee schlagen und gleichmäßig unterheben. Die Form mit Speckscheiben auslegen. Die Hälfte der Farce einfüllen, glattstreichen und zwei- bis dreimal die Form auf der Arbeitsfläche aufstoßen. Bohnen und Kohlrabi einschichten, mit der restlichen Farce bestreichen und die Form nochmals aufstoßen. Mit Lorbeerblatt und Rosmarinzweig garnieren. Zugedeckt 5–6 Minuten garen und 15–18 Minuten auf der Fortkochstufe ziehen lassen. Die Terrine anschließend noch ca. 10 Minuten in der Form ruhen lassen, dann stürzen. In Scheiben schneiden und warm oder kalt servieren.
Beilagen: Kräuterkartoffeln, gemischter Salat.

HINWEIS

Selbstverständlich können Sie die Terrine auch ohne Bohnenfüllung in der gleichen Garzeit zubereiten. Kalt aufgeschnitten, ist sie dann ein raffinierter Brotbelag.

Geflügelterrine mit Brokkolifüllung
Foto

Portionen	4	
Einstellung	Garen	Fortkochen
Gesamtzeit	12–15 Min.	19–21 Min.
Geschirr	1 mittelgroße Schüssel mit Deckel, 1 rechteckige Form, ca. 25 × 10 cm aus Glas, Porzellan oder Kunststoff, Klarsichtfolie	
kcal/kJ p. P.	ca. 489/2054	

300 g frischer oder
tiefgefrorener Brokkoli
250 g gekochter Schinken
400 g Geflügelfleisch
(Putenbrust)
300 ml süße Sahne
Salz
Pfeffer
Cayennepfeffer
Paprikapulver
2 Eiweiß
Butter zum Einfetten der
Form

Frischen Brokkoli putzen, waschen und große Stauden halbieren oder vierteln (tiefgefrorenen Brokkoli aus der Packung nehmen). Das Gemüse in eine mittelgroße Schüssel geben und zugedeckt 7–9 Minuten garen. Auf ein Sieb geben, abtropfen und abkühlen lassen. Schinken und Geflügelfleisch zweimal durch die feinste Scheibe des Fleischwolfs drehen oder in der elektrischen Küchenmaschine zerkleinern. Sahne unterrühren. Mit Salz und den Gewürzen abschmecken. Eiweiß zu steifem Schnee schlagen und gleichmäßig unterheben. Die Form einfetten. Die Hälfte der Fleischfarce einfüllen, glattstreichen und die Form zwei- bis dreimal auf der Arbeitsfläche aufstoßen. Brokkoliröschen abschneiden, einschichten und dabei an den Seiten einen Rand von ca. 1 cm frei lassen. Mit der restlichen

Farce bestreichen. Die Form nochmals aufstoßen. Mit Klarsichtfolie abgedeckt 5–6 Minuten garen und 19–21 Minuten fortkochen. Die Terrine noch 10 Minuten in der Form ruhen lassen. Danach den Fleischsaft abgießen, die Terrine stürzen, in Scheiben schneiden und warm oder kalt servieren.
Beilagen: Stangenweißbrot, Feldsalat und eine fruchtig-pikante Sauce.

Italienisches Weinfondue

Portionen	4
Einstellung	Garen
Gesamtzeit	9–11 Minuten
Geschirr	Runde, höhere, feuerfeste Schüssel aus Pyrex, Pyroflam oder Arcoflam
kcal/kJ p. P.	ca. 520/2184

300 g Emmentaler
200 g Schmelzkäse
¼ l Rotwein
1 EL Speisestärke
2 EL süße Sahne
1 EL Rotwein
2 EL Tomatenmark
Salz
weißer Pfeffer aus der Mühle
¼ TL Origano

Den Emmentaler grob reiben und den Schmelzkäse in kleine Würfel schneiden. Mit dem Rotwein in die Schüssel geben und 6–7 Minuten erhitzen, dabei mehrmals umrühren. Speisestärke, Sahne, Rotwein, Tomatenmark und Gewürze verrühren und zur Käsemasse geben. Nochmals 3–4 Minuten aufkochen lassen.
Beigaben: Pro Person 150–200 g in Würfel geschnittenes Stangenweißbrot oder helles Mischbrot; in Würfel geschnittener gekochter Schinken; Mixed pickles und Selleriesalat.

DAS BESONDERE REZEPT

Schweizer Käsefondue

Portionen	2
Einstellung	Garen
Gesamtzeit	5–6 Minuten
Geschirr	Runde, halbhohe, feuerfeste Schüssel aus Pyrex, Pyroflam, Arcoflam oder Keramik
kcal/kJ p. P.	ca. 640/2688

1 Knoblauchzehe, 150 g Emmentaler
150 g Gruyere
2 gestrichene TL Kartoffelstärke
1 TL Zitronensaft
150 ml trockener Weißwein
2 cl Kirschwasser
weißer Pfeffer aus der Mühle, Muskat

Die Schüssel mit der geschälten, halbierten Knoblauchzehe gleichmäßig einreiben. Den Käse grob reiben und mit der Kartoffelstärke mischen. Zitronensaft und Weißwein dazugeben. 5–6 Minuten erhitzen, dabei einige Male gut durchrühren, so daß der Käse sich mit dem Wein verbindet. Zuletzt das Kirschwasser dazugeben und pikant abschmecken.
Beigaben: Pro Person 150–200 g in Würfel geschnittenes Weißbrot, trockener Weißwein oder schwarzer Tee (ist sehr bekömmlich zu Käse).

VARIATION

Anstelle des Weißweins können Sie auch helles Bier (Export) für die Käsemasse verwenden.

Käse-Kräuter-Fondue

Portionen	4
Einstellung	Garen
Gesamtzeit	8–10 Minuten
Geschirr	Runde, halbhohe, feuerfeste Schüssel aus Pyrex, Pyroflam oder Arcoflam
kcal/kJ p. P.	ca. 765/3213

1 Knoblauchzehe
800 g Emmentaler
½ l trockener Weißwein
2 TL Speisestärke
8 EL Milch
4 cl Kirschwasser
3 EL frische, gehackte Kräuter (z. B. Dill, Schnittlauch, Petersilie)
Salz
Muskat
weißer Pfeffer aus der Mühle

Die Schüssel mit der geschälten, halbierten Knoblauchzehe gleichmäßig einreiben. Den Käse grob raspeln und mit dem Weißwein 6–7 Minuten vollständig schmelzen, dabei mehrmals gut umrühren. Die Speisestärke mit Milch und Kirschwasser anrühren und zur Käsemasse geben. Nochmals 2–3 Minuten aufkochen lassen, umrühren, die gehackten Kräuter dazugeben und pikant abschmecken.
Beigaben: Pro Person 150–200 g in Würfel geschnittenes Stangenweißbrot oder frische Semmeln, Partywürstchen, Essiggurken, Krautsalat, trockener Weißwein oder helles Bier.

VARIATION

Käse-Spinat-Fondue: Fügen Sie anstelle der gemischten Kräuter 100 g tiefgefrorenen Rahmspinat und 2 EL getriebene Zwiebel zur Käsemasse.

Shabu-Shabu

Japanisches
Fleisch-Gemüse-Fondue

Portionen	4
Einstellung	Garen
Gesamtzeit	9–11½ Minuten
Geschirr	1 größere, 1 kleinere feuerfeste Schüssel aus Pyrex, Pyroflam oder Arcoflam, Klarsichtfolie
kcal/kJ p. P.	ca. 435/1827

300 g Rinderfilet
300 g Schweinefilet
300 g Putenbrust
weißer Pfeffer, Curry
200 g Möhren
1 Stange Lauch
200 g Chinakohl
1 Gemüsezwiebel
8 große, frische Pilze (z. B. Steinchampignons)
1½ l warmes Wasser
3–4 EL gekörnte Brühe
5–6 EL Sake (japanischer Reiswein)
oder trockener Sherry

Sesamsauce
4 EL Sesamsamen
1 EL Zucker
1 EL Sojasauce
2 EL Sake
1 EL Obstessig
½ TL mittelscharfer Senf

Ponzu-Sauce
80 ml Zitronensaft
2 EL Sojasauce
40 ml Wasser

Das Fleisch in hauchdünne Scheiben schneiden. Mit Pfeffer und Curry würzen. Möhren, Lauch und Chinakohl putzen, waschen und in dünne Scheiben schneiden. Die Gemüsezwiebel schälen und in Ringe schneiden. Die Pilze putzen, die Stengel herausbrechen und die Köpfe an der Oberseite diagonal zweimal einritzen. Alle Zutaten dekorativ auf einer großen Platte anrichten und darauf achten, daß Farben und Formen miteinander harmonieren.

Für die Sesamsauce Sesam in eine kleinere Schüssel geben und 1–1½ Minuten offen anrösten. Dabei darauf achten, daß die Samen keinesfalls zu dunkel werden. Etwas abkühlen lassen. Die restlichen Zutaten unter ständigem Rühren zufügen.
Für die Ponzu-Sauce Zitronensaft, Sojasauce und Wasser mischen. Beide Saucen in getrennten Schälchen auf den Tisch stellen.
Das warme Wasser in die größere Schüssel geben und mit der gekörnten Brühe mischen. Mit Klarsichtfolie abgedeckt 8–10 Minuten aufkochen lassen. Umrühren, Sake (Sherry) zufügen, abschmecken. Auf ein Rechaud stellen. Zuerst einen Teil der Gemüsezutaten in einer ihrer Garzeit entsprechenden Reihenfolge in die Brühe geben. Die Fleischscheiben einzeln mit einer Fonduegabel hineinhalten, hin- und herbewegen, bis sie halbgar sind. Dann in die vorbereiteten Saucen eintauchen und essen. Zwischendurch das Gemüse mit Hilfe eines Schaumlöffels entnehmen.
Beilagen: Reis oder Stangenweißbrot, im Mikrowellengerät erwärmter Sake oder gekühlter, trockener Weißwein.

HINWEIS

Ist das Fleisch verzehrt, so gießt man die nun sehr kräftige Brühe (evtl. vorher abschöpfen) in vorgewärmte Suppentassen. Sie ist der Abschluß eines japanischen Shabu-Shabu-Abends.

Schokoladenfondue

Portionen	4
Einstellung	Garen
Gesamtzeit	6–9 Minuten
Geschirr	Runde, halbhohe, feuerfeste Schüssel aus Pyrex, Pyroflam oder Arcoflam
kcal/kJ p. P.	ca. 395/1659

200 g Vollmilch- oder Zartbitter-Schokolade
⅛ l süße Sahne
1 EL Butter
1 EL Speisestärke
2 EL süße Sahne
2 EL Cognac

Die Schokolade in Stückchen brechen, in die Schüssel geben, Sahne und Butter dazufügen. Unter mehrmaligem Rühren 5–7 Minuten schmelzen und erhitzen. Speisestärke mit Sahne und Cognac verrühren, zur Schokoladenmasse geben, umrühren und nochmals 1–2 Minuten aufkochen lassen.
Beigaben: Ca. 500 g frisches Obst, z. B. Bananen, Äpfel, Birnen, Erdbeeren oder Pfirsiche; Kekse, Löffelbiskuits oder Sandkuchen, nach Belieben auch Weißbrotwürfel.

Desserts und süße Leckereien

Der krönende, harmonische Abschluß einer jeden Mahlzeit ist ein Dessert. Nach einem leichten Hauptgericht wählt man eine gehaltvolle Creme oder einen warmen Kochpudding. War das Hauptgericht üppig, ist gedünstetes Obst sicher richtig. Die Mikrowelle ist besonders für Nachspeisen ideal einzusetzen. Neben dem Vorteil, gleich im Serviergeschirr zu garen, sind vor allem Kochpuddinge (Flammeris) ohne Anbrennen oder Überkochen der Milch schnell und einfach zubereitet. Auch die fast schon in Vergessenheit geratenen Puddinge aus dem Wasserbad gelingen mit Mikrowelle perfekt. Früher mußte ein solcher Pudding mindestens 1 Stunde im umständlichen Wasserbad garen. Heute schafft das die Mikrowelle in 7–10 Minuten.

Praktische Hinweise

Servieren

Richten Sie die Desserts in besonders schönen Schalen an oder portionieren Sie sie in Weingläsern. Das sieht festlich aus.
»Das Auge ißt mit«. Dekorieren Sie Desserts daher mit verschiedenen *Garnituren* aus geraspelter Schokolade, frischem Obst, Orangen- oder Zitronenscheiben, gehackten Mandeln oder Haselnüssen und Schokoladentäfelchen.

1 Der gewaschene Apfel wird mit Hilfe eines Apfelausstechers ausgehöhlt und nach Rezept gefüllt.
2 In ca. 3 Minuten ist der Apfel servierbereit.

Möchten Sie *Sahne* zum Dessert servieren, so gibt es vielfältige raffinierte Variationen, die im nachfolgenden Rezeptteil eigens beschrieben werden.

Bindemittel

Bei allen Gerichten, die mit Bindemitteln wie Puddingpulver, Speisestärke, Grieß oder Mehl zubereitet werden, sollten Sie zwischendurch mehrmals umrühren, damit sich das Bindemittel gleichmäßig verteilt und keine Klümpchen entstehen.

Geschirr

Die Schüssel, in der Sie die Nachspeise im Mikrowellengerät zubereitet haben, kann auch als Serviergeschirr verwendet werden, zum Beispiel bei Flammeris, heißen Früchten zu Eis, Kompott oder Äpfeln in Wein.
Verwenden Sie zum *Abdecken* von Schüsseln oder Garformen ein passendes Stück Klarsichtfolie oder spezielle Mikrowellenfolie.

Kochpudding

Füllen Sie Napfformen für Kochpuddinge nur zur Hälfte ein. Sie gehen stark auf, bevor sie sich absetzen.

DAS BESONDERE REZEPT

Himbeer-Reis-Speise

Portionen	4	
Einstellung	Garen	Fortkochen
Gesamtzeit	10½–13 Min.	22–25 Min.
Geschirr	Eßteller, 1 größere und 1 kleinere Schüssel aus Glas oder Porzellan mit Deckel	
kcal/kJ p. P.	ca. 385/1617	

250 g frische oder tiefgefrorene Himbeeren
175 g Milchreis, 1 l Milch
2 EL Zucker, 1 Prise Salz
16 Blatt weiße Gelatine
2 Päckchen Vanillinzucker
4 cl Rum
½ l süße Sahne

Frische Himbeeren waschen und gut abtropfen lassen (tiefgefrorene Himbeeren aus der Packung nehmen, auf einen Eßteller geben und 5–6 Minuten offen auftauen, dabei einmal vorsichtig wenden). Den Reis mit der Milch, Zucker und Salz in eine größere Schüssel ge-

ben. Zugedeckt 9–11 Minuten garen und 22–25 Minuten auf der Fortkochstufe ausquellen lassen. Zwischendurch ein- bis zweimal umrühren. Inzwischen die Himbeeren mit dem Mixstab des elektrischen Handrührgeräts oder in der Küchenmaschine pürieren. Die Gelatine in kaltem Wasser in einer kleineren Schüssel für 8–10 Minuten einweichen. Das Wasser abgießen und die Gelatine auf der Auftaustufe 1½–2 Minuten vollständig auflösen. Mit den pürierten Himbeeren, Vanillinzucker und Rum zum heißen Reis geben, gut verrühren und weitere 10–15 Minuten stehen lassen, bis der Reis geliert. Inzwischen die Hälfte der Sahne steif schlagen und unterheben. Die Masse in eine kalt ausgespülte Flammeriform füllen und mehrmals auf der Arbeitsfläche aufstoßen, damit eventuelle Luftblasen entweichen können. 2–3 Stunden vollständig abkühlen lassen. Auf eine Platte stürzen. Die restliche Sahne steif schlagen und separat dazu servieren.

Mousse au chocolat

Portionen	4	
Einstellung	Garen	Fortkochen
Gesamtzeit	3–4 Min.	2–3 Min.
Geschirr	2 mittelgroße Schüsseln aus Glas, Porzellan, Keramik oder Kunststoff	
kcal/kJ p. P.	ca. 640/2688	

180 g sehr bittere Schokolade
130 g weiche Butter
3–5 EL sehr starker Mokka
4 Eigelb
1–2 EL Wasser
3–4 EL Zucker
1 Päckchen Vanillinzucker
2 EL Weinbrand
4 Eiweiß
⅛ l süße Sahne

Die Schokolade in kleine Stücke zerteilen. Mit der Butter und dem Mokka in einer mittelgroßen Schüssel 3–4 Minuten auf der Garstufe offen schmelzen lassen, dabei ein- bis zweimal gut umrühren. Eigelb mit Wasser, 2 EL Zucker, Vanillinzucker und Weinbrand in einem zweiten Gefäß verrühren. Auf der Fortkochstufe 2–3 Minuten langsam zum Kochen bringen, dabei mehrmals mit einem Schneebesen kräftig durchschlagen. Die Masse zum Schokoladen-Butter-Gemisch geben und glattrühren. Eiweiß steif schlagen. Dazu am einfachsten das elektrische Handrührgerät mit Schlägern oder die Küchenmaschine einsetzen. Den restlichen Zucker unter weiterem Schlagen einrieseln lassen. Die Sahne ebenfalls steif schlagen. Beides nacheinander unter die noch heiße Schokoladencreme rühren. In Serviergläser füllen und gut abgedeckt im Kühlschrank erstarren lassen. Nach Belieben mit etwas flüssiger oder geschlagener Sahne servieren.

VARIATIONEN

Anstelle des Weinbrands können Sie auch Rum, Cointreau oder Kirschwasser verwenden.

Weiße Mousse: Anstelle der bitteren Schokolade weiße Schokolade verwenden. Alle anderen Zutaten bleiben unverändert.

Mokkacreme

Portionen	2
Einstellung	Garen
Gesamtzeit	4–5½ Minuten
Geschirr	Schüssel aus Glas, Porzellan, Keramik oder Kunststoff
kcal/kJ p. P.	ca. 225/945

2 Eigelb
50 g Zucker
1½ EL Speisestärke
3–4 gestrichene TL
Instant-Kaffee
⅛ l Milch
2 cl Rum
⅛ l süße Sahne
einige Mokkabohnen

Eigelb, Zucker, Speisestärke, Kaffee, Milch und Rum in einer Schüssel gut verrühren. Offen 4–5½ Minuten aufkochen lassen, dabei zweimal kräftig durchrühren. Etwas abkühlen lassen, dann die Hälfte der steifgeschlagenen Sahne unterheben und auf Dessertschälchen verteilen. Gut gekühlt, mit Sahnetupfern und Mokkabohnen garniert servieren.

DAS BESONDERE REZEPT

Schokoladenflammeri
Schokoladenpudding

Portionen	4
Einstellung	Garen
Gesamtzeit	4½–6 Minuten
Geschirr	Schüssel aus Glas, Porzellan, Keramik oder Kunststoff
kcal/kJ p. P.	ca. 245/1029

50 g bittere Schokolade, ½ l Milch
40 g Speisestärke, 40 g Zucker
1 gestrichener TL Kakao
1 Päckchen Vanillinzucker
1 Prise Salz
Walnüsse und Belegkirschen als Garnitur

Die Schokolade in Stücke brechen und mit etwas Milch ½–1 Minute schmelzen. Die restliche Milch mit Speisestärke, Zucker, Kakao, Vanillinzucker und Salz mischen, zur Schokolade geben, mit einem Schneebesen kräftig durchrühren und 4–5 Minuten garen, dabei ein- bis zweimal umrühren. Nach Belieben in eine kalt ausgespülte Puddingform geben und nach dem Abkühlen stürzen. Mit Walnüssen und Belegkirschen garniert servieren.

Nach Belieben Vanillesauce dazu reichen (Seite 54).

HINWEIS

Selbstverständlich können Sie auch ein fertiges *Puddingpulver* (Vanille- oder Schokoladengeschmack) mit Zucker und etwas Milch anrühren, dann 4–5 Minuten aufkochen und dabei ein- bis zweimal umrühren.

VARIATIONEN

Nußflammeri: Geben Sie anstelle der Schokolade und des Kakaos 50 g gemahlene Haselnußkerne zur Milch.

Echter Vanilleflammeri: Geben Sie statt Schokolade und Kakao das Mark einer aufgeschlitzten Vanilleschote in die Milch und rühren Sie nach dem Aufkochen der Milch 1 Eigelb ein. Nach Belieben ziehen Sie unter den fertiggekochten Pudding steifgeschlagenes Eiweiß.

Englischer Pudding

Portionen	4
Einstellung	Garen
Gesamtzeit	15–18 Minuten
Geschirr	Napfkuchen- oder Kranzform, Ø 24 cm, aus Glas oder Kunststoff, Klarsichtfolie
kcal/kJ p. P.	ca. 730/3066

Butter und Semmelbrösel für die Form
300 g Kuchenreste oder Kekse bzw. Biskuits
100 g Rosinen
50 g gehacktes Zitronat
100 g gemahlene Haselnüsse
¼ l Milch
¼ l süße Sahne
80 g Zucker
1 Päckchen Vanillinzucker
4 Eier
2 EL Rum

Die Form einfetten und mit Semmelbrösel ausstreuen. Die Kuchenreste (Kekse, Biskuits) zerbröckeln. Die Rosinen waschen, mit Zitronat und Haselnüssen mischen. Abwechselnd Gebäckbrösel und Haselnußgemisch in die Form einschichten. Milch, Sahne, Zucker, Vanillinzucker, Eier und Rum gut verquirlen und über die Zutaten in die Form gießen. Ca. 10 Minuten durchziehen lassen. Mit Klarsichtfolie abdecken und 8–10 Minuten garen. Die Folie abnehmen und 7–8 Minuten offen weitergaren. Auf eine Platte stürzen und noch warm servieren.
Nach Belieben Vanille-, Aprikosen- oder Weinschaumsauce (Seite 54) dazu reichen.

Haselnußpudding

Portionen	4
Einstellung	Garen
Gesamtzeit	6–8 Minuten
Geschirr	Napfkuchen- oder Kranzform, Ø 24 cm, aus Glas, Keramik oder Kunststoff, Klarsichtfolie
kcal/kJ p. P.	ca. 520/2185

3 Eiweiß
3 EL kaltes Wasser
150 g Zucker
1 Päckchen Vanillinzucker
3 Eigelb
50 g Speisestärke
50 g Mehl
1 TL Backpulver
160 g gemahlene Haselnüsse
Butter und Semmelbrösel für die Form
2 EL Rum

Eiweiß und Wasser mit dem elektrischen Handrührgerät mit Schlägern auf höchster Schaltstufe oder in der Küchenmaschine steif schlagen. Zucker und Vanillinzucker einrieseln lassen und weiterrühren. Das Eigelb vorsichtig unterziehen. Zuletzt das Gemisch aus Speisestärke, Mehl, Backpulver und Haselnüssen unter die Masse heben. Die Form einfetten und mit Semmelbröseln ausstreuen. Den Teig einfüllen und, mit Klarsichtfolie abgedeckt, 6–8 Minuten garen. 1–2 Minuten stehen lassen, dann auf eine Platte stürzen. Noch warm mit Rum beträufeln und sofort servieren.
Nach Belieben Schokosahne (Seite 136) oder Vanille- bzw. Weinschaumsauce (Seite 54) dazu reichen.

Brotpudding mit Rotwein

Portionen	4
Einstellung	Garen
Gesamtzeit	7–9 Minuten
Geschirr	1 mittelgroße Schüssel, 1 Napfkuchenform, Ø 22–24 cm, aus Glas, Keramik oder Kunststoff
kcal/kJ p. P.	ca. 725/3045

50 g Zartbitter-Schokolade
50 g Butter
150 g Schwarzbrot
1–1½ Tassen Rotwein
5 Eigelb
100 g Zucker
5 Eiweiß
Butter und Semmelbrösel für die Form
Schlagsahne

Die Schokolade in Stückchen brechen und mit der Butter in einer mittelgroßen Schüssel 1–1½ Minuten offen schmelzen, umrühren. Das Schwarzbrot in sehr kleine Stücke zerbrechen. Zur Schokolade geben, mit Rotwein übergießen und umrühren. Gut durchziehen lassen. Eigelb und Zucker einrühren. Eiweiß sehr steif schlagen. Dazu am einfachsten das elektrische Handrührgerät mit Schlägern oder die Küchenmaschine einsetzen. Unter die Schokoladenmasse heben. Die Form fetten und mit Semmelbröseln ausstreuen. Die Masse einfüllen und 7–9 Minuten offen garen. Mit Schlagsahne servieren.

VARIATION

Der Pudding schmeckt auch sehr gut, wenn ca. 80–100 g Sauerkirschen unter den Teig gegeben werden. Die Garzeit verlängert sich dann um 2–2½ Minuten.

Quark-Himbeer-Creme

Foto

Portionen	2
Einstellung	Auftauen
Gesamtzeit	6–7½ Minuten
Geschirr	1 kleinere Schüssel, 1 Eßteller aus Glas, Porzellan oder Keramik
kcal/kJ p. P.	ca. 313/1315

250 g frische oder tiefgefrorene Himbeeren
175 g Quark
1 EL Zitronensaft
50 g Zucker
3 EL Rotwein
6 Blatt weiße Gelatine
50 g geschlagene Sahne

Frische Himbeeren waschen und abtropfen lassen (gefrorene Früchte aus der Packung nehmen, auf einen Eßteller geben und offen 5–6 Minuten auftauen, dabei einmal vorsichtig wenden). 4 schöne Früchte als Garnitur beiseite legen. Die restlichen Früchte mit dem Mixstab des elektrischen Handrührgeräts oder in der Küchenmaschine pürieren und zum Entfernen der Kernchen durch ein Sieb streichen. Quark, Zitronensaft, Zucker und Rotwein verrühren. Die kalt eingeweichte, gut ausgedrückte Gelatine in eine kleine Schüssel geben. Offen auf der Auftaustufe ca. 1–1½ Minuten erhitzen und dabei vollständig auflösen. Unter die Quarkmasse rühren. Anschließend das Himbeerpüree gleichmäßig unterziehen. Die Speise in Gläser füllen und im Kühlschrank erstarren lassen. Mit Himbeeren und Schlagsahne garniert servieren.

DAS BESONDERE REZEPT

Nordische Rote Grütze

Portionen	4	
Einstellung	Auftauen	Garen
Gesamtzeit	8–10 Min.	9–11 Min.
Geschirr	Schüssel aus Glas, Porzellan, Keramik oder Kunststoff mit Deckel	
kcal/kJ p.P.	ca. 710/2982	

1 Glas Sauerkirschen (450 ml)
je 250 g frische oder tiefgefrorene
Himbeeren und Erdbeeren
100–150 g Zucker
abgeriebene Schale von ½ unbehandelten
Zitrone
1 Messerspitze Gewürznelkenpulver
8 gestrichene EL Speisestärke
Schlagsahne zum Garnieren

Die Sauerkirschen abgießen, den Saft auffangen und evtl. mit Wasser auf ½ l ergänzen. Frische Himbeeren verlesen, Erdbeeren waschen und abtropfen lassen (gefrorene Beeren aus der Packung in die Schüssel geben und 8–10 Minuten offen auftauen, dabei einmal vorsichtig wenden). Alle Früchte mit einer Gabel zerdrücken oder mit dem Mixstab des elektrischen Handrührgeräts bzw. in der Küchenmaschine etwas zerkleinern, jedoch nicht pürieren. Zucker, Zitronenschale und Gewürznelkenpulver zufügen. Die im Kirschsaft angerührte Speisestärke dazugeben und umrühren. 9–11 Minuten zugedeckt aufkochen lassen, dabei ein- bis zweimal umrühren. Die Grütze in Portionsschälchen füllen und erkalten lassen. Mit gespritzten Sahnetupfern garnieren. Nach Belieben mit flüssiger Sahne oder mit Vanillesauce (Seite 54) servieren.

Mohr im Hemd

Portionen	4–6
Einstellung	Garen
Gesamtzeit	6–8 Minuten
Geschirr	Napfkuchenform aus Glas, Keramik oder Kunststoff, Ø 24 cm, Klarsichtfolie
kcal/kJ p.P.	ca. 705/2961

80 Butter
100 g Zucker
5 Eigelb
100 g gemahlene Mandeln
1 EL Cognac
60 g Semmelbrösel
1 EL Kakao
100 g geraspelte Schokolade
5 Eiweiß
Butter und Semmelbrösel für
die Form

Butter, Zucker und Eigelb schaumig schlagen. Dabei am einfachsten das elektrische Handrührgerät mit Schlägern einsetzen. Mandeln, Cognac, Semmelbrösel, Kakao und Schokoladenraspel dazugeben. Weiterrühren. Eiweiß sehr steif schlagen und unter die Masse heben. Die Napfkuchenform einfetten und mit Semmelbröseln ausstreuen. Den Schokoladenteig einfüllen und glattstreichen. Mit Klarsichtfolie abgedeckt 6–8 Minuten garen. Stürzen und noch warm servieren.
Dazu paßt am besten eine Eierlikörsahne (Seite 136).

Birne »Helene«

Portionen	4
Einstellung	Garen
Gesamtzeit	8–10 Minuten
Geschirr	1 größere, 1 kleinere Schüssel aus Glas, Porzellan, Keramik oder Kunststoff mit Deckel
kcal/kJ p. P.	ca. 260/1095

4 reife Williamsbirnen
⅛ l Wasser
1 Päckchen Vanillinzucker
100 g Blockschokolade
8 EL süße Sahne
50 g gestiftelte Mandeln

Die Birnen nach Belieben schälen und halbieren. Das Kerngehäuse entfernen und die Birnenhälften in die größere Schüssel geben. Wasser und Vanillinzucker verrühren und darübergießen. 6–7 Minuten zugedeckt dünsten. Beiseite stellen. Die Blockschokolade in kleine Stücke teilen, in ein kleineres Geschirr geben und 1–2 Minuten offen schmelzen. Umrühren, die Sahne hinzufügen und noch 1–2 Minuten weitergaren. Die Schokoladensauce über die abgetropften Birnenhälften geben und mit gestiftelten Mandeln bestreuen.

DAS BESONDERE REZEPT

Erdbeertraum

Portionen	2
Einstellung	Auftauen
Gesamtzeit	6–8½ Minuten
Geschirr	1 kleinere Schüssel, 1 Eßteller aus Glas, Porzellan oder Keramik
kcal/kJ p. P.	ca. 410/1722

6 Blatt weiße Gelatine, 250 g frische oder tiefgefrorene Erdbeeren, 175 g Joghurt
Saft von ½ Zitrone, 50 g Zucker
2 EL Weinbrand, 2 Zitronenscheiben

Die Gelatine in einer kleinen Schüssel in kaltem Wasser einweichen. Frische Erdbeeren waschen, abtropfen lassen und in kleine Stücke zerteilen (tiefgefrorene Früchte aus der Packung auf einen Teller geben und offen 5–7 Minuten auftauen, dabei einmal vorsichtig wenden). Die Erdbeeren mit dem Mixstab des elektrischen Handrührgeräts oder in der Küchenmaschine pürieren. Joghurt, Zitronensaft, Zucker und Weinbrand verrühren. Von der Gelatine das Wasser abgießen und im Mikrowellengerät mit der Auftaustufe in 1–1½ Minuten vollständig auflösen. Unter die Joghurtmasse geben, das Erdbeermark einrühren, in hohe Gläser füllen und im Kühlschrank erstarren lassen. Mit Zitronenscheiben garniert servieren.
Löffelbiskuits dazu reichen.

135

Kompott

Portionen	2
Einstellung	Garen
Gesamtzeit	5–7 Minuten
Geschirr	Mittelgroße Schüssel aus Glas, Porzellan, Keramik oder Kunststoff mit Deckel
kcal/kJ p.P.	ca. 180/756

250 g frisches Obst (Äpfel, Birnen, Rhabarber, Pflaumen oder Aprikosen)
5 EL Wasser oder Wein
2–3 EL Zucker, Zimt
1 EL Zitronensaft
1 Päckchen Vanillinzucker

Das Obst waschen, schälen, halbieren, entkernen und in kleinere Stücke schneiden. Mit den restlichen Zutaten in die Schüssel geben. Zugedeckt 5–7 Minuten garen, dabei einmal umrühren.

HINWEIS

Besonders fruchtig schmeckt ein *Apfelkompott*, das mit 1 kleinen Mangofrucht und einigen Eßlöffeln Apfelsaft gegart wird.

Nougatpfirsich

Portionen	4
Einstellung	Garen
Gesamtzeit	1½–2 Minuten
Geschirr	4 Glas- oder Kompottschalen
kcal/J p.P.	ca. 85/357

2 reife Pfirsiche
½ Tafel Nougat-Schokolade oder 50 g Nußnougat

Die Pfirsiche waschen, überbrühen, abziehen, halbieren und entkernen. Je einen halben Pfirsich in eine Schale legen, 2–3 Stück Nougat-Schokolade (Nußnougat) in die Mitte geben und 1½–2 Minuten garen.

Zabaione

Portionen	4	
Einstellung	Garen	Fortkochen
Gesamtzeit	4–5 Min.	3–4 Min.
Geschirr	Mittelgroße Schüssel aus Glas, Keramik, Porzellan oder Kunststoff	
kcal/kJ p.P.	ca. 285/1197	

6–8 Eigelb
200 g Zucker
1 Prise Salz
⅛ l Marsala
⅜ l Weißwein

In einer mittelgroßen Schüssel Eigelb mit Zucker und Salz schaumig schlagen. Dazu am einfachsten das elektrische Handrührgerät mit Schlägern einsetzen. Nach und nach Marsala und Weißwein unter ständigem Rühren hinzufügen. Die Schüssel in das Mikrowellengerät stellen. 4–5 Minuten auf der Garstufe aufkochen und 3–4 Minuten auf der Fortkochstufe ziehen lassen, bis die Masse aufsteigt. Dabei mehrere Male kräftig durchrühren. Zabaione sollte noch warm in Gläsern serviert werden.

Gefüllte Äpfel in Weißwein

Portionen	4
Einstellung	Garen
Gesamtzeit	9–11 Minuten
Geschirr	1 kleine und 1 größere runde oder rechteckige Schüssel aus Glas oder Porzellan mit Deckel
kcal/kJ p.P.	ca. 315/1323

80 g Rosinen
¼ l trockener Weißwein
4 mittelgroße Äpfel, z.B. Delicious oder Jonathan
50 g gemahlene Haselnüsse
1 EL Honig
2–3 EL Cognac
Kokossahne (rechts)

Die Rosinen waschen und gut mit Küchenpapier abtrocknen. Mit der Hälfte des Weißweins in eine kleine Schüssel geben und zugedeckt 3–4 Minuten aufkochen. Ca. ½ Stunde lang stehen lassen, dann haben die Rosinen den Wein aufgesogen und sind prall gefüllt. Abgießen und die Kochflüssigkeit auffangen. Die Äpfel schälen, das Kernhaus ausstechen und in die Form setzen. Mit der Kochflüssigkeit und dem restlichen Weißwein übergießen. Rosinen, Haselnüsse, Honig und Cognac mischen, die Äpfel damit füllen und zugedeckt 6–7 Minuten garen. Mit Kokossahne servieren.

Bratäpfel

Portionen	2
Einstellung	Garen
Gesamtzeit	2–4 Minuten
Geschirr	2 Dessertschalen aus Glas oder Porzellan
kcal/kJ p.P.	ca. 235/987

2 Äpfel (Boskop, Jonathan)
2 EL Preiselbeeren
2 TL Zucker
1 EL Rum
1–2 EL gemahlene Mandeln

Die Äpfel waschen, trocknen und das Kerngehäuse ausstechen. Jeden Apfel in eine Dessertschale geben. Preiselbeeren mit Zucker, Rum und gemahlenen Mandeln mischen, in die Äpfel füllen und offen 2–4 Minuten – je nach Sorte – garen.
Nach Belieben mit Vanillesauce (Seite 54) oder mit Eierlikörsahne (unten) servieren.

Sahne-Variationen

Für die beschriebenen Desserts ist aromatisierte Schlagsahne, aufgespritzt oder separat dazu gereicht, eine geeignete Beigabe. Dazu ca. 200 ml süße Sahne mit 1–2 EL Zucker oder 1 Päckchen Vanillinzucker steif schlagen. Diese Grundmischung kann beliebig variiert werden:
Eierlikörsahne: 2–3 TL Eierlikör unterziehen.
Cointreau-Sahne: 1–2 TL Cointreau unterziehen.
Kokossahne: 2–3 EL Kokosraspel unterheben.
Mandelsahne: 2–3 EL gemahlene Mandeln unterheben.
Schokosahne: 2–3 EL Schokoladenraspel unterheben.

Schnelle Konfitüren

Die Zubereitung von Konfitüren im Mikrowellengerät ist kein Problem. Selbst gemacht, schmecken sie immer noch am besten! Die Tatsache, daß Konfitüren ohne großen Aufwand und viel Abwasch schnell zubereitet sind, eröffnet Ihnen viele Möglichkeiten. Überraschen Sie Ihre Familie im Winter doch einmal mit einer frischen Erdbeerkonfitüre, hergestellt aus tiefgefrorenen Früchten. Hübsch verpackt, z.B. mit einem bunten Papier- oder Stoffrest überzogen oder mit bunten Bändern dekoriert, wird eine selbstgemachte Konfitüre schnell zu einem kleinen, persönlichen Geschenk. Immer gilt: der beliebte Brotaufstrich behält, mit Mikrowellen zubereitet, seinen vollen Geschmack und die intensive Farbe des Obstes.

Praktische Hinweise

Zuckermenge

Wie beim herkömmlichen Kochen von Konfitüren berechnet man auf 500 g Obst die gleiche Menge Gelierzucker. Auch Einmachzucker ist bestens geeignet. Da er jedoch grobkörniger ist, lösen sich die Kristalle langsamer auf.

Gläser

Achten Sie immer darauf, daß Sie nur einwandfreie Gläser verwenden.

1 Von den ausgesuchten Früchten wird ein Teil püriert.
2 Obstmus und ganze Früchte werden mit Gelierzucker aufgekocht. Dabei ist ein regelmäßiges Umrühren wichtig.
3 Die fertige Konfitüre heiß in Gläser füllen und sofort verschließen.

Praktisch zum Aufbewahren sind Gläser mit einem »Twist-Off«-Verschluß. Selbstverständlich können Sie die Gläser auch mit Einmach-Cellophan verschließen.

Leistungswahl

Konfitüren werden stets in einer großen Schüssel auf der *Garstufe* zubereitet. *Rühren* Sie zwischendurch mehrmals um. So wird ein zu starkes Aufschäumen vermieden.

Einfüllen

Die Konfitüre wird stets heiß in Gläser, die auf einem feuchten Tuch stehen sollten, eingefüllt. Geben Sie dabei einen Löffel ins Glas. Er leitet die Wärme ab und verhindert, daß das Glas springt. Bestreichen Sie dann die Oberseite der Füllmasse und das Innere des Deckels mit Alkohol (Rum, Klarer, Gin o.ä.) oder tränken Sie ein Blättchen Einmach-Cellophan mit Alkohol und legen es auf die Füllung. So verbessern Sie die Qualität und Haltbarkeit, zudem wird jegliche Schimmelbildung vermieden.
Enthält die Konfitüre viele Früchte, so stellen Sie die Gläser nach dem Einfüllen und Verschließen bis zum Abkühlen einfach »auf den Kopf«. So vermeiden Sie ein Absinken der Früchte auf den Glasboden.

Schnelle Erdbeerkonfitüre

Foto

Einstellung	Garen
Gesamtzeit	6–7 Minuten
Geschirr	Schüssel aus Glas, Keramik oder Porzellan

250 g frische oder
tiefgefrorene Erdbeeren
Saft von ½ Zitrone
250 g Gelierzucker

Frische Erdbeeren entstielen und gut waschen (tiefgefrorene Früchte aus der Packung nehmen, auf einen Eßteller legen und 5–6 Minuten offen auftauen). Das Obst im Mixer oder mit dem Schnellmixstab des elektrischen Handrührgerätes in der Schüssel fein pürieren. Zitronensaft und Gelierzucker zugeben. Umrühren und offen 6–7 Minuten garen. Gegen Ende der Garzeit 2–3mal umrühren, damit nichts überkocht. Die Konfitüre heiß in Gläser füllen und sofort verschließen.

HINWEIS

Erdbeeren lassen sich gut kombinieren mit
▷ Rhabarber,
▷ Stachelbeeren,
▷ Johannis- oder Brombeeren,
▷ Bananen.
Jeweils ⅔ Erdbeeren und ⅓ der anderen Frucht mischen.

Kiwikonfitüre

Foto

Einstellung	Garen
Gesamtzeit	7–9 Minuten
Geschirr	Schüssel aus Glas, Keramik oder Porzellan

250 g Kiwi (ca. 5 Früchte)
125 g Bananen
75 g getrocknete Feigen
1 gestrichener TL Zimt
500 g Gelierzucker
500 ml Portwein

Kiwi und Bananen schälen. Beide Fruchtsorten sowie die getrockneten Feigen sehr klein schneiden. Mit dem Zimt, Gelierzucker und einigen Eßlöffeln Wasser in die Schüssel geben und 4–5 Minuten erhitzen. Den Portwein hinzugießen, alles gut vermischen und weitere 3–4 Minuten unter zweimaligem Umrühren erhitzen. Die Konfitüre noch heiß in Gläser füllen und sofort verschließen.

HINWEIS

Kiwis sind anpassungsfähig. Sie lassen sich ausgezeichnet kombinieren mit
▷ Himbeeren,
▷ Orangen,
▷ Grapefruit,
▷ Zitronen.
Aber auch allein, abgeschmeckt mit ausgeschabtem Vanillemark, ergeben sie eine feine Konfitüre.

Stachelbeer-Bananen-Konfitüre

Einstellung	Garen
Gesamtzeit	12–14 Minuten
Geschirr	Größere Schüssel aus Glas, Keramik oder Porzellan

450 g Stachelbeeren
150 g Bananen, ohne Schale gewogen
Saft von ½ Zitrone
1 EL süßer Sherry
500 g Gelierzucker

Stachelbeeren verlesen, waschen und abtropfen lassen. Im Mixer oder mit dem Schnellmixstab des elektrischen Handrührgerätes grob pürieren. Die in Stückchen geschnittenen Bananen zufügen und fein pürieren. In eine größere Schüssel geben, Zitronensaft, Sherry und Gelierzucker hinzufügen und umrühren. Offen 12–14 Minuten garen. In der zweiten Hälfte der Garzeit beobachten und mehrmals umrühren, um ein Aufschäumen zu vermeiden. Heiß in Gläser füllen und sofort verschließen.

HINWEIS

Bananen und süßer Sherry passen als Kombination sehr gut zu allen «sauren» Früchten wie Rhabarber, Kiwi oder Grapefruit.

Sommerkonfitüre

Foto

Einstellung	Garen
Gesamtzeit	20–24 Minuten
Geschirr	Große Schüssel aus Glas, Keramik oder Porzellan

500 g Sauerkirschen
500 g rote Johannisbeeren
500 g Erdbeeren
1,3 kg Gelierzucker
2–3 EL Zitronensaft

Die Früchte getrennt waschen und gut abtropfen lassen. Kirschen entstielen und entkernen. Johannisbeeren mit einer Gabel von den Rispen abstreifen. Erdbeeren entstielen. Alle Früchte in eine große Schüssel geben und mit dem Schnellmixstab des elektrischen Handrührgerätes oder im Mixer grob pürieren. Gelierzucker und Zitronensaft zufügen. Umrühren und offen 20–24 Minuten garen. In der zweiten Hälfte der Garzeit beobachten und mehrere Male gut umrühren, um ein Aufschäumen zu vermeiden. Noch heiß in Gläser füllen und sofort verschließen.

Aprikosenkonfitüre mit Sherry

Einstellung	Garen
Gesamtzeit	15–17 Minuten
Geschirr	Größere Schüssel aus Glas, Keramik oder Porzellan

500 g Aprikosen
⅛ l Sherry
25 g abgezogene, gehackte Mandeln
Saft von ½ Zitrone
500 g Gelierzucker

Aprikosen waschen, entkernen und in kleine Stücke schneiden. Im Mixer oder mit dem Schnellmixstab des elektrischen Handrührgerätes grob pürieren, alle anderen Zutaten dazugeben und umrühren. Offen 15–17 Minuten garen. In der zweiten Hälfte der Garzeit beobachten und mehrere Male umrühren, um ein Aufschäumen zu vermeiden. Heiß in Gläser füllen und sofort verschließen.

Pfirsich-Ananas-Konfitüre

Einstellung	Garen
Gesamtzeit	14–16 Minuten
Geschirr	Größere Schüssel aus Glas, Keramik oder Porzellan

750 g Pfirsiche (entsteint gewogen)
250 g Ananasstücke
Saft von 1 Zitrone
Saft von 1 Orange
2 EL trockener Weißwein
1 kg Gelierzucker

Von den gewaschenen Pfirsichen die Haut vorsichtig abziehen und das Fruchtfleisch fein würfeln. Mit den Ananasstücken, Zitronen- und Orangensaft in eine größere Schüssel geben. Weißwein und Gelierzuc-

ker hinzufügen. Unter mehrmaligem Umrühren offen 14–16 Minuten garen. Heiß in Gläser umfüllen und sofort verschließen.

Aprikosenkonfitüre mit Sauerkirschen

Einstellung	Garen
Gesamtzeit	12–14 Minuten
Geschirr	Größere Schüssel aus Glas, Keramik oder Porzellan

500 g Aprikosen
500 g Sauerkirschen
1 kg Gelierzucker
Saft und Schale von
1 unbehandelten Zitrone

Aprikosen und Sauerkirschen waschen, abtropfen lassen, entsteinen und gut zerkleinern. In das Gefäß geben, Zucker, Zitronensaft und -schale hinzufügen, unterrühren und offen 12–14 Minuten unter mehrmaligem Umrühren aufkochen lassen. Heiß in Gläser umfüllen und sofort verschließen.

Feine Kirschkonfitüre mit Maraschino

Einstellung	Garen
Gesamtzeit	15–18 Minuten
Geschirr	Größere Schüssel aus Glas, Keramik oder Porzellan

500 g Sauerkirschen
8 EL Maraschino
500 g Gelierzucker
Saft von 1 Zitrone

Die Kirschen waschen, entsteinen und in die Schüssel geben. Maraschino, Gelierzucker und Zitronensaft zufügen. Umrühren und etwas durchziehen lassen. Offen 15–18 Minuten ga-

ren. Nach der Hälfte der Garzeit mehrmals umrühren, um ein Aufschäumen zu vermeiden. Die Konfitüre heiß in Gläser füllen und sofort verschließen.

Mango-Apfel-Konfitüre

Einstellung	Garen
Gesamtzeit	10–12 Minuten
Geschirr	Größere Schüssel aus Glas, Keramik oder Porzellan

2–3 reife Mangofrüchte (ca. 400 g Fruchtfleisch)
400 g Apfelmus
Saft und abgeriebene Schale von 1 unbehandelten Zitrone
500 g Gelierzucker
2 cl Calvados

Die Mangofrüchte halbieren und vorsichtig die Kerne entfernen. Das Fruchtfleisch mit einem Teelöffel von der Schale lösen und sehr fein zerkleinern. Mit den anderen Zutaten in die Schüssel geben und unter mehrmaligem Umrühren 10–12 Minuten garen lassen. Heiß in Gläser umfüllen und sofort verschließen.

Mangokonfitüre mit Mandeln und Cointreau

Einstellung	Garen
Gesamtzeit	8½–11 Minuten
Geschirr	Schüssel aus Glas, Keramik oder Porzellan

3 sehr reife Mangofrüchte (ca. 400 g Fruchtfleisch)
Saft von 1 Zitrone
2 EL Rosinen
400 g Gelierzucker
1–2 EL gemahlene Mandeln
3–4 EL Cointreau

Die Mangofrüchte halbieren und die Kerne entfer-

nen. Das Fruchtfleisch mit einem Teelöffel von der Schale lösen und in sehr kleine Stücke schneiden. Mit dem Zitronensaft und den gewaschenen, gut abgetrockneten Rosinen sowie dem Gelierzucker in die Schüssel geben. 7–9 Minuten garen, dabei ein- bis zweimal umrühren. Gemahlene Mandeln und Cointreau dazugeben und nochmals 1½–2 Minuten erhitzen. Die Konfitüre noch heiß in Gläser füllen und sofort verschließen.

Papayakonfitüre Foto mit Rum und Pistazien

Einstellung	Garen
Gesamtzeit	8–10 Minuten
Geschirr	Größere Schüssel aus Glas, Keramik oder Porzellan

4 sehr reife Papayas (ca. 800 g Fruchtfleisch)
Saft von 3 Zitronen
800 g Gelierzucker
2 cl Rum
2 EL gehackte Pistazien

Die Papayas halbieren, schwarze Kerne entfernen und das weiche Fruchtfleisch aus der Schale lösen. Im Mixer oder mit dem Schnellmixstab des elektrischen Handrührgerätes grob pürieren. In die Schüssel geben, Zitronensaft und Gelierzucker dazugeben, umrühren und offen 8–10 Minuten garen. Zwischendurch ein- bis zweimal umrühren. Rum und gehackte Pistazien unterziehen. Die Konfitüre heiß in Gläser füllen und sofort verschließen.

Pflaumenmus

Einstellung	Garen
Gesamtzeit	16–18 Minuten
Geschirr	Größere Schüssel aus Glas, Keramik oder Porzellan

1 kg Pflaumen (Zwetschgen)
1 Vanilleschote
etwas Zimt und Nelkenpulver
2 cl Rum
400 g Gelierzucker

Pflaumen (Zwetschgen) waschen, entkernen und in kleine Stücke schneiden. Im Mixer oder mit dem Schnellmixstab des elektrischen Handrührgerätes in der Schüssel grob pürieren. Die Vanilleschote der Länge nach aufschlitzen, das innere Mark herauskratzen und zu den Früchten geben. Zimt- und Nelkenpulver, Rum sowie Gelierzucker zufügen und umrühren. Etwas durchziehen lassen, dann offen 16–18 Minuten garen. In der zweiten Hälfte der Garzeit beobachten und mehrere Male gut umrühren, um ein Aufschäumen zu vermeiden. Heiß in Gläser füllen und sofort verschließen.

Himbeerkonfitüre

Einstellung	Garen
Gesamtzeit	6–7 Minuten
Geschirr	Schüssel aus Glas, Keramik oder Porzellan

250 g frische oder tiefgefrorene Himbeeren
Saft von ½ Zitrone
250 g Gelierzucker

Frische Himbeeren gut verlesen, kurz waschen und abtropfen lassen (tiefgefrorene Früchte aus der Packung nehmen, auf einen Eßteller geben und 5–6 Minuten offen auftauen). Die Früchte im Mixer oder Küchenmaschine oder mit dem Schnellmixstab des elektrischen Handrührgerätes pürieren. Mit dem Zitronensaft und dem Gelierzucker in der Schüssel mischen. Offen 6–7 Minuten garen. Gegen Ende der Garzeit zwei- bis dreimal gut umrühren, damit nichts überkocht. Die Konfitüre heiß in Gläser umfüllen und sofort verschließen.

Zitrusmarmelade

Einstellung	Garen
Gesamtzeit	16–19 Minuten
Geschirr	Größere Schüssel aus Glas, Keramik oder Porzellan mit Deckel

250 g Grapefruitstückchen, filetiert
250 g Orangenstückchen, filetiert
Saft und abgeriebene Schale von je 1 unbehandelten Zitrone und Orange
⅛ l Maracuja-Fruchtsaft
2 EL Sultaninen
100 g brauner oder weißer Kandiszucker
etwas Ingwerpulver
600 g Gelierzucker

Die Grapefruit- und Orangenstückchen mit dem Zitronen- und Orangensaft und der abgeriebenen Schale beider Früchte in die Schüssel geben. Maracuja-Fruchtsaft darüberträufeln. Sultaninen waschen, abtropfen lassen und mit dem Kandiszucker hinzufügen. Geschlossen 4–5 Minuten aufkochen lassen, dabei einmal umrühren. Dann erst mit Ingwerpulver würzen und den Gelierzucker hinzufügen. Gut verrühren und offen 12–14 Minuten unter regelmäßigem Umrühren garen lassen. Heiß in Gläser umfüllen und sofort verschließen.

Orangen-marmelade

Einstellung	Garen
Gesamtzeit	7–9 Minuten
Geschirr	Schüssel aus Glas, Keramik oder Porzellan

600 g Orangenfleisch
600 g Gelierzucker
1 unbehandelte Orange
2 EL Orangenlikör

Die Orangen abschälen, das Fruchtfleisch in kleine Stücke schneiden, abwiegen und in eine Schüssel geben. Den Gelierzucker hinzufügen und umrühren. Die unbehandelte Orange sehr dünn schälen, die Schale in feine Streifen schneiden, die Orange auspressen. Schale und Saft dem Fruchtfleisch zufügen. Offen 7–9 Minuten garen. Nach der Hälfte der Garzeit mehrmals umrühren, um ein Aufschäumen zu vermeiden. Mit Orangenlikör abschmecken. Die Marmelade heiß in Gläser füllen und sofort verschließen.

Mikrowellen-Diät

Voraussetzung für die Auswahl der richtigen Speisen, die zu einer Diät gehören, ist die Kenntnis über den Energiegehalt der jeweiligen Zutaten. Daher finden Sie in der Tabelle Angaben über Kalorien bzw. Joule der am häufigsten verwendeten Zutaten aus den einzelnen Rezepten.

In 100 g eßbarem Anteil sind enthalten:

Lebensmittel	kcal	kJ	Lebensmittel	kcal	kJ
Milch und Milcherzeugnisse			**Ei und Fett**		
Kuhmilch, fettarm	49	205	Hühnerei, ca. 60 g	100	419
Joghurt, fettarm	50	209	Butter	776	3249
Kondensmilch, 7,5% Fett	137	574	Butterschmalz	921	3856
Schlagsahne	317	1327	Margarine	761	3186
Emmentaler Käse, 45% Fett	409	1712	Öl	928	3885
Gouda, 45% Fett	401	1679			
Speisequark, 20% Fett	116	486	**Getreideerzeugnisse**		
			Reis	371	1553
			Weizenmehl	368	1541
Fleisch			Eierteigwaren	387	1620
Schweinefleisch					
▷ Filet	176	737	**Gemüse**		
▷ Halsgrat bzw. Nacken	368	1541	Auberginen	27	105
▷ Schnitzel	168	703	Bohnen, grün	33	138
Rindfleisch			Brokkoli	33	138
▷ Filet	126	528	Chicorée	16	67
▷ Lende (Roastbeef)	188	787	Erbsen	87	364
▷ Schulter (Bug)	151	632	Kartoffeln	87	364
Kalbfleisch			Möhren	41	172
▷ Filet	105	440	Lauch	38	159
▷ Schnitzel	108	452	Paprikaschoten	28	117
Geflügel und Wild			Tomaten	19	80
▷ Huhn	144	603			
▷ Puter (Brust)	115	481	**Obst**		
▷ Hase	124	519	Äpfel	55	230
			Bananen	99	414
Fisch			Birnen	56	234
Kabeljau	78	327	Erdbeeren	37	155
Scholle	83	348	Kirschen, süß	67	287
Seelachs	88	368			
Heilbutt	110	461	**Sonstiges**		
Rotbarsch	114	477	Zucker	394	1650
Forelle	112	469	Honig	305	1277
Lachs	217	909	Mandeln	651	2726
Miesmuscheln	72	301	Weißwein, trocken	70	293
			Rotwein, trocken	66	276
			Whisky, Cognac	250	1047
Quelle: »Ernährungsdaten griffbereit«, BLV-Verlag München			Schokolade	563	2357

LEICHTE KOST

Es gibt immer mal wieder Zeiten, die es geraten erscheinen lassen, einen Speisenfahrplan mit leichter Kost zu bevorzugen. Für diese Kost wird der Energiegehalt knapp bemessen, die Fettmenge ist begrenzt, die Nährstoffe sind leicht aufschließbar, blähende Nahrungsmittel werden ausgeschaltet, und die Speisen verweilen nicht zu lange im Magen. Im allgemeinen fallen Kohlarten, Zwiebelgewächse, Hülsenfrüchte, scharfe Gewürze und alkoholische Getränke aus. Für die Zubereitung von leichter Kost ist die Mikrowelle ideal einsetzbar, da sie das Lebensmittel schonend mit wenig Fettzugabe gart. Eine Reihe von Rezepten im vorliegenden Buch sind dafür besonders gut geeignet:

Entlastungstage

Für spezielle Entlastungstage, die den Körper entschlacken sollen, sind neben den Obsttagen auch Reistage sehr beliebt. Bitte bedenken Sie dabei, daß ein Entlastungstag höchstens alle 2 Wochen eingelegt werden sollte!
Für einen *Reistag* werden 250 g Reis ohne Zusatz von Salz, Fett oder Milch in einer entsprechenden Menge Wasser gegart. Es werden bis zu 500 g frisches oder in wenig Wasser gedünstetes Obst oder Gemüse dazu gegessen. Auch hierbei ist auf eine Zucker- bzw. Salz- oder Fettzugabe zu verzichten. Kompotte – ohne Zucker, nach Belieben mit Süßstoff – sind ebenfalls erlaubt. Im Mikrowellengerät sind solche Speisen einfach fertigzustellen. Vor allem Obst und Gemüse bieten aufgrund ihrer attraktiven Farberhaltung einen Anreiz. Kleinere Portionen der Reis-Obst- bzw. Gemüse-Mischung lassen sich, über den Tag verteilt, schnell im Mikrowellengerät wiedererhitzen. Dazu trinkt man reichlich Mineralwasser, ungesüßten Tee oder Kaffee.

Ein gutes Beispiel für leichte Kost ist dieses Gericht: Ratatouille (Rezept Seite 101) und Putenschnitzel (Rezept Seite 79)

1-Woche-Diätplan aus der Mikrowelle

Eine ausgewogene Diät ist, langfristig betrachtet, die beste Form, den Körper zu entlasten. Eine 1-Wochen-Diät – ca. 1300 Kalorien bzw. 5467 Joule – mit Unterstützung des Mikrowellengerätes ist vielleicht eine Anregung für Sie, überschüssige Pfunde abzubauen.

Grundregeln

▷ Befragen Sie Ihren Arzt, ob das Abnehmen für Sie sinnvoll und gesundheitlich unbedenklich ist.
▷ Tee, Kaffee – ohne Milch und Zucker – und Mineralwasser sind jederzeit erlaubt. Sie liefern keine Energie. Trinken Sie täglich mindestens 1–2 Liter Flüssigkeit.
▷ Salzen Sie äußerst sparsam. Verwenden Sie lieber frische Kräuter zum Würzen.
▷ Halten Sie sich an die empfohlenen 5 Mahlzeiten am Tag.
▷ Sie sollten stets langsam, bewußt und überlegt essen.
▷ Verwenden Sie nur fettarme Fleischsorten oder schneiden Sie alles sichtbare Fett ab.
▷ Meiden Sie grundsätzlich Süßspeisen aller Art. Greifen Sie lieber zu einem Stück Obst oder einem fettarmen Joghurt.
▷ Denken Sie daran, daß Sie alkoholische Getränke meiden.
▷ Verwenden Sie statt Zucker Süßstoff, keine Zuckeraustauschstoffe.

Wochenplan

Kombiniert mit den Rezepten dieses Buches und den Vorteilen der Mikrowelle bei der Zubereitung (wenig Fett, optimale Nährwerterhaltung), können Sie mit Ihrem Gerät schnell und einfach eine Wochendiät durchführen. Der folgende Plan beschreibt die Zutaten und die Zubereitung im Mikrowellengerät. Die Energiewerte (kcal/kJ) sind für alle einzelnen Gerichte aufgeführt. Wenn Sie bei Kaffee/Tee auf die Milch verzichten, hat er keine Kalorien.

1.TAG	Gericht	Menge	Zubereitung im Mikrowellengerät	kcal	kJ
Frühstück	Tomatensaft	0,1 l = 1 kleines Glas	Nach Belieben kurz erhitzen.	21	88
	Semmel	40 g = 1 Stück	–	111	466
	Vollkornbrot	45 g = 1 Scheibe	–	108	454
	Butter oder Margarine	5 g = 1 gestrichener TL	–	37	155
	Frischkäse (20% Fett)	50 g = 2 EL	–	54	227
	Ei im Glas	54 g = 1 Ei	Im Glas auf der Fortkochstufe 1–1½ Minuten.	87	365
	Kaffee oder Tee mit Milch	10 g = 2 TL	Wasser 1½ Minuten erhitzen, Kaffee (Tee) einrühren, Milch zugeben.	16	67
Vormittags	Milch	0,1 l = 1 kleines Glas	Ca. 1–1½ Minuten erhitzen.	65	273
Mittagessen	Gedünstete Kalbsleber mit Äpfeln, Rezept Seite 65	1 Portion	6–7 Minuten garen.	110	462
	Salzkartoffeln	1 Portion	5–7 Minuten garen.	170	717
	Kopfsalat	50 g = 1 Kopf		8	34
	Zwiebel, Kräuter	25 g = ½ kleine Zwiebel	Mischen und ca. 20 Sekunden auf der Garstufe durchziehen lassen.	11	46
	Öl	10 g = 2 TL		92	386
	Zitronensaft	15 g = 1 EL		10	42
Nachmittags	Kaffee oder Tee mit Milch	5 g = 1 TL	Wasser 1½ Minuten erhitzen, Kaffee (Tee) einrühren, Milch zugeben.	8	34
	Keks oder Zwieback	10 g = 1 Stück	–	40	168
Abendessen	Mischbrot	70 g = 2 Scheiben	–	176	739
	Butter oder Margarine	5 g = 1 gestrichener TL	–	37	155
	Aufstrich: Magerquark	36 g = 2 EL	–	14	59
	Kalter Braten	50 g	–	88	370
	Radieschen	200 g	–	38	160
	Kräuter- oder Früchtetee	1–2 Gläser	Wasser 1–1½ Minuten erhitzen, Teebeutel einlegen und ziehen lassen.	–	–
	Mineralwasser	nach Belieben		–	–
				1300	5467

2.TAG	Gericht	Menge	Zubereitung im Mikrowellengerät	kcal	kJ
Frühstück	Traubensaft, weiß	0,1 l = 1 kleines Glas	–	74	311
	Mischbrot	35 g = 1 Scheibe	–	88	370
	Knäckebrot	10 g = 1 Scheibe	–	38	160
	Putenwurst	50 g	–	65	273
	Schmelzkäse (20% Fett)	32 g = ½ Ecke	–	44	185
	Kaffee oder Tee mit Milch	10 g = 2 TL	Wasser 1–1½ Minuten erhitzen, Kaffee (Tee) einrühren, Milch zugeben.	16	67
Vormittags	Joghurt natur	175 g = 1 Becher	–	98	412
	Zwieback	10 g = 1 Stück	–	40	168
Mittagessen	Hähnchenbrust	200 g = 1 Stück	Gewürzt 2½–3 Minuten zugedeckt garen.	288	1210
	Curry, Paprika, Sojasauce	nach Belieben		–	–
	Kartoffelpüree	90 g = 2 gehäufte EL	½ Minute erhitzen.	64	265
	Kohlrabi, frisch oder tiefgefroren	150 g	Mit Fett 5–6 Minuten zugedeckt garen, nach Belieben mit frischen Kräutern oder	39	164
	Butter oder Margarine	5 g = 1 gestrichener TL	1 Prise Pfeffer würzen.	37	155
Nachmittags	Frisches Obst	125 g	–	50	210
Abendessen	Vollkornbrot	45 g = 1 Scheibe	–	108	454
	Weißbrot	30 g = 1 Scheibe	–	78	328
	Gefüllte Avocados, Rezept Seite 38	1 Portion	4–4½ Minuten garen.	185	772
	Kopfsalat	25 g = ½ Kopf	–	4	17
	Kräuter- oder Früchtetee	1–2 Gläser	Wasser 1–1½ Minuten erhitzen, Teebeutel einlegen und ziehen lassen.	–	–
	Mineralwasser	nach Belieben	–	–	–
				1316	5521

3.TAG	Gericht	Menge	Zubereitung im Mikrowellengerät	kcal	kJ
Frühstück	Orangensaft	0,1 l = 1 kleines Glas	–	61	256
	Vollkornbrot	45 g = 1 Scheibe	–	108	454
	Knäckebrot	10 g = 1 Scheibe	–	38	160
	Butter oder Margarine	5 g = 1 gestrichener TL	–	37	155
	Camembert (30% Fett)	30 g = 2 EL	–	96	403
	Honig	10 g = 1 TL	–	38	160
	Kaffee oder Tee mit Milch	10 g = 2 TL	Wasser 1–1½ Minuten erhitzen, Kaffee (Tee) einrühren, Milch zugeben.	16	67
Vormittags	Milch	0,1 l = 1 kleines Glas	Ca. 1–1½ Minuten erhitzen.	65	273
Mittagessen	Raffinierte Fischschnitte, Rezept Seite 92	1 Portion	3½–4 Minuten garen.	295	1239
	Salzkartoffeln, Rezept Seite 110	1 Portion	5–7 Minuten garen.	170	717
	Tomaten	200 g = 3 Stück	–	52	218
Nachmittags	Frisches Obst z.B. 1 Apfel, Zimt	100 g = 1 Stück	Geschält und geviertelt 1–1½ Minuten mit Zimt dünsten.	52	218
	Zwieback	10 g = 1 Stück	–	40	168
Abendessen	Mischbrot	35 g = 1 Scheibe	–	88	370
	Knäckebrot	10 g = 1 Scheibe	–	38	160
	Corned beef	50 g	–	76	319
	Gewürzgurke	75 g = 1 Stück	–	15	63
	Paprikaschote, frisch	150 g	Klein geschnitten mit Öl und Wasser	57	239
	Öl	5 g = 1 TL	1–1½ Minuten glasig dünsten.	46	193
	Mineralwasser	nach Belieben	–	–	–
				1388	5832

Mikrowellen-Diät

4. TAG	Gericht	Menge	Zubereitung im Mikrowellengerät	kcal	kJ
Frühstück	Orangensaft	0,1 l = 1 kleines Glas	–	61	256
	Semmel	40 g = 1 Stück	–	111	466
	Knäckebrot	10 g = 1 Scheibe	–	38	160
	Leberwurst	15 g = 1 EL	–	67	281
	Frischkäse (20% Fett)	50 g = 2–3 EL	–	54	227
	Kaffee oder Tee mit Milch	10 g = 2 TL	Wasser 1–1½ Minuten erhitzen, Kaffee (Tee) einrühren, Milch zugeben.	16	67
Vormittags	Buttermilch	0,15 l = 1 Glas	–	45	189
Mittagessen	Hähnchentopf »Marengo«, Rezept Seite 74	1 Portion	6–7 Minuten garen, dann überbacken.	375	1575
	Reis (ohne Salz), Rezept Seite 114	1 Portion	4–5 Minuten garen, dann 18–20 Minuten fortkochen.	235	987
Nachmittags	Kaffee oder Tee mit Milch	5 g = 1 TL	Wasser 1–1½ Minuten erhitzen, Kaffee (Tee) einrühren, Milch zugeben.	8	34
Abendessen	Knäckebrot	10 g = 1 Scheibe	–	38	160
	Weißbrot	30 g = 1 Scheibe	–	78	328
	Butter oder Margarine	5 g = 1 gestrichener TL	–	37	155
	Tomate	100 g = 1–2 Stück	–	26	109
	Lachsschinken	50 g	–	70	294
	Ei	54 g = 1 Stück	Im Glas auf der Fortkochstufe 1–1½ Minuten zubereiten.	87	365
	Mineralwasser	nach Belieben	–	–	–
				1346	5654

5. TAG	Gericht	Menge	Zubereitung im Mikrowellengerät	kcal	kJ
Frühstück	Tomatensaft	0,1 l = 1 kleines Glas	–	21	88
	Knäckebrot	20 g = 2 Scheiben	–	76	320
	Butter oder Margarine	5 g = 1 gestrichener TL	–	37	155
	Putenwurst	50 g	–	64	269
	Käsecreme aus Magerquark,	50 g = 2 gehäufte EL	–	45	189
	Schnittlauch	20 g = 1 gehäufter EL	–	12	50
	Kaffee oder Tee mit Milch	10 g = 2 TL	Wasser 1–1½ Minuten erhitzen, Kaffee (Tee) einrühren, Milch zugeben.	16	67
Vormittags	Joghurt natur	175 g = 1 Becher	–	98	412
Mittagessen	Kasseler	100 g = 1 Scheibe	3–4 Minuten zugedeckt garen.	140	588
	Sauerkraut (Glas)	250 g	Zwiebel im Fett 1–1½ Minuten glasig dünsten, Äpfel und Sauerkraut zugeben und 2–2½ Minuten erhitzen.	61	256
	Apfel und Zwiebel	75 g		37	155
	Butter oder Margarine	5 g = 1 gestrichener TL	½ Minute erhitzen.	37	155
	Kartoffelpüree	120 g = 3 gehäufte EL		96	403
Nachmittags	Frisches Obst z.B. Sauerkirschen	100 g	–	52	218
Abendessen	Klare Brühe	125 ml = 1 Tasse	Brühwürfel in Wasser geben, 1½–2 Minuten abgedeckt garen.	36	151
	mit Eierstich aus 1 Ei, Rezept Seite 43		2–2½ in einem kleinen Gefäß garen, in Würfel schneiden und zur Brühe geben.	115	483
	Toast »Bella Italia«, Rezept Seite 35	1 Toast	1½–2 Minuten garen.	235	987
	Mineralwasser	nach Belieben	–	–	–
				1178	4946

6.TAG	Gericht	Menge	Zubereitung im Mikrowellengerät	kcal	kJ
Frühstück	Tomatensaft	0,1 l = 1 kleines Glas	–	21	88
	Mischbrot	35 g = 1 Scheibe	–	88	370
	Knäckebrot	10 g = 1 Scheibe	–	38	160
	Butter oder Margarine	5 g = 1 gestrichener TL	–	37	155
	Gekochter Schinken	70 g = 2 Scheiben	–	81	340
	Konfitüre	10 g = 1 TL	Im Mikrowellengerät zubereitet.	38	160
	Kaffee oder Tee mit Milch	10 g = 2 TL	Wasser 1–1½ Minuten erhitzen, Kaffee (Tee) einrühren, Milch zugeben.	16	67
Vormittags	Milch	0,1 l = 1 kleines Glas	Ca. 1–1½ Minuten erhitzen.	65	273
Mittagessen	Forelle blau	250 g = 1 Stück	Garzeit 5½–6½ Minuten.	144	605
	Butter	10 g = 1 gestrichener TL		75	315
	Salzkartoffeln, Rezept Seite 110	1 Portion	5–7 Minuten garen.	170	715
	Tomate	100 g = 2 Stück	–	26	110
Nachmittags	Frisches Obst z. B. Birne	100 g = 1 Stück	Nach Belieben wie Bratapfel in 1–1½ Minuten dünsten.	52	218
Abendessen	Müsli aus:				
	groben Haferflocken,	15 g = 1½ gehäufte EL	Apfel schälen, fein raspeln und mit	60	252
	Apfel	100 g = 1 Stück	allen anderen Zutaten 1–1½ Minuten	52	218
	Kaffeesahne (10% Fett,)	30 g = 2 EL	erhitzen.	38	160
	Orangensaft	75 g = 5 EL		48	202
	Vollkornbrot	45 g = 1 Scheibe	–	108	454
	Leberwurst	15 g = 1 gestrichener EL	–	67	281
	Mineralwasser	nach Belieben	–	–	–
				1224	5143

7.TAG	Gericht	Menge	Zubereitung im Mikrowellengerät	kcal	kJ
Frühstück	Orangensaft	0,1 l = 1 kleines Glas	–	61	256
	Semmel	40 g = 1 Stück	–	111	466
	Knäckebrot	10 g = 1 Scheibe	–	38	160
	Roastbeef	50 g	–	63	285
	Magerquark	50 g = 2 gehäufte EL	–	45	189
	Butter oder Margarine	5 g = 1 gestrichener TL	–	37	155
	Kaffee oder Tee mit Milch	10 g = 2 TL	Wasser 1–1½ Minuten erhitzen, Kaffee (Tee) einrühren, Milch zugeben.	16	67
Vormittags	Milch mit	0,2 l = 1½ Gläser	ca. 1½–2 Minuten erhitzen.	130	546
	Honig	10 g = 1 TL		38	160
Mittagessen	Gemüsegericht chinesische Art, Rezept Seite 105	1 Portion	10–13 Minuten garen.	345	1365
	dazu 2 Kartoffeln	ca. 150 g	4–5 Minuten zugedeckt garen.	135	567
	Mineralwasser	nach Belieben	–	–	–
Nachmittags	Frisches Obst, z. B. Aprikosen	100 g	–	54	227
Abendessen	Feines Krabbenragout, Rezept Seite 88	1 Portion	Ca. 4–7½ Minuten zugedeckt garen.	155	650
	Vollkornbrot	45 g = 1 Scheibe	–	108	454
	Tomate	75 g = 1 Stück	–	19	80
	Kräutertee, Süßstoff	nach Belieben	Wasser 1–1½ Minuten erhitzen, Teebeutel einlegen und ziehen lassen.	–	–
				1355	5627

Register

Register

Garen verschiedener Speisen

Speisenart	Menge	1. Schritt	+	2. Schritt	Anmerkungen
		Garzeit in Minuten 700–600 Watt	Fortkochzeit in Minuten 240–150 Watt	Nachgar- bzw. Ausgleichszeit bei Raumtemperatur in Minuten	
Fleisch im Ganzen vom Schwein oder Kalb	300 g	6– 8	–	2	Große Stücke evtl. nach der Hälfte der Garzeit einmal wenden. Sehr fette Partien kreuzweise einschneiden.
	500 g	10–12	–	5	
	750 g	14–16	5–10	5–10	
	1000 g	18–20	10–15	5–10	
Kasseler	500 g	12–14	–	5	Fettschichten kreuzweise einschneiden. Größere Stücke evtl. einmal wenden.
	750 g	14–16	–	5	
	1000 g	18–22	–	5–10	
Hackbraten	500 g	15–17	–	2	Vor dem Garen evtl. mit Eiklar bestreichen und außen gut würzen.
	750 g	18–20	5	5	
	1000 g	20–24	5–10	5–10	
Geflügel z. B. Schnitzel, Hähnchenbrust, Schenkel, Hähnchenviertel	250 g	6– 8	–	2	Kleinere Stücke im Bräunungsgeschirr zubereiten. Ansonsten Geflügel immer in guten Saucen garen, da es wenig Bräunung erhält.
	500 g	10–12	2– 4	5	
	1000 g	14–18	4– 6	5–10	
Fisch Fischfilet, Fisch im Ganzen	250 g	5– 6	–	2– 3	Fisch stets säubern, säuern und salzen. Pikant gewürzt in wenig Flüssigkeit zubereiten.
	400 g	8–10	1– 2	3	
	800 g	14–16	3– 4	5	
Gemüse z. B. Tomaten, Champignons, Chicorée, Spinat, Kohlarten	250 g	4– 6	4– 5	3	Gemüse stets mit etwas Wasser garen. Gut schließende Deckel verwenden. Zwischendurch einmal umrühren.
	500 g	9–12	6– 8	4	
Beilagen Salzkartoffeln	250 g	5– 7	–	2	Kartoffeln halbieren oder vierteln. ½ cm Wasser mit Salz im Gefäß mischen, dann Kartoffeln zufügen. Einmal umrühren.
	500 g	10½–13	–	2	
	750 g	15–18	2– 3	3	
Reis	125 g	4– 5	14–16	–	1 Menge Reis + 1½fache Menge Wasser zufügen. Etwas Salz zugeben. Nicht umrühren!
	250 g	6½– 8	18–20	–	
	375 g	9½–12	20	–	
Aufläufe z. B. Nudelauflauf, Gemüseauflauf, Quarkauflauf	500 g	12–15	2– 4	2– 3	Alle Zutaten gut mischen und offen garen.
	1000 g	18–20	4– 6	3– 4	
Süßspeisen Flammeri, Kochpuddinge	½ l bzw. 500 g	5– 6	–	1	Alle Zutaten in ein geeignetes Gefäß geben und garen lassen.
		8–10	–	3	
Obst und Kompott z. B. Bratäpfel, Rhabarberkompott	250 g	4– 6	–	2	Obst im Ganzen offen, Kompott stets gut geschlossen garen.
	500 g	7– 8	–	4	

Hinweis Bei den angegebenen Werten handelt es sich um Richtwerte, die je nach Rezept bzw. Beschaffenheit des Lebensmittels variieren können. Immer gilt: doppelte Menge = fast doppelte Zeit.